Die Märchen der Weltliteratur

Begründet von Friedrich von der Leyen

Herausgegeben von Hans-Jörg Uther

Englische Volksmärchen

Herausgegeben von Katharine Briggs
und Ruth Michaelis – Jena

BECHTERMÜNZ VERLAG

Aus dem Englischen übertragen von Uta Schier

Genehmigte Lizenzausgabe für
Weltbild Verlag GmbH, Augsburg 1998

Gesamtherstellung: Ebner Ulm
Printed in Germany
ISBN 3-8289-0047-X

1. Katrin Knack-die-Nuß

Vor Zeiten gab es da wie in vielen Ländern einen König und eine Königin. Der König hatte eine Tochter Anne, und die Königin hatte eine mit Namen Katrin, aber Anne war viel hübscher als die Tochter der Königin. Gleichwohl liebten sie einander wie richtige Schwestern. Die Königin war neidisch, daß des Königs Tochter hübscher war als ihre eigene, und sie sann darüber nach, wie sie ihre Schönheit zerstören könnte. Deshalb fragte sie die zauberkundige Hühnerfrau um Rat, und die sagte ihr, sie solle das Mädchen am nächsten Morgen zu ihr schicken, bevor sie etwas gegessen habe.

Zeitig am andern Morgen also sagte die Königin zu Anne: »Meine Liebe, geh zur Hühnerfrau in der Schlucht und bitte sie um ein paar Eier.« Da machte sich Anne auf, aber als sie durch die Küche kam, sah sie eine Brotkruste, nahm sie und kaute sie beim Gehen.

Als sie zu der Hühnerfrau kam, bat sie um Eier, wie sie geheißen worden war. Die Hühnerfrau sagte zu ihr: »Heb den Deckel von diesem Topf hier und sieh, was geschieht.« Das Mädchen tat's, aber es geschah nichts. »Geh heim zu deiner Mutter und sag ihr, sie soll die Tür ihrer Speisekammer besser verschlossen halten«, sagte die Hühnerfrau. Sie ging also nach Hause zu der Königin und erzählte ihr, was die Hühnerfrau gesagt hatte. So wußte die Königin, daß das Mädchen etwas gegessen hatte, und sie paßte am nächsten Morgen auf und schickte sie ohne Essen fort. Aber die Prinzessin sah Leute aus dem Dorf neben der Straße Erbsen pflücken, und weil sie sehr freundlich war, sprach sie mit ihnen und nahm sich eine Handvoll Erbsen und aß sie unterwegs.

Als sie zu der Hühnerfrau kam, sagte die: »Heb den Deckel von dem Topf und sieh, was geschieht.« Anne hob also den Deckel hoch, aber es geschah nichts. Da war die Hühnerfrau recht ärgerlich und sagte zu Anne: »Sag deiner Mutter, der Topf kocht nicht, wenn das Feuer aus ist.« Anne ging also nach Hause und erzählte es der Königin.

Am dritten Tag geht die Königin selbst mit dem Mädchen zu der Hühnerfrau. Als nun Anne diesmal den Deckel von dem Topf hob, da fällt ihr eigener hübscher Kopf herunter, und wupps ist ein Schafskopf draufgesprungen. Nun war die Königin also recht zufrieden und ging nach Hause zurück.

Ihre eigene Tochter Katrin aber nahm ein feines Leinentuch und wickelte es ihrer Schwester um den Kopf, nahm sie an der Hand, und die beiden machten sich auf, ihr Glück zu suchen. Sie gingen und gingen und gingen, bis sie zu einem Schloß kamen. Katrin klopfte ans Tor und bat um ein Nachtlager für sich und für ihre kranke Schwester. Sie gingen hinein und sahen, daß es das Schloß eines Königs war. Der hatte zwei Söhne, und einer von ihnen lag krank auf den Tod, und keiner konnte herausbekommen, was ihm fehlte. Und das seltsamste war, wer auch immer bei ihm in der Nacht wachte, verschwand und wurde nie mehr gesehen. Da hatte nun der König demjenigen einen Scheffel Silber versprochen, der mit ihm aufbleiben würde. Nun war Katrin ein sehr mutiges Mädchen, und so sagte sie, sie wolle bei ihm sitzen und wachbleiben.

Bis Mitternacht ging alles gut. Als es aber zwölf Uhr schlug, erhob sich der Prinz, kleidete sich an und schlich die Treppe hinunter. Katrin folgte, er aber schien sie nicht zu bemerken. Der Prinz ging zum Stall, sattelte sein Pferd, rief nach seinem Hund, sprang in den Sattel, und Katrin schwang sich behend hinter ihn. Der Prinz und Katrin hinter ihm ritten dahin durch den Wald, und als sie hindurchkamen, pflückte Katrin Nüsse von den Bäumen und füllte damit ihre Schürze. Sie ritten und ritten, bis sie zu einem grünen Hügel kamen. Der Prinz hielt hier das Pferd an und sprach: »Öffne dich, öffne dich, Hügel grün, und laß den jungen Prinzen ein mit seinem Pferd und

seinem Hund«, und Katrin fügte hinzu: »Und mit der Dame hinter ihm.«
Gleich öffnete sich der grüne Hügel, und sie schritten hinein. Der Prinz betrat eine großmächtige Halle, die war strahlend hell erleuchtet, und viele schöne Feen umringten den Prinzen und führten ihn hinweg zum Tanz. Inzwischen verbarg sich Katrin unbemerkt hinter der Tür. Von da sah sie den Prinzen tanzen und tanzen und tanzen, bis er nicht mehr länger tanzen konnte und auf eine Polsterbank niederfiel. Da fächelten ihn die Feen so lange, bis er sich wieder erheben und weitertanzen konnte.
Zuletzt krähte der Hahn, und der Prinz hatte es höchst eilig, aufs Pferd zu kommen. Katrin sprang hinter ihm auf, und sie ritten nach Hause. Als die Morgensonne am Himmel aufging, kamen die Leute des Königs herein und fanden Katrin am Feuer sitzen und ihre Nüsse knacken. Katrin sagte, der Prinz habe eine gute Nacht gehabt, aber sie würde keine zweite Nacht wachbleiben, wenn sie nicht einen Scheffel Gold bekäme.
Die zweite Nacht verging wie die erste. Der Prinz stand um Mitternacht auf und ritt fort zu dem grünen Hügel und dem Feenball, und Katrin folgte ihm, und als sie durch den Wald ritten, sammelte sie Nüsse. Dieses Mal beobachtete sie nicht den Prinzen, denn sie wußte, er würde tanzen und tanzen und tanzen. Aber sie sah, wie ein Feenkind mit einem Zauberstab spielte, und erlauschte, was die eine Fee sagte: »Drei Schläge mit diesem Stab würden Katrins kranke Schwester so hübsch machen, wie sie vorher war.« Da rollte Katrin dem Feenkind Nüsse hin und rollte weiter Nüsse hin, bis das Feenkind hinter den Nüssen hertapste und den Stab fallen ließ. Katrin hob ihn auf und steckte ihn in ihre Schürze. Und beim Hahnenschrei ritten sie wieder nach Hause. Sobald Katrin heimgekommen war, eilte sie in ihr Zimmer und berührte Anne dreimal mit dem Zauberstab. Da fiel der widerliche Schafskopf ab, und sie war wieder die richtige hübsche Anne.
Katrin willigte nur ein, auch die dritte Nacht über zu wachen, wenn sie den kranken Prinzen heiraten könne.

Alles war wie in den ersten beiden Nächten. Diesmal spielte das Feenkind mit einem Vöglein, und Katrin hörte, wie eine der Feen sagte: »Drei Bissen von diesem Vöglein würden den kranken Prinzen so gesund machen, wie er nur je gewesen ist.« Katrin rollte alle Nüsse dem Feenkind hin, bis es das Vöglein fallen ließ, und da steckte Katrin es in ihre Schürze.

Beim Hahnenschrei machten sie sich wieder auf den Weg. Aber anstatt wie gewöhnlich ihre Nüsse zu knacken, rupfte Katrin diesmal das Vöglein und kochte es. Bald erhob sich da ein sehr würziger Duft. »Oh!« sagte der kranke Prinz, »ich wollte, ich hätte ein Stückchen von diesem Vöglein.« Da gab ihm Katrin einen Bissen von dem Vöglein, und er richtete sich auf den Ellenbogen auf. Nach einer Weile rief er wieder: »Oh, hätte ich doch noch einen Bissen von diesem Vöglein!« Da gab ihm Katrin noch einen Bissen, und er setzte sich in seinem Bett auf. Dann sagte er wieder: »Oh, hätte ich doch nur einen dritten Bissen von diesem Vöglein!« Da gab ihm Katrin einen dritten Bissen, und er stand auf und war gesund und kräftig. Er kleidete sich an und setzte sich nieder zum Feuer, und als am nächsten Morgen die Leute hereinkamen, fanden sie da Katrin und den jungen Prinzen, wie sie miteinander Nüsse knackten.

Inzwischen hatte sein Bruder Anne gesehen und sich in sie verliebt, wie es jeder tat, der ihr liebes schönes Gesicht sah. So heiratete nun der kranke Sohn die gesunde Schwester und der gesunde Sohn die kranke Schwester, und alle lebten sie glücklich und gut und starben glücklich und gut und tranken niemals aus einem trockenen Hut.

2. Binsenkappe

Also da war einmal ein reicher Herr, und der hatte drei Töchter. Und er dachte, er wolle doch herausfinden, wie gern sie ihn hatten. Also sagte er zu der ersten: »Mein Herz, wie sehr liebst du mich?« – »Nun«, sagt sie, »so sehr, wie ich mein Leben liebe.« – »So ist's gut«, sagt er.

Dann sagt er zu der zweiten: »Wie sehr liebst du mich, mein Herz?« – »Nun«, sagt sie, »mehr als alles in der Welt.« – »So ist's gut«, sagt er.
Dann sagt er zu der dritten: »Und wie sehr liebst du mich, mein Herz?« – »Nun«, sagt sie, »ich liebe dich so, wie frisches Fleisch das Salz liebt«, sagt sie. Na, da war er aber böse.
»Du liebst mich überhaupt nicht«, sagt er, »und in meinem Haus sollst du nicht länger bleiben.« So jagte er sie auf der Stelle hinaus und schlug ihr die Tür vor der Nase zu.
Na, sie ging fort, weiter und weiter, bis sie an einen Sumpf kam. Und da sammelte sie eine Menge Binsen und machte daraus eine Art Umhang mit einer Kapuze, die sie von Kopf bis Fuß einhüllte und ihre feinen Kleider verbarg. Und dann ging sie weiter und weiter, bis sie zu einem großen Haus kam.
»Braucht ihr keine Magd?« sagt sie.
»Nein, wir brauchen keine«, sagen sie.
»Ich weiß nicht, wo ich hingehen soll«, sagt sie, »und ich verlange keinen Lohn und tue alle Art von Arbeit«, sagt sie.
»Gut«, sagen sie, »wenn du gern Töpfe wäschst und Tiegel auskratzt, kannst du bleiben«, sagen sie.
So blieb sie da und wusch Töpfe und kratzte Tiegel aus und machte alle schmutzige Arbeit. Und weil sie ihren Namen nicht nannte, riefen sie sie Binsenkappe.
Nun, eines Tages sollte da in der Nähe ein großes Tanzfest sein, und man ließ die Dienerschaft hingehen und den feinen Leuten zusehen. Binsenkappe sagte, sie sei zu müde mitzugehen, und so blieb sie zu Haus.
Aber als sie gegangen waren, nahm sie ihre Binsenkappe ab, wusch sich und ging zu dem Tanz. Und da war keine so fein gekleidet wie sie.
Nun, wer war da anderer als der Sohn ihres Herrn, und was tat der anderes als sich in sie verlieben, in dem gleichen Augenblick, in dem er sie sah! Er wollte mit keiner anderen tanzen.
Aber noch ehe der Tanz aus war, trat sie heraus und lief fort, nach Hause. Und als die anderen Mägde zurückkamen, hatte sie ihre Binsenkappe an und tat, als ob sie schliefe.

Nun, am nächsten Morgen sagten sie zu ihr:
»Du hast etwas Schönes verpaßt, Binsenkappe!«
»Und was war das?« sagt sie.
»Nun, die feinste Dame, die du je gesehen hast, und sie war ganz prächtig und schön gekleidet. Der junge Herr, der ließ sie gar nicht aus den Augen.«
»Ach, ich hätte sie gern gesehen«, sagt Binsenkappe.
»Nun, heute abend soll noch einmal Tanz sein, und vielleicht ist sie da.«
Aber als der Abend kam, sagte Binsenkappe, sie sei zu müde, um mit ihnen zu gehen.
Dann aber, als sie gegangen waren, tat sie ihre Binsenkappe herunter, wusch sich und ging fort zu dem Tanz.
Der Sohn des Herrn hatte schon damit gerechnet, sie zu sehen, und er tanzte mit keiner anderen und ließ sie nicht aus den Augen.
Aber noch ehe der Tanz vorüber war, schlüpfte sie davon und lief nach Hause, und als die Mägde zurückkamen, hatte sie ihre Binsenkappe an und tat, als ob sie schliefe.
Am nächsten Tag sagten sie wieder zu ihr:
»Nun, Binsenkappe, du hättest da sein und die Dame sehen sollen. Sie war wieder da, prächtig und schön, und der junge Herr ließ sie nicht aus den Augen.«
»Ach«, sagt sie, »da hätte ich sie gern gesehen.«
»Nun«, sagen sie, »da ist noch einmal Tanz heute abend, und du mußt mit uns gehen, denn sie wird sicher da sein.«
Nun, als der Abend kam, sagte Binsenkappe, sie sei zu müde, um mitzugehen, und sie mochten tun, was sie wollten, sie blieb zu Hause. Aber als sie gegangen waren, tat sie ihre Binsenkappe herunter und wusch sich und ging fort zu dem Tanz.
Der Sohn des Herrn war schrecklich froh, als er sie sah. Er tanzte mit keiner außer ihr und ließ sie gar nicht aus den Augen. Als sie ihm nicht sagen wollte, wie sie hieß und woher sie kam, gab er ihr einen Ring und sagte zu ihr, wenn er sie nicht wiedersehen könnte, würde er sterben.
Nun, noch ehe der Tanz aus war, schlüpfte sie davon und lief

nach Hause, und als die Mägde heimkamen, hatte sie ihre Binsenkappe an und tat, als ob sie schliefe.

Nun, am nächsten Tag sagen sie zu ihr: »Da hast du's, Binsenkappe, du bist letzten Abend nicht gekommen, und jetzt wirst du die Dame nicht sehen, denn es gibt keinen Tanz mehr.«

»Ja, ich hätte sie schrecklich gern gesehen«, sagt sie.

Der Sohn des Herrn versuchte alles, um herauszufinden, wo die Dame hingegangen war, aber wohin er auch ging und wen er auch fragte, nirgends erfuhr er etwas von ihr.

Und aus Liebe zu ihr ging es ihm schlechter und schlechter, bis er im Bett bleiben mußte.

»Bereite eine Hafersuppe für den jungen Herrn«, sagen sie zur Köchin, »er wird noch sterben aus lauter Liebe zu der Dame.«

Die Köchin machte sich an die Arbeit, da kam Binsenkappe herein.

»Was machst du da?« sagt sie.

»Ich bereite gerade Hafersuppe für den jungen Herrn«, sagt die Köchin, »er wird noch sterben aus lauter Liebe zu der Dame.«

»Laß mich sie bereiten«, sagt Binsenkappe.

Nun, die Köchin wollte zuerst nicht, aber schließlich sagte sie ja, und Binsenkappe bereitete die Hafersuppe. Und als sie sie kochte, ließ sie heimlich den Ring hineingleiten, bevor die Köchin die Suppe hinauftrug.

Der junge Mann, der trank und sah den Ring auf dem Boden.

»Schickt nach der Köchin«, sagt er. Sie kommt also herauf.

»Wer hat die Hafersuppe da gekocht?« sagt er.

»Ich war's«, sagt die Köchin, denn sie hatte Angst. Und er sah sie an.

»Nein, du warst es nicht«, sagt er. »Sag wer es war, und es soll dir kein Leid geschehen.«

»Nun denn, es war Binsenkappe«, sagt sie.

»Schick Binsenkappe her«, sagt er.

Binsenkappe kam also.

»Hast du die Hafersuppe gekocht?« sagt er.

»Ja, ich war's«, sagt sie.

»Woher hast du diesen Ring?« sagt er.
»Von dem, der ihn mir gab«, sagt sie.
»Wer aber bist du denn?« sagt der junge Mann.
»Ich will es dir zeigen«, sagt sie. Und sie tat ihre Binsenkappe herunter, und da stand sie in ihren schönen Kleidern.
Nun, der Sohn des Herrn wurde sehr schnell gesund, und sie sollten in kurzer Zeit heiraten. Es sollte eine große Hochzeit sein, und von nah und fern wurde jedermann dazu gebeten. Und Binsenkappes Vater wurde auch dazu gebeten. Aber keinem sagte sie jemals, wer sie war.
Aber vor der Hochzeit ging sie zu der Köchin und sagt: »Ich möchte, daß du alle Gerichte ohne ein Körnchen Salz bereitest.«
»Das wird aber ganz scheußlich sein«, sagt die Köchin.
»Das hat nichts zu sagen«, sagt sie. – »Nun gut«, sagt die Köchin.
Nun, der Hochzeitstag kam heran, und sie heirateten. Und als sie verheiratet waren, setzte sich die ganze Gesellschaft zu den Speisen.
Als sie anfingen, das Fleisch zu essen, war das so ohne Geschmack, daß sie es nicht essen konnten. Binsenkappes Vater aber, der versuchte erst das eine Gericht und dann das andere, und dann brach er in Weinen aus.
»Was ist los?« sagte der Sohn des Herrn zu ihm.
»Oh!« sagt er, »ich hatte eine Tochter. Und ich fragte sie, wie sehr sie mich liebe. Und sie sagte: ›So sehr wie frisches Fleisch das Salz liebt.‹ Und ich schickte sie fort von meiner Tür, denn ich dachte, sie liebt mich nicht. Und jetzt sehe ich, daß sie mich am meisten von allen geliebt hat. Und vielleicht ist sie nun tot, und ich weiß es nicht.«
»Nein, Vater, sie ist hier«, sagt Binsenkappe.
Und sie geht hin zu ihm und legt ihm ihre Arme um den Hals. Und so waren sie glücklich allezeit.

3. Der Hund mit den kleinen Zähnen

Es war einmal ein Kaufmann, der reiste viel in der Welt umher. Auf einer seiner Reisen griffen ihn Diebe an, und sie hätten wohl sein Geld wie auch sein Leben genommen, wenn nicht ein großer Hund zu seiner Rettung gekommen wäre und die Diebe vertrieben hätte.

Als der Hund die Diebe weggetrieben hatte, nahm er den Kaufmann in sein Haus mit, das war sehr hübsch. Er verband seine Wunden und pflegte ihn, bis er wieder gesund war.

Sobald er wieder reisen konnte, machte sich der Kaufmann auf die Heimreise. Aber bevor er aufbrach, sagte er dem Hund, wie dankbar er war für seine Freundlichkeit, und er fragte ihn, welche Belohnung er ihm dafür anbieten könne. Er sagte, er würde sich nicht weigern, ihm das kostbarste Ding zu geben, das er besitzt.

Und so sagte der Kaufmann zu dem Hund: »Nimmst du einen Fisch an, den ich besitze und der zwölf Sprachen spricht?«

»Nein«, sagte der Hund, »den will ich nicht.«

»Oder eine Gans, die goldene Eier legt?«

»Nein«, sagte der Hund, »die will ich nicht.«

»Oder einen Spiegel, in dem du sehen kannst, was jeder denkt?«

»Nein«, sagte der Hund, »den will ich nicht.«

»Was willst du dann haben?« sagte der Kaufmann.

»Ich will kein solches Geschenk haben«, sagte der Hund, »aber laß mich deine Tochter holen und sie in mein Haus nehmen.«

Als der Kaufmann das hörte, war er bekümmert, aber was er versprochen hatte, mußte geschehen. Und so sagte er zu dem Hund: »Du kannst kommen und meine Tochter holen, wenn ich eine Woche zu Hause gewesen bin.«

So kam der Hund am Ende der Woche zum Haus des Kaufmanns, um dessen Tochter zu holen. Aber als er hinkam, blieb er vor der Tür und wollte nicht hereinkommen.

Aber die Tochter des Kaufmanns tat, wie ihr der Vater gesagt hatte, und kam aus dem Haus heraus. Sie war für die Reise gekleidet und bereit, mit dem Hund zu gehen.

Als der Hund sie sah, sah er erfreut drein und sagte: »Spring auf meinen Rücken, und ich werde dich mit mir nehmen zu meinem Haus.«

So stieg sie auf den Rücken des Hundes, und fort ging es mit großer Geschwindigkeit, bis sie das Haus des Hundes erreichten, und das war viele Meilen weit weg.

Aber nachdem sie einen Monat im Haus des Hundes gewesen war, fing sie an, den Kopf hängen zu lassen und zu weinen.

»Warum weinst du?« sagte der Hund.

»Weil ich zu meinem Vater zurückgehen möchte«, sagte sie.

Der Hund sagte: »Wenn du mir versprichst, daß du zu Hause nicht länger als drei Tage bleibst, will ich dich hinbringen. Aber zuerst«, sagte er, »wie nennst du mich?«

»Einen großen, ekelhaften Hund mit kleinen Zähnen«, sagte sie.

»Dann werde ich dich nicht gehen lassen«, sagte er.

Aber sie weinte so jämmerlich, daß er wieder versprach, sie nach Hause zu bringen. »Aber bevor wir aufbrechen«, sagte er, »sag mir, wie du mich nennst.«

»Oh, dein Name ist Süß-wie-eine-Honigwabe«, sagte sie.

»Spring auf meinen Rücken«, sagte er, »und ich bringe dich nach Hause.«

So trabte er mit ihr auf dem Rücken fort und dahin vierzig Meilen weit, bis sie an einen Zaunüberstieg kamen.

»Und wie nennst du mich?« sagte er, bevor sie über den Zauntritt gelangten.

Das Mädchen dachte, sie wäre schon sicher auf ihrem Weg, und sagte: »Einen großen, ekelhaften Hund mit kleinen Zähnen.«

Aber als sie das sagte, sprang er nicht über den Zaun, sondern drehte auf der Stelle um und galoppierte zurück zu seinem eigenen Haus, und das Mädchen hatte er auf dem Rücken.

Es verging eine weitere Woche, und wieder weinte das Mädchen so bitterlich, daß der Hund ihr wieder versprach, sie zu ihres Vaters Haus zu bringen.

So setzte sich das Mädchen wieder auf den Rücken des Hundes, Und sie erreichten den ersten Zauntritt wie vorher. Und da hielt der Hund an und sagte: »Und wie nennst du mich?«

»Süß-wie-eine-Honigwabe«, antwortete sie.
Da sprang der Hund über den Zaun, und es ging zwanzig Meilen weiter, bis sie dann an einen anderen Zauntritt kamen.
»Und wie nennst du mich?« sagte der Hund und wedelte mit dem Schwanz.
Sie dachte mehr an ihren Vater und an ihr Zuhause als an den Hund, und so antwortete sie: »Einen großen, ekelhaften Hund mit kleinen Zähnen.«
Da geriet der Hund in großen Zorn, und er drehte auf der Stelle um und galoppierte wie zuvor zurück zu seinem eigenen Haus.
Nachdem sie eine weitere Woche lang geweint hatte, versprach ihr der Hund wieder, sie zu ihres Vaters Haus zurückzubringen. So stieg sie noch einmal auf seinen Rücken, und als sie zu dem ersten Zauntritt kamen, sagte der Hund: »Und wie nennst du mich?«
»Süß-wie-eine-Honigwabe«, sagte sie.
Da sprang der Hund über den Zaun, und weiter ging's. Nun nahm sich aber das Mädchen vor, die liebevollsten Dinge zu sagen, die ihr einfallen wollten, und so erreichten sie ihres Vaters Haus.
Als sie zu der Haustür des Kaufmanns kamen, sagte der Hund: »Und wie nennst du mich?«
Gerade in dem Augenblick vergaß das Mädchen, welche liebevollen Worte sie eigentlich sagen wollte, und fing an: »Einen großen –«, aber der Hund begann sich umzudrehen, und sie hielt sich am Türriegel fest und wollte gerade sagen: »ekelhaften«, als sie sah, wie bekümmert der Hund dreinschaute. Und weil sie sich erinnerte, wie freundlich und geduldig er mit ihr gewesen war, sagte sie: »Süßer-als-eine-Honigwabe.«
Als sie dies gesagt hatte, dachte sie, der Hund würde es zufrieden sein und davongaloppieren. Statt dessen aber stellte er sich plötzlich auf seine Hinterbeine, und mit den Vorderpfoten zog er seinen Hundekopf herunter und warf ihn hoch in die Luft. Sein Fellgewand fiel ab, und da stand der hübscheste junge

Mann der Welt, und er hatte die schönsten und kleinsten Zähne, die man je gesehen hat.
Natürlich heirateten sie und lebten miteinander glücklich und in Frieden.

4. *Tom Tit Tot*

Nun denn, vor Zeiten war da einmal eine Frau und die buk fünf Kuchen. Und als die aus dem Backofen kamen, hatten sie zu lange gebacken, und die Kruste war zu hart zum essen. Da sagte sie zu ihrer Tochter:
»Mädchen«, sagt sie, »tu doch diese Kuchen da aufs Bord und laß sie ein bißchen liegen, sie werden dann wieder.« – Wißt ihr, sie meinte, die Kruste würde weich werden.
Aber das Mädel dachte sich: ›Na, wenn sie wieder werden, dann eß ich sie gleich.‹ Und sie machte sich dran und aß sie alle auf, vom ersten bis zum letzten.
Na, es wurde Essenszeit, und die Frau sagte: »Geh und hol einen von den Kuchen. Ich denk doch, sie sind jetzt wieder geworden.«
Das Mädel ging und schaute, und da war nichts, nur die leeren Schüsseln. Sie kommt also zurück und sagt: »Nein, sie sind nicht wieder geworden.«
»Kein einziger davon?« sagt die Mutter.
»Kein einziger davon«, sagt sie.
»Also geworden oder nicht geworden«, sagt die Frau, »ich eß einen zum Abendbrot.«
»Aber das kannst du nicht, wenn sie nicht wieder geworden sind«, sagt das Mädel.
»Das kann ich schon«, sagt sie, »geh und bring den besten davon.«
»Ob den besten oder den schlechtesten«, sagt das Mädel, »ich hab sie alle aufgegessen, und bevor sie nicht wieder geworden sind, kannst du keinen davon haben.«
Na, die Frau war ganz wütend, und sie holte ihr Spinnzeug vor die Tür und spann, und beim Spinnen sang sie:

»Meine Tochter, die hat heut fünf, fünf Kuchen gegessen.
Meine Tochter, die hat heut fünf, fünf Kuchen gegessen.«

Der König, der kam da die Straße herunter, und der hörte sie singen. Aber er konnte nicht hören, was sie sang, so hielt er an und sagte:
»Was war das, was Ihr gesungen habt, junge Frau?«
Die Frau, die schämte sich, ihn hören zu lassen, was ihre Tochter gemacht hatte, und da sang sie stattdessen:

»Meine Tochter, die hat heut fünf, fünf Strähne gesponnen,
meine Tochter, die hat heut fünf, fünf Strähne gesponnen.«

»Meiner Treu!« sagte der König, »ich hab nie von jemandem gehört, der das konnte.«
Dann sagte er: »Schaut her, ich brauche eine Frau, und ich will Eure Tochter heiraten. Aber«, sagt er, »schaut her, elf Monate im Jahr soll sie alles zu essen haben, was sie will, und alle Kleider, die sie bekommen möchte, und alle Gesellschaft, die sie haben will, aber im letzten Monat des Jahres muß sie jeden Tag fünf Strähne spinnen, und wenn sie's nicht tut, werde ich sie töten.«
»Gut so«, sagt die Frau, denn sie dachte daran, was das für eine großartige Heirat sei.
Und wegen der fünf Strähne – wenn's dazu kommt, dann wird es da viele Auswege geben, und wahrscheinlich wird er es vergessen haben.
Na, so heirateten sie. Und elf Monate lang bekam das Mädel alles zu essen, was sie gern aß, und alle Kleider, die sie bekommen wollte, und alle Gesellschaft, die sie haben wollte.
Aber als die Zeit verging, dachte sie über diese Strähne nach und fragte sich, ob er sich daran erinnern würde. Aber er sagte kein Wort darüber, und sie meinte schon, er habe sie vergessen. Am letzten Tag des letzten Monats jedoch nahm er sie mit zu einem Zimmer, das sie nie vorher gesehen hatte. Da war nichts drin als ein Spinnrad und ein Schemel. Und er sagt: »Nun, meine Liebe, hier wirst du morgen eingeschlossen mit etwas zu

essen und mit etwas Flachs, und wenn du bis zum Abend nicht fünf Strähne gesponnen hast, verlierst du deinen Kopf.«
Und fort ging er zu seinen Geschäften. Na, da hatte sie eine Angst! Sie war immer so ein unbekümmertes Mädchen gewesen, daß sie nicht einmal wußte, wie man spann, und was sollte sie jetzt morgen machen, wenn keiner zu ihr kommen und ihr helfen konnte!
Sie setzte sich auf einen Schemel in der Küche nieder, und schau an, wie sie da weinte!
Auf einmal jedoch hörte sie etwas wie ein Klopfen unten an der Tür. Sie stand auf und öffnete, und was sah sie da? Ein dünnes, kleines, schwarzes Ding mit einem langen Schwanz. Das schaute recht neugierig an ihr hinauf, und dann sagte es:
»Warum weinst du so?«
»Was geht's dich an?« sagt sie.
»Darum kümmre dich nicht«, sagte das Ding, »aber sag mir, warum du weinst.«
»Das hilft mir nichts, wenn ich's dir sage«, sagt sie.
»Das weißt du nicht«, sagte das Ding, und es wirbelte seinen Schwanz herum.
»Na ja«, sagt sie, »es wird nicht schaden, wenn's auch nichts nützt«, und sie richtete sich auf und erzählte von den Kuchen und den Strähnen und alles.
»Was ich machen will, ist das«, sagt das kleine schwarze Ding. »Ich komm jeden Morgen an dein Fenster und hol den Flachs und bring ihn am Abend gesponnen zurück.«
»Was für einen Lohn verlangst du?« sagt sie.
Das Ding schaut sie so aus seinen Augenwinkeln an, und es sagt:
»Ich laß dich jeden Abend dreimal meinen Namen raten, und wenn du ihn nicht erraten hast, ehe der Monat um ist, dann gehörst du mir.«
Na, sie dachte, sie würde sicher seinen Namen erraten, ehe der Monat um sei. »Also gut«, sagt sie, »einverstanden.«
»Also gut«, sagt es, und schau einer an, wie es seinen Schwanz herumwirbelte!

Na, am nächsten Tag brachte sie ihr Mann in das Zimmer, und da war der Flachs und das Essen für den Tag.
»Da ist jetzt der Flachs«, sagt er, »und wenn der bis zum Abend nicht gesponnen ist, ist dein Kopf herunter.« Und dann ging er hinaus und verschloß die Tür.
Kaum war er fortgegangen, da klopfte es gegen das Fenster. Sie stand auf und öffnete es, da war doch wirklich das kleine seltsame Ding und saß auf dem Sims.
»Wo ist der Flachs?« sagt es.
»Hier hast du ihn«, sagt sie. Und sie gibt ihm den Flachs.
Nun, als es Abend war, klopfte es wieder am Fenster. Sie steht auf und öffnet es, und da war doch wirklich das kleine seltsame Ding mit fünf Strähnen Flachs auf dem Arm.
»Hier hast du ihn«, sagt er und gibt ihr den Flachs.
»Und jetzt, wie ist mein Name?« sagt er.
»Also, ist es Bill?« sagt sie.
»Nein, ist's nicht«, sagt er. Und er wirbelte seinen Schwanz herum.
»Na, ist's Ned?« sagt sie.
»Nein, ist's nicht«, sagt er. Und er wirbelte seinen Schwanz herum.
»Na, ist's Mark?« sagt sie.
»Nein, ist's nicht«, sagt er. Und er wirbelte noch mehr, und fort war er.
Na, als ihr Mann dann kam, da waren die fünf Strähne für ihn bereit. »Ich sehe, ich muß dich heute abend nicht töten, meine Liebe«, sagt er. »Am Morgen sollst du dein Essen und deinen Flachs bekommen«, sagt er und geht fort.
Nun, jeden Tag wurden also der Flachs und das Essen gebracht, und jeden Tag kam der kleine schwarze Kobold am Morgen und am Abend. Und den ganzen Tag über versuchte sie über Namen nachzudenken, die sie ihm nennen könnte, wenn er am Abend kam. Aber sie traf niemals den richtigen.
Als es gegen das Ende des Monats zuging, da fing der Kobold an so boshaft zu schauen, und er wirbelte seinen Schwanz schneller und schneller bei jedem Mal, wenn sie zu raten versuchte.

Schließlich kam der vorletzte Tag.
Der Kobold, der kam am Abend mit den fünf Strähnen daher, und er sagte:
»Na, hast du meinen Namen noch nicht gefunden?«
»Ist's Nikodemus?« sagt sie.
»Nein, ist's nicht«, sagt er.
»Ist's Samuel?« sagt sie.
»Nein, ist's nicht«, sagt er.
»Also dann, ist's Methusalem?« sagt sie.
»Nein, das ist's auch nicht«, sagt er.
Dann schaut er sie an mit Augen wie feurige Kohlen, und dann sagt er: »Frau, nur noch morgen abend, und dann bist du mein!« und flog fort.
Na, wie sie sich fürchtete! Aber da hörte sie den König den Gang entlangkommen. Er kam rein, und als er die fünf Strähne sah, da sagt er:
»Nun, meine Liebe«, sagt er, »ich sehe schon, du wirst morgen deine fünf Strähne geradeso fertig haben, und ich glaube, ich muß dich nicht töten, deshalb will ich heut abend hier mit dir zusammen essen.« Also wurde das Abendessen gebracht und noch ein Schemel für ihn, und die zwei, die setzen sich nieder.
Na, er hatte kaum ein oder zwei Bissen im Mund gehabt, da hält er inne und fängt an zu lachen.
»Was ist los?« sagt sie.
»Ach«, sagt er, »ich war heute beim Jagen, und ich kam zu einer Stelle im Wald, die ich noch nie vorher gesehen hatte. Und da war eine alte Kalkgrube. Und ich hörte so was wie ein Summen. Da stieg ich vom Pferd, und ich ging ganz leise zu der Grube und schaute hinunter. Na, und was war da anderes als das ulkigste kleine schwarze Ding, das du jemals vor die Augen gekriegt hast. Und das tat doch nichts anderes, als an einem kleinen Spinnrad sitzen, und da spann es wunderbar schnell, und dabei wirbelte es seinen Schwanz herum. Und als es spann, da sang es:

›Nimmy, nimmy, not,
mein Nam' ist Tom Tit Tot.‹«

Na, als das Mädchen das hörte, da meinte sie, sie müßte vor Freude zerspringen, aber sie sagte kein Wort.
Am nächsten Tag, da schaute dieses kleine Ding so boshaft drein, als es um den Flachs kam. Und als der Abend da war, hörte sie wieder das Klopfen an den Fensterscheiben. Sie machte das Fenster auf, und es kommt gleich über das Sims herein. Und es grinst von einem Ohr zum andern, ach und wie schnell der Schwanz herumwirbelt!
»Wie ist mein Name?« sagt es, als es ihr die Strähne gab.
»Ist es Salomon?« sagt sie und tut, als ob sie sich fürchtet.
»Nein, ist's nicht«, sagt es, und es kommt weiter in das Zimmer herein.
»Nun, ist es Zebedäus?« sagt wieder sie.
»Nein, ist's nicht«, sagt der Kobold. Und dann lachte er und er wirbelte seinen Schwanz, bis er kaum mehr zu sehen war. »Laß dir Zeit, Frau«, sagt er. »Noch einmal raten, und du bist mein.« Und er streckte seine schwarzen Hände nach ihr aus.
Na, sie trat ein, zwei Schritte zurück, und sie sah das Ding an, und dann lachte sie auf, und sie sagt und zeigt mit dem Finger auf den Kobold:

»Nimmy, nimmy, not,
dein Nam' ist Tom Tit Tot.«

Nun, als er das hörte, da kreischte er schrecklich, und fort war er in die Dunkelheit verschwunden, und niemals sah sie ihn wieder.

5. Die alte Hexe

Es waren da einmal zwei Mädchen, die lebten bei Vater und Mutter. Ihr Vater hatte keine Arbeit, und die Mädchen wollten fortgehen und ihr Glück suchen. Nun wollte das eine Mädchen einen Dienst annehmen, und ihre Mutter sagte, das dürfe sie, wenn sie einen Dienstplatz finden könnte.
So machte sie sich auf den Weg zur Stadt. Nun, sie ging in der

ganzen Stadt herum, aber keiner brauchte so ein Mädchen. So ging sie weiter ins Land hinaus, und sie kam zu einem Ort, da war ein Backofen, und in dem waren viele Brote beim Backen. Und das Brot sagte: »Kleines Mädchen, kleines Mädchen, nimm uns heraus, nimm uns heraus. Wir backen schon sieben Jahre lang, und keiner ist gekommen, um uns herauszunehmen.« So nahm das Mädchen die Brote heraus, legte sie auf den Boden und ging ihren Weg weiter.

Dann traf sie eine Kuh, und die Kuh sagte: »Kleines Mädchen, kleines Mädchen, melk mich, melk mich! Sieben Jahre lang warte ich schon, und keiner ist gekommen, um mich zu melken.« Das Mädchen molk die Kuh in die Eimer, die da standen. Weil sie durstig war, trank sie etwas davon und ließ das übrige in den Eimern bei der Kuh. Dann ging sie ein bißchen weiter und kam zu einem Apfelbaum. Der war so mit Früchten beladen, daß seine Zweige fast niederbrachen. Der Baum sagte: »Kleines Mädchen, kleines Mädchen, hilf mir und schüttle meine Früchte. Meine Zweige brechen schon, weil sie so schwer sind.« Und das Mädchen sagte: »Freilich will ich dir helfen, du armer Baum.« Sie schüttelte also alle Äpfel herunter, richtete die Äste auf und ließ die Früchte auf dem Boden unter dem Baum liegen. Dann ging sie weiter, bis sie zu einem Haus kam. Nun lebte da in dem Haus eine Hexe, und diese Hexe stellte in ihrem Haus Mädchen als Dienstboten ein. Und als sie erfuhr, daß dieses Mädchen von zu Hause fortgegangen war, um einen Dienst zu suchen, sagte sie, sie wolle es mit ihr versuchen und ihr einen guten Lohn geben. Die Hexe sagte dem Mädchen, welche Arbeit sie tun müsse. »Du mußt das Haus sauber und ordentlich halten, den Fußboden und die Feuerstelle fegen. Aber da ist etwas, was du niemals tun darfst. Du darfst niemals in den Kamin hinaufschauen, sonst wird dir etwas Schlimmes zustoßen.«

Das Mädchen versprach also zu tun, was ihr geheißen wurde. Aber eines Morgens beim Saubermachen, als die Hexe ausgegangen war, vergaß sie, was die Hexe gesagt hatte, und schaute in den Kamin hinauf. Als sie das tat, fiel ein großer Sack mit

Geld herunter in ihren Schoß. Das wiederholte sich noch einmal und noch einmal. Da machte sich das Mädchen auf den Weg nach Hause.
Als sie ein Stück gegangen war, hörte sie, wie die Hexe hinter ihr herkam. Da lief sie zu dem Apfelbaum und rief:

»Apfelbaum, Apfelbaum, versteck mich geschwind,
daß mich die alte Hexe nicht find't!
Find't sie mich, rupft sie all mein Gebein
und begräbt mich unter dem Marmelstein.«

Da verbarg sie der Apfelbaum. Als die Hexe zu ihm kam, sagte sie:

»Bäumchen mein, Bäumchen mein,
sahst du da ein Mädchen
mit einem Wippetipack und einem Zipfelsack,
die mir all mein Geld stahl, das ich hatt'?«

Und der Apfelbaum sagte: »Nein, Mutter, in sieben Jahren nicht!«
Als die Hexe auf einem anderen Weg fortgegangen war, lief das Mädchen weiter, und gerade als sie zu der Kuh kam, hörte sie wieder, wie die Hexe hinter ihr herkam. Da rannte sie zu der Kuh und rief:

»Kuh, Kuh, versteck mich geschwind,
daß mich die alte Hexe nicht find't!
Find't sie mich, rupft sie all mein Gebein
und begräbt mich unter dem Marmelstein.«

Da verbarg die Kuh das Mädchen.
Als die alte Hexe herankam, sah sie sich um und sagte zu der Kuh:

»Kühlein mein, Kühlein mein,
sahst du da ein Mädchen
mit einem Wippetipack und einem Zipfelsack,
die mir all mein Geld stahl, das ich hatt'?«

Und die Kuh sagte: »Nein, Mutter, in sieben Jahren nicht.«

Als die Hexe auf einem anderen Weg fortgegangen war, lief das kleine Mädchen weiter, und als sie schon nahe bei dem Backofen war, hörte sie die Hexe hinter sich herkommen. Da rannte sie zu dem Ofen und rief:

»Ofen, Ofen, versteck mich geschwind,
daß mich die alte Hexe nicht find't!
Find't sie mich, bricht sie all mein Gebein
und begräbt mich unter dem Marmelstein.«

Und der Backofen sagte: »Ich habe keinen Platz, frag den Bäcker.« Und der Bäcker verbarg sie hinter dem Backofen.
Als die Hexe herankam, schaute sie hierhin und dorthin und überallhin, und dann sagte sie zu dem Bäcker:

»Bäcker mein, Bäcker mein,
sahst du da ein Mädchen
mit einem Wippetipack und einem Zipfelsack,
die mir all mein Geld stahl, das ich hatt'?«

Da sagte der Bäcker: »Sieh in den Backofen.« Die alte Hexe ging hin und schaute, und der Backofen sagte: »Kriech herein und schau in die hinterste Ecke.« Das tat die Hexe, und als sie im Ofen war, schloß der seine Tür, und die Hexe mußte da sehr lange Zeit eingesperrt bleiben.
Dann ging das Mädchen wieder davon und kam mit ihren Geldsäcken nach Hause. Sie heiratete einen reichen Mann, und sie lebten fortan glücklich allezeit.
Da dachte die andere Schwester, sie wolle gehen und es auch so machen. Und sie ging denselben Weg. Sie kam zu dem Backofen, und das Brot sagte: »Kleines Mädchen, kleines Mädchen, nimm uns heraus. Sieben Jahre lang backen wir schon, und keiner ist gekommen, um uns herauszunehmen.« Das Mädchen sagte: »Nein, ich möchte mir nicht die Finger verbrennen.« Also ging sie weiter, bis sie die Kuh traf, und die Kuh sagte: »Kleines Mädchen, kleines Mädchen, melk mich, melk mich doch. Sieben Jahre lang warte ich schon, und keiner ist gekommen, um mich zu melken.« Aber das Mädchen sagte: »Nein, ich

kann dich nicht melken, ich habe es eilig.« Und sie ging noch schneller weiter. Dann kam sie zu dem Apfelbaum, und der Apfelbaum bat sie, ihm zu helfen und die Früchte herunterzuschütteln. Aber das Mädchen sagte: »Nein, ich kann nicht, vielleicht ein anderes Mal.« Und sie ging weiter, bis sie zu dem Haus der Hexe kam. Nun, es war bei ihr genau wie bei dem anderen Mädchen – sie vergaß, was ihr gesagt worden war, und als eines Tages die Hexe ausgegangen war, schaute das Mädchen in den Kamin hinauf, und da fiel ein Sack mit Geld herunter. Nun, sie dachte, jetzt wolle sie gleich weglaufen. Als sie zu dem Apfelbaum kam, hörte sie die Hexe hinter sich herkommen und rief:

»Apfelbaum, Apfelbaum, versteck mich geschwind,
daß mich die alte Hexe nicht find't!
Find't sie mich, bricht sie all mein Gebein
und begräbt mich unter dem Marmelstein.«

Aber der Baum antwortete nicht, und sie rannte weiter. Gleich danach kam die Hexe dahin und sagte:

»Bäumchen mein, Bäumchen mein,
sahst du da ein Mädchen
mit einem Wippetipack und einem Zipfelsack,
die mir all mein Geld stahl, das ich hatt'?«

Der Baum sagte: »Ja, Mutter, sie ist jenen Weg gegangen.« Da kam die alte Hexe hinter ihr her und fing sie, sie nahm ihr alles Geld weg, schlug sie und schickte sie so nach Hause, einfach wie sie jetzt dastand.

6. Der goldene Ball

Da waren zwei Mädchen, Töchter von einer Mutter, und als die vom Jahrmarkt kamen, sahen sie an der Haustür einen richtig hübschen jungen Mann vor sich stehen. Niemals hatten sie zuvor einen so hübschen Mann gesehen. Er hatte Gold an seiner Mütze, Gold an seinem Finger, Gold um den Hals, eine

Uhrkette aus rotem Gold – ach, hatte der aber Geld! Er hielt in jeder Hand einen goldenen Ball. Jedem Mädchen gab er einen Ball, sie solle ihn behalten, und wenn sie ihn verlöre, müßte sie gehängt werden. Eines der Mädchen, es war die jüngere, verlor ihren Ball. Wie, das will ich dir erzählen.

Sie war neben dem Zaun eines Parks und warf ihren Ball, und der flog hoch, und hoch, und hoch, bis er glatt über den Zaun flog. Und als sie hinaufkletterte, um nach ihm zu sehen, da lief der Ball auf dem grünen Gras dahin und lief geradeaus zu der Tür des Hauses, und da lief der Ball hinein, und sie sah ihn nicht mehr.

So wurde sie fortgeholt und sollte aufgehängt werden an ihrem Hals, bis sie tot war, weil sie ihren Ball verloren hatte.

Aber sie hatte einen Liebsten, und der sagte, er wolle gehen und den Ball holen. So ging er zu dem Parktor, aber es war geschlossen; da kletterte er auf die Hecke, und als er oben auf der Hecke war, erhob sich aus dem Graben vor ihm eine alte Frau und sagte, wenn er den Ball bekommen wolle, müsse er drei Nächte in dem Haus schlafen. Er sagte, das wolle er.

Dann ging er in das Haus und suchte nach dem Ball, aber er konnte ihn nicht finden. Die Nacht kam und er hörte, wie Kobolde sich im Hof umhertrieben. Er schaute also aus dem Fenster, und da war der Hof voll von ihnen.

Plötzlich hörte er Tritte über die Treppe heraufkommen. Er verbarg sich hinter der Tür und war mäuschenstill. Dann kam ein großer Riese herein, der war fünfmal so groß wie er, und der Riese schaute sich um, aber er sah den Burschen nicht, so ging er zum Fenster und beugte sich vor, um hinauszublicken. Und als er sich auf seine Ellbogen lehnte, um die Kobolde im Hof zu sehen, da trat der Bursche hinter ihn, und mit einem Streich seines Schwertes hieb er ihn in zwei Teile, so daß der obere Teil von ihm in den Hof fiel und der untere Teil vor dem Fenster stehenblieb und hinaussah.

Da machten die Kobolde ein großes Geschrei, als sie den halben Riesen zu sich heruntertaumeln sahen, und sie riefen: »Da kommt unser halber Herr, gib uns die andere Hälfte.«

Da sagte der Bursche: »Du bist zu nichts nutze, du Beinpaar, wenn du allein am Fenster stehst, da du kein Auge zum Sehen hast. Geh also und folge deinem Bruder«, und er warf den unteren Teil des Riesen hinter dem oberen her. Nun hatten die Kobolde den ganzen Riesen bekommen und waren still.
In der nächsten Nacht war der Bursche wieder in dem Haus, und nun kam ein zweiter Riese zur Tür herein, und als er hereinkam, hieb ihn der Bursche in zwei Teile, aber die Beine spazierten zum Kamin und gingen von allein hinauf. »Geh, sieh zu, daß du hinter deinen Beinen herkommst«, sagte der Bursche zu dem Kopf und warf den auch in den Kamin hinauf.
In der dritten Nacht kroch der Bursche in das Bett, und er hörte die Kobolde unter dem Bett ihr Wesen treiben, und sie hatten da den Ball und warfen ihn hin und her.
Nun hatte einer von ihnen sein Bein unter dem Bett hervorgereckt, da holte der Bursche mit seinem Schwert aus und hieb es ab. Dann streckte ein anderer seinen Arm an der anderen Bettseite hervor, und der Bursche hieb den ab. So hatte er schließlich alle verstümmelt, und sie liefen schreiend und jammernd davon und vergaßen den Ball, aber er holte ihn unter dem Bett hervor und ging seine Liebste suchen.
Nun hatte man das Mädchen nach York gebracht, und es sollte da gehängt werden. Sie war hinaus auf das Schafott geführt worden, und der Henker sagte: »Mädchen, nun mußt du an deinem Hals gehängt werden, bis du tot bist.«
Aber sie rief aus:

»Halt ein, halt ein, ich glaub, ich seh die Mutter kommen!
O Mutter, hast du gebracht meinen goldenen Ball,
und kamst du, um mich zu befrein?«
»Ich hab nicht gebracht deinen goldenen Ball,
nicht dich zu befrein ich kam.
Ich kam ja nur, um dich hängen zu sehn
an diesem Galgenstamm.«

Dann sagte der Henker: »Mädchen, nun sprich deine Gebete, denn du mußt sterben.« Aber sie sagte:

»Halt ein, halt ein, ich glaub, ich seh den Vater kommen!
O Vater, hast du gebracht meinen goldenen Ball,
und kamst du, um mich zu befrein?«
»Ich hab nicht gebracht deinen goldenen Ball,
nicht dich zu befrein ich kam.
Ich kam ja nur, um dich hängen zu sehn
an diesem Galgenstamm.«

Dann sagte der Henker: »Hast du deine Gebete gesprochen? Mädchen, nun lege deinen Kopf in die Schlinge.«
Aber sie antwortete: »Halt ein, halt ein, ich glaub, ich seh den Bruder kommen!« Und sie sang wieder, und dann glaubte sie, ihre Schwester kommen zu sehen, dann ihren Onkel, dann ihre Tante, dann ihren Vetter. Aber danach sagte der Henker: »Ich will nicht länger einhalten, du treibst dein Spiel mit mir. Jetzt gleich mußt du hängen.«
Aber nun sah sie ihren Liebsten durch die Menge kommen, und über seinem Kopf hielt er hoch in der Luft ihren eigenen goldenen Ball. Da sagte sie:

»Halt ein, halt ein, ich seh meinen Liebsten kommen!
Liebster, du hast gebracht meinen goldenen Ball,
und kamst, um mich zu befrein?«
»Gewiß hab ich gebracht deinen goldenen Ball,
und dich zu befrein ich kam.
Ich bin nicht gekommen, dich hängen zu sehn
an diesem Galgenstamm.«

Und er nahm sie mit nach Hause, und sie lebten fortan glücklich allezeit.

7. Herr Fox

Lady Mary war jung, und Lady Mary war schön. Sie hatte zwei Brüder, und Liebhaber hatte sie mehr, als sie zählen konnte. Aber der ansehnlichste und ritterlichste unter ihnen allen war ein Herr Fox, den hatte sie getroffen, als sie drunten in ihres Vaters Landhaus gewesen war. Niemand wußte, wer Herr Fox war; aber er war gewiß ansehnlich und sicherlich reich, und von all ihren Verehrern mochte Lady Mary nur ihn allein. Schließlich kamen sie überein, daß sie heiraten wollten. Lady Mary fragte Herrn Fox, wo sie leben würden, und er beschrieb ihr sein Schloß und sagte, wo es sei. Aber so seltsam es auch klingt, er forderte weder sie noch ihre Brüder auf, hinzukommen und es anzusehen.

Eines Tages nun, kurz vor dem Hochzeitstag, als ihre Brüder ausgegangen waren und Herr Fox für ein oder zwei Tage in Geschäften unterwegs war, wie er sagte, machte sich Lady Mary auf den Weg nach dem Schloß von Herrn Fox. Und nach langem Suchen kam sie auch endlich hin. Es war ein schönes, festes Haus mit hohen Mauern und einem tiefen Wassergraben darum herum. Und als sie nun zum Brückentor kam, sah sie, daß darüber geschrieben stand: »Hab Mut, hab Mut.«

Da aber das Brückentor offen war, ging sie hindurch und sah, daß niemand da war. So ging sie den Torweg hinauf und fand dort über der Eingangstür geschrieben:

»Hab Mut, hab Mut, doch zuviel ist nicht gut.«

Sie ging immer weiter, bis sie in die Halle kam. Und sie ging die breite Treppe hinauf, bis sie zu einer Tür in der Galerie kam, und darüber war geschrieben:

»Hab Mut, hab Mut, doch zuviel ist nicht gut,
sonst könnt' dir im Herzen gerinnen das Blut.«

Aber Lady Mary war wirklich ein tapferes Mädchen, und sie öffnete die Tür. Und was meint ihr, was sie da sah? Nun, Leichen und Gerippe von schönen jungen Damen, und alle blutbefleckt. Da dachte Lady Mary, es sei höchste Zeit, von diesem entsetzlichen Ort wegzukommen, und sie schloß die Tür, ging durch die Galerie, und gerade wollte sie die Treppe hinuntergehen und durch die Halle hinaus, da sah sie durch das Fenster keinen anderen als Herrn Fox, und der schleppte eine schöne junge Dame den Torweg entlang zur Tür. Lady Mary eilte die Treppe hinunter, und gerade noch rechtzeitig konnte sie sich hinter einem großen Faß verbergen, als Herr Fox auch schon hereinkam mit der armen jungen Dame. Sie schien ohnmächtig geworden zu sein. Gerade als er in die Nähe von Lady Mary kam, da sah Herr Fox einen Diamantring glitzern am Finger der jungen Dame, die er daherschleppte, und er versuchte, ihn abzuziehen. Aber er saß zu fest und ging nicht ab. Da fluchte Herr Fox mit bösen Worten und zog sein Schwert, hob es auf und ließ es auf die Hand der armen Dame niedersausen. Das Schwert schlug die Hand ab, daß sie durch die Luft geschleudert wurde, und sie fiel ausgerechnet in Lady Marys Schoß. Herr Fox schaute ein bißchen herum, aber es fiel ihm nicht ein, auch hinter das Faß zu sehen, so ging er schließlich weiter und schleppte die junge Dame die Treppe hinauf in die Blutkammer.

Sobald Lady Mary hörte, wie er durch die Galerie ging, schlüpfte sie zur Tür hinaus, lief durch das Brückentor und nach Hause, so schnell sie konnte.

Nun geschah es, daß am nächsten Tag der Ehevertrag zwischen Lady Mary und Herrn Fox unterzeichnet werden sollte, und davor gab es ein festliches Frühstück. Und als Herr Fox an der Tafel Lady Mary gegenübersaß, blickte er sie an. »Wie blaß Ihr heute morgen seid, meine Teure.« – »Ja«, sagte sie, »ich habe in der letzten Nacht schlecht geschlafen. Ich hatte entsetzliche Träume.« – »Träume sind Schäume«, sagte Herr Fox, »aber erzählt uns Euren Traum. Eure liebliche Stimme wird uns die Zeit vertreiben, bis die Stunde unseres Glücks da ist.«

»Ich träumte«, sagte Lady Mary, »daß ich gestern nachmittag zu Eurem Schloß ging. Und ich fand es in den Wäldern, es hatte hohe Mauern und einen tiefen Graben, und über dem Brückentor stand:

›Hab Mut, hab Mut.‹«

»Aber das ist nicht so, noch war es so«, sagte Herr Fox.

»Und als ich zur Eingangstür kam, war darüber geschrieben:

›Hab Mut, hab Mut, doch zuviel ist nicht gut.‹«

»Das ist nicht so, noch war es so«, sagte Herr Fox.
»Und dann ging ich die Treppe hinauf und kam zu einer Galerie. An ihrem Ende war eine Tür, und darüber stand:

›Hab Mut, hab Mut, doch zuviel ist nicht gut,
sonst könnt' dir im Herzen gerinnen das Blut.‹ «

»Das ist nicht so, noch war es so«, sagte Herr Fox.
»Und dann – und dann öffnete ich die Tür, und der Raum war angefüllt mit Leichen und Gerippen armer toter Frauen, und alle waren von ihrem Blut befleckt.«
»Das ist nicht so, noch war es so. Und Gott verhüte, es wäre so«, sagte Herr Fox.
»Ich träumte weiter, daß ich die Galerie entlangeilte, und als ich gerade die Treppe hinuntergehen wollte, sah ich Euch, Herr Fox, wie Ihr zur Tür der Halle kamt, und Ihr schlepptet hinter Euch her eine arme junge Dame, schön und reich.«
»Das ist nicht so, noch war es so. Und Gott verhüte, es wäre so«, sagte Herr Fox.
»Ich eilte die Treppe hinunter und konnte mich gerade noch rechtzeitig hinter einem großen Faß verbergen, als auch schon Ihr, Herr Fox, hereinkamt und die junge Dame am Arm daherschlepptet. Und ich glaube, Herr Fox, als Ihr an mir vorbeigingt, sah ich, wie Ihr versuchtet, ihren Diamantring abzuziehen. Und in meinem Traum, Herr Fox, da schien mir, es gelang Euch nicht, und Ihr zogt Euer Schwert und hacktet der armen Dame die Hand ab, um den Ring zu bekommen.«
»Das ist nicht so, noch war es so. Und Gott verhüte, es wäre so«, sagte Herr Fox. Und als er sich erhob, wollte er noch etwas anderes sagen, aber da rief Lady Mary aus:
»Aber das ist so und das war so. Hier ist die Hand mit dem Ring – ich habe sie noch und kann sie zeigen«, und aus ihrem Gewand zog sie die Hand der Dame und zeigte damit auf Herrn Fox.
Und sogleich zogen ihre Brüder und ihre Freunde die Schwerter heraus und schlugen Herrn Fox in tausend Stücke.

8. Der zerbrochene Krug

Es waren einmal zwei Schwestern, eine hieß Orange und die andere Zitrone. Ihre Mutter liebte Zitrone viel mehr als Orange und ließ Orange alle schwere Arbeit im Hause tun und jeden Tag das Wasser vom Brunnen holen. Eines Tages ging Orange wie immer zum Brunnen und nahm ihren Krug mit, und als sie sich niederbeugte, um ihn mit Wasser zu füllen, fiel ihr der Krug aus der Hand in den Brunnen und zerbrach. Da war Orange sehr bekümmert und wagte nicht nach Hause zu gehen; so setzte sie sich ins Gras nieder und weinte. Als sie eine Weile geweint hatte, schaute sie vom Boden auf und sah eine wunderschöne Fee vor sich stehen. Und die Fee sagte: »Warum weinst du, kleine Orange?«

Orange sagte: »Weil ich unseren Krug zerbrochen habe und Mutter mich schlagen wird.«

»Trockne deine Tränen ab«, sagte die Fee, »siehst du, ich lebe in dem Brunnen und weiß alles von dir, und ich will dir helfen, weil du so ein gutes kleines Mädchen bist und so schlecht behandelt wirst.«

Dann schlug die Fee auf den Boden, und der Krug kam aus dem Brunnen zurück und war heil und ganz und gerade so wie zuvor, nur hatte er nun Arme und Beine.

»Sieh her«, sagte die Fee, »dieser kleine Krug soll immer dein Freund sein, und nun wird er mit dir nach Hause gehen und das Wasser selbst tragen. Geh nun nach Hause, erzähle niemandem davon und sei ein gutes kleines Mädchen.« Als sie das gesagt hatte, verschwand die Fee hinunter in den Brunnen.

Da trocknete Orange bald ihre Tränen ab, faßte die eine Hand des Kruges, und sie und der Krug gingen zusammen nach Hause. Aber als sie zur Tür von ihrer Mutter Haus kamen, waren die Arme und Beine des Kruges verschwunden. Da trug Orange den Krug ins Haus, und da sie sich an das erinnerte, was die Fee gesagt hatte, erzählte sie niemandem, was geschehen war.

Am nächsten Morgen erwachte Orange sehr bald, wie sie es immer tat, und sagte zu sich: »Wie müde werde ich sein, bevor die Nacht kommt, denn es ist ja soviel zu tun im Haus.« So stand sie auf, und als sie die Treppe hinunterkam, sah sie den Krug mit Armen und Beinen, und er fegte die Küche und verrichtete alle schwere Arbeit, und von da an war der Krug für alle Zeit ihr treuer und hilfreicher Freund.

9. Der goldene Becher

Es war einmal eine Dame, die hatte eine kleine Tochter, und diese Tochter hatte einen schönen goldenen Becher. Eines Tages nun ging die Dame aus, um ihre Freunde zu besuchen, und ihre kleine Tochter fragte, ob sie auch mitgehen dürfe. Ihre Mutter sagte: »Nein, mein Liebes, ich kann dich jetzt nicht mitnehmen, aber du kannst deinen goldenen Becher zum Spielen haben, bis ich zurückkomme.«

Als die Mutter fort war, sagte das kleine Mädchen zu der Magd: »Hol mir meinen goldenen Becher aus dem Schrank.«

Die Magd sagte: »Ich kann ihn jetzt nicht holen, ich habe zu viel zu tun.«

Aber das kleine Mädchen bat immer wieder und immer wieder um den Becher, bis schließlich die Magd zornig wurde und sagte: »Wenn du noch einmal darum bittest, dann schlage ich dir den Kopf ab.«

Aber das kleine Mädchen bat noch einmal um den Becher, und da brachte die Magd sie in den Keller, holte das Beil und schlug ihr den Kopf ab. Dann nahm sie Hacke und Schaufel und grub ein Loch und begrub das kleine Mädchen unter einer der Steinplatten im Keller.

Als die Mutter am Abend zurückkam, sagte sie: »Wo ist die Kleine?«

Die Magd sagte: »Ich habe sie hinausgelassen zum Spazierengehen.«

»Dann geh und suche sie«, sagte die Mutter.

Die Magd ging hinaus, und als sie zurückkam, sagte sie: »Ich habe überall nach ihr gesucht und konnte sie nicht finden.«
Da grämte sich die Mutter sehr, und sie blieb die ganze Nacht auf und auch die nächste Nacht. Als sie in der dritten Nacht da allein saß und ganz wach war, hörte sie draußen vor der Tür die Stimme ihrer Tochter sagen: »Kann ich meinen goldenen Becher haben?«
Die Mutter öffnete die Tür, und als ihre Tochter die Frage dreimal wiederholt hatte, sah sie ihren Geist, aber sogleich verschwand der Geist, und sie sah ihn niemals wieder.

10. Orange und Zitrone

Da waren einmal ein Vater und eine Mutter, und die hatten zwei Töchter, Orange und Zitrone. Die Mutter hatte Zitrone lieber und der Vater Orange. Sobald der Vater den Rücken wandte, ließ die Mutter gewöhnlich Orange alle schmutzige Arbeit tun. Eines Tages schickte sie sie fort, um die Milch zu holen, und sagte: »Wenn du den Krug zerbrichst, werde ich dich töten.« Als Orange zurückkehrte, fiel sie hin und zerbrach den Krug. Und als sie nach Hause kam, verbarg sie sich daher im Hausgang. Die Mutter kam heraus, sie sah den zerbrochenen Krug und das Mädchen und holte sie in das Haus. Da schrie das Mädchen:
»O Mutter, o Mutter! Töte mich nicht!«
Die Mutter sagte: »Schließe die Fensterläden.«
»O Mutter, o Mutter! Töte mich nicht!«
»Zünde die Kerze an.«
»O Mutter, o Mutter! Töte mich nicht!«
»Setze den Kessel auf.«
»O Mutter, o Mutter! Töte mich nicht!«
»Hol den Block, auf dem wir das Holz hacken.«
»O Mutter, o Mutter! Töte mich nicht!«
»Bring die Axt.«
»O Mutter, o Mutter! Töte mich nicht!«

»Leg den Kopf auf den Block.«
»O Mutter, o Mutter! Töte mich nicht!«
Aber die Mutter hackte ihr den Kopf ab und kochte ihn zum Mittagessen. Als der Vater nach Hause kam, fragte er, was es zum Essen gäbe.
»Schafskopf«, antwortete die Mutter.
»Wo ist Orange?«
»Noch nicht von der Schule gekommen.«
»Ich glaube dir nicht«, sagte der Vater. Dann ging er die Treppe hinauf und fand Finger in einem Kasten. Das überwältigte ihn so, daß er die Besinnung verlor. Der Geist von Orange flog fort zum Laden eines Goldschmieds und sagte:

»Meine Mutter schlug mir's Haupt ab,
mein Vater nagt mein Gebein,
meine kleine Schwester mich begrub
unterm kalten Marmelstein.«

Sie sagten: »Wenn du das noch einmal sagst, geben wir dir eine goldene Uhr.« Da sagte sie es noch einmal, und sie gaben ihr eine goldene Uhr. Dann ging sie fort zum Laden eines Schusters und sagte:

»Meine Mutter schlug mir's Haupt ab,
mein Vater nagt mein Gebein,
meine kleine Schwester mich begrub
unterm kalten Marmelstein.«

Und sie sagten: »Wenn du das noch einmal sagst, geben wir dir ein Paar Schuhe.«
Da sagte sie es noch einmal, und sie gaben ihr ein Paar Schuhe. Dann ging sie zum Steinmetz und sagte:

»Meine Mutter schlug mir's Haupt ab,
mein Vater nagt mein Gebein,
meine kleine Schwester mich begrub
unterm kalten Marmelstein.«

Und sie sagten: »Wenn du es noch einmal sagst, geben wir dir ein Stück Marmor, so groß wie dein Kopf.« Da sagte sie es

noch einmal, und sie gaben ihr ein Marmorstück so groß wie ihr Kopf.
Sie nahm all diese Dinge und flog nach Hause und setzte sich oben auf den Kamin und rief hinunter:

»Vater, Vater, komm zu mir,
und ich zeig dir, was ich schenke dir!«

Da kam er, und sie gab ihm die goldene Uhr.
Dann rief sie hinunter:

»Schwester, Schwester! Komm zu mir,
und ich zeig dir, was ich schenke dir!«

Da kam sie heraus, und sie gab ihr die Schuhe.
Dann rief sie hinunter:

»Mutter, Mutter! Komm zu mir,
und ich zeig dir, was ich schenke dir!«

Die Mutter dachte, die andern haben so hübsche Dinge bekommen, und steckte ihren Kopf gleich in den Kamin und schaute hinauf. Da fiel der große Marmorbrocken herunter und tötete sie. Dann kam Orange herunter und lebte mit ihrem Vater und Zitrone glücklich allezeit.

11. Der Fisch und der Ring

Es war einmal vor Zeiten ein mächtiger Baron im Nordland, der war ein großer Zauberer und wußte alles, was geschehen würde. Eines Tages nun, als sein kleiner Junge vier Jahre alt war, schaute er in das Buch der Geschicke, um zu sehen, was mit ihm geschehen würde. Und zu seiner Bestürzung fand er, daß sein Sohn ein Mädchen aus niederem Stand heiraten würde, das gerade in einem Haus im Schatten des Münsters von York geboren worden war. Der Baron wußte nun aber, daß der Vater des kleinen Mädchens sehr, sehr arm war und schon fünf Kinder hatte. Da ließ er sein Pferd bringen, ritt nach York und kam an dem Haus des Vaters vorbei. Er sah ihn traurig und bekümmert vor der Tür sitzen. Da stieg er ab, ging zu ihm hin und sagte: »Was ist Euch, guter Mann?« Und der Mann sagte: »Ach, Euer Ehren, es ist so: ich habe schon fünf Kinder, und nun ist ein sechstes gekommen, ein kleines Mädchen, und wo ich das Brot herbekommen soll, um ihre Mäuler zu stopfen, das ist mehr, als ich sagen kann.«

»Laßt den Mut nicht sinken, guter Mann«, sagte der Baron. »Wenn das Euer Kummer ist, kann ich Euch helfen. Ich nehme das letzte Kleine mit mir, und Ihr müßt Euch darum keine Sorgen machen.«

»Dank Euch von Herzen, Herr«, sagte der Mann, und er ging hinein und brachte das Mädchen heraus, gab es dem Baron, und der stieg auf sein Pferd und ritt mit ihm fort. Und als er an das Ufer des Ouse-Flusses kam, warf er das kleine Ding in den Fluß und ritt fort zu seinem Schloß.

Aber das kleine Mädchen ging nicht unter, ihre Kleider hielten sie eine Zeit oben, und sie trieb dahin und trieb dahin, bis sie gerade vor der Hütte eines Fischers an Land geworfen wurde. Der Fischer fand sie da und hatte Mitleid mit dem armen kleinen Ding und nahm sie in sein Haus. Und da lebte sie, bis sie fünfzehn Jahre alt war und ein hübsches, feines Mädchen.

Eines Tages geschah es, daß der Baron mit einigen Gefährten an den Ufern des Ouse-Flusses jagen ging, und er hielt bei der Hütte des Fischers an, um etwas zu trinken zu bekommen, und das Mädchen kam heraus und gab es ihnen. Alle bemerkten ihre Schönheit, und einer von ihnen sagte zu dem Baron: »Baron, Ihr könnt die Geschicke erkennen, was meint Ihr, wen wird sie heiraten?«

»Oh, das ist leicht zu erraten«, sagte der Baron, »irgend so einen Tölpel. Aber ich werde ihr das Horoskop stellen. Komm her, Mädchen, sag mir, an welchem Tag bist du geboren?«

»Ich weiß es nicht, Herr«, sagte das Mädchen, »ich bin gerade hier gefunden worden, als mich vor fünfzehn Jahren der Fluß hergebracht hat.«

Da wußte der Baron, wer sie war, und als sie aufbrachen, ritt er zurück und sagte zu dem Mädchen: »Höre, Mädchen, ich will dir zu deinem Glück verhelfen. Trage diesen Brief zu meinem Bruder in Scarborough, und es wird dir fürs Leben gut gehen.« Und das Mädchen nahm den Brief und sagte, sie würde gehen. Was er in diesem Brief geschrieben hatte, war aber dies: »Lieber Bruder – nimm die Überbringerin und töte sie unverzüglich. Herzlich dein Humphrey.«

Kurz darauf brach also das Mädchen nach Scarborough auf, und über Nacht schlief sie in einer kleinen Herberge. Nun brach eben in dieser Nacht eine Räuberbande in dem Gasthof ein, und sie durchsuchten das Mädchen. Das hatte kein Geld und nur den Brief. Da öffneten sie den und lasen ihn und meinten, das wäre doch eine Schande. Der Räuberhauptmann nahm Feder und Papier und schrieb diesen Brief:

»Lieber Bruder – nimm die Überbringerin und verheirate sie unverzüglich mit meinem Sohn. Herzlich dein Humphrey.«

Und dann gab er ihn dem Mädchen und hieß sie gehen. So ging sie weiter zu dem Bruder des Barons nach Scarborough, der war ein edler Ritter, und der Sohn des Barons war gerade bei ihm. Als sie dem Bruder den Brief gab, befahl er, die Hochzeit sogleich auszurichten, und sie wurden noch am gleichen Tag verheiratet.

Bald darauf kam der Baron selbst in das Schloß seines Bruders, und wie groß war seine Überraschung, als er sah, daß eben die Sache geschehen war, gegen die er seine Pläne gerichtet hatte. Aber er wollte sich nicht auf solche Art geschlagen geben, und er nahm das Mädchen mit auf einen Spaziergang, wie er sagte, entlang den Klippen. Und als er mit ihr allein war, faßte er sie an den Armen und wollte sie hinabwerfen. Aber sie bat inständig um ihr Leben. »Ich habe nichts getan«, sagte sie, »und wenn Ihr mich nur verschonen wolltet, so tu ich, was immer Ihr auch wollt. Ich werde Euch oder Euren Sohn nie wiedersehen, bis Ihr es wünscht.« Da zog der Baron seinen goldenen Ring ab und warf ihn ins Meer und sagte: »Laß mich niemals dein Gesicht wiedersehen, bis du mir diesen Ring vorzeigen kannst.« Und dann ließ er sie gehen.

Das arme Mädchen wanderte immer weiter, bis sie schließlich zum Schloß eines vornehmen Edelmanns kam, und da bat sie, man möge ihr irgendeine Arbeit geben. Und sie machten sie zum Spülmädchen im Schloß, denn sie war in der Fischerhütte an solche Arbeit gewöhnt gewesen.

Eines Tages nun, wen anderen sah sie da zum Haus des Edelmannes kommen als den Baron und seinen Bruder und seinen Sohn, ihren Ehemann! Sie wußte nicht was tun, aber sie dachte, sie würden sie in der Schloßküche nicht sehen. So ging sie mit einem Seufzer an ihre Arbeit zurück und begann einen mächtig großen Fisch sauberzumachen, der für das Mahl gekocht werden sollte. Und als sie ihn saubermachte, da sah sie innen drin etwas schimmern, und was meint ihr, was sie fand? Nun, da war der Ring des Barons, eben der, den er über die Klippe bei Scarborough geworfen hatte. Sie war wirklich froh, ihn zu sehen, das könnt ihr glauben. Dann kochte sie den Fisch so fein sie konnte und richtete ihn her.

Nun, als der Fisch auf den Tisch kam, schmeckte er den Gästen so gut, daß sie den Edelmann fragten, wer ihn gekocht habe. Er sagte, das wisse er nicht, aber er rief die Diener: »He, ihr da, schickt die Köchin, die diesen guten Fisch gekocht hat.« Da gingen sie hinunter in die Küche und sagten dem Mädchen, sie werde im Saal gewünscht. Sie richtete sich her und steckte den goldenen Ring des Barons an ihren Daumen und ging hinauf in den Saal.

Als die Festgäste solch eine junge und schöne Köchin sahen, waren sie überrascht. Aber der Baron geriet in höchsten Zorn und fuhr auf, als wolle er über sie herfallen. Da ging das Mädchen zu ihm hin und streckte ihm die Hand hin mit dem Ring darauf, und sie legte ihn vor ihm auf den Tisch. Da sah der Baron schließlich, daß niemand gegen das Geschick ankämpfen kann, und er führte sie zu einem Platz und gab der ganzen Gesellschaft bekannt, das dies die rechte Frau seines Sohnes sei. Und er nahm sie und seinen Sohn mit sich nach Hause in sein Schloß, und sie alle lebten danach alle Zeit so glücklich, wie's nur sein konnte.

12. Die Geschichte von Tom Däumling

Es heißt, daß in den Tagen des gefeierten Fürsten Artus, der im Jahr 516 König von England war, einst ein großer Magier lebte. Er hieß Merlin und war in jener Zeit der gelehrteste und geschickteste Zauberer der Welt.

Dieser berühmte Magier, der jede beliebige Gestalt annehmen konnte, reiste einmal als armer Bettler verkleidet, und da er sehr müde geworden war, blieb er vor der Hütte eines ehrlichen Ackermannes stehen, um sich auszuruhen, und bat um einen Imbiß.

Der Ackermann hieß ihn herzlich willkommen, und sein Weib, die eine sehr gutherzige, gastfreundliche Frau war, brachte ihm bald in einer hölzernen Schüssel etwas Milch und auf einem Holzteller ein wenig grobes braunes Brot.

Merlin freute sich sehr über dieses schlichte Mahl und über die Freundlichkeit des Ackermannes und seines Weibes. Aber obgleich in der Hütte alles sauber und behaglich war, konnte er nicht umhin zu bemerken, daß beide sehr bedrückt und kummervoll zu sein schienen. Daher fragte er sie nach dem Grund ihrer Betrübnis aus und erfuhr, daß sie unglücklich waren, weil sie keine Kinder hatten.

Mit Tränen in den Augen erklärte die arme Frau, sie wäre der glücklichste Mensch der Welt, wenn sie einen Sohn hätte, und wäre er auch nicht größer als ihres Mannes Daumen, so wollte sie doch zufrieden sein.

Die Vorstellung von einem Jungen, der nicht größer war als ein Männerdaumen, machte Merlin so viel Spaß, daß er beschloß, die Elfenkönigin zu besuchen und sie zu ersuchen, den Wunsch der armen Frau zu erfüllen. Auch der Elfenkönigin gefiel der drollige Einfall, solch eine kleine Person unter den Menschenwesen zu sehen, außerordentlich gut, und sie versprach Merlin, daß der Wunsch erfüllt werden solle. Daher kam kurz danach das Weib des Ackermannes mit einem Sohn nieder, und welch Wunder! – der war kein bißchen größer als seines Vaters Daumen.

Die Elfenkönigin wünschte den kleinen Kerl zu sehen, der so in die Welt gekommen war, und kam durchs Fenster herein, während die Mutter im Bett aufsaß und ihn bewunderte. Die Elfenkönigin küßte das Kind, gab ihm den Namen Tom Däumling und sandte nach einigen Elfen, die ihren kleinen Günstling nach den Anweisungen kleiden mußten, die sie gab:

»Auf dem Kopf trug er einen Eichenblatthut,
sein Hemd aus Spinnweb man spann;
die Jacke gewebt aus Distelflaum gut,
aus Federn hat Hosen er an.
Die Strümpfe aus Apfelschale man band
mit Wimpern, die vom Aug' der Mutter man fand.
Die Schuhe waren aus Mausefell fein,
mit dem weichen Haar nach innen hinein.«

Es ist bemerkenswert, daß Tom niemals auch nur ein bißchen größer wurde als seines Vaters Daumen, der nur von gewöhnlicher Größe war. Aber als er älter wurde, war er sehr listig und steckte voller Streiche. Als er alt genug war, um mit den Jungen zu spielen, und im Spiel alle seine eigenen Kirschkerne verloren hatte, schlüpfte er meist in die Beutel seiner Spielkameraden, füllte seine Taschen, und nachdem er unbeobachtet herausgelangt war, spielte er wieder mit.

Eines Tages jedoch, als er gerade aus einem Beutel mit Kirschkernen herauskam, in dem er wie gewöhnlich stibitzt hatte, sah ihn zufällig der Junge, dem der Beutel gehörte. »Aha, mein kleiner Tommy«, sagte der Junge, »so habe ich dich endlich dabei erwischt, wie du meine Kirschkerne stiehlst, und du sollst den Lohn für deine Diebskniffe bekommen.« Während er das sagte, zog er die Schnur fest um seinen Hals zusammen und schüttelte den Beutel so kräftig, daß der arme kleine Tom an Beinen, Schenkeln und Leib arg verletzt wurde. Er schrie vor Schmerz auf und bat, er solle ihn herauslassen, und versprach, sich nie mehr solch üble Streiche zuschulden kommen zu lassen.

Kurze Zeit danach war seine Mutter dabei, eine Mehlspeise zu machen, und Tom, der schrecklich gerne sehen wollte, wie das gemacht wurde, kletterte auf den Rand der Schüssel hinauf. Aber unglücklicherweise glitt sein Fuß aus, und er plumpste bis über die Ohren in den Teig, ohne daß seine Mutter es merkte. Sie rührte ihn in den Kochbeutel und tat ihn in den Topf zum Kochen.

Der Teig hatte Toms Mund gefüllt und ihn so am Schreien gehindert; als er aber das heiße Wasser spürte, strampelte und rang er so sehr in dem Topf, daß seine Mutter dachte, die Mehlspeise sei verhext. Und sogleich zog sie sie aus dem Topf und warf sie vor die Tür. Ein armer Kesselflicker ging vorbei, der hob die Mehlspeise auf, steckte sie in seinen Vorratssack und ging davon. Tom, der jetzt seinen Mund vom Teig frei hatte, begann darauf laut zu schreien, und das erschreckte den Kesselflicker so sehr, daß er die Mehlspeise zu Boden warf und wegrannte. Beim Fallen war die Mehlspeise in Stücke zerbrochen, Tom kroch mit Teig überzogen heraus und ging mühsam nach Hause. Seiner Mutter tat es sehr leid, als sie ihren Liebling in solch einem jammervollen Zustand sah. Sie steckte ihn in eine Teetasse, und bald hatte sie den Teig heruntergewaschen. Danach küßte sie ihn und legte ihn zu Bett.

Bald nach dem Abenteuer mit der Mehlspeise ging Toms Mutter ihre Kühe auf der Weide melken, und sie nahm ihn mit sich. Der Wind wehte sehr stark, und weil sie fürchtete, er könnte fortgeblasen werden, band sie ihn mit einem feinen Faden an eine Distel. Die Kuh bemerkte bald den Eichenblatthut, hatte Lust darauf, und so erwischte sie den armen Tom und die Distel auf einen Happen. Als die Kuh die Distel kaute, fürchtete sich Tom vor ihren großen Zähnen, die drohten, ihn in Stückchen zu zermalmen, und so laut er konnte brüllte er: »Mutter, Mutter!«

»Wo bist du, Tommy, mein lieber Tommy?« sagte seine Mutter.

»Hier, Mutter«, antwortete er, »im Maul der roten Kuh.«

Seine Mutter fing an zu weinen und die Hände zu ringen, aber die Kuh war überrascht von dem seltsamen Lärm in ihrer

Kehle, machte das Maul auf und ließ Tom herausfallen. Zum Glück fing ihn seine Mutter in der Schürze auf, als er zu Boden fiel, er hätte sich sonst schrecklich verletzt. Dann steckte sie Tom in ihr Busentuch und lief mit ihm nach Hause.

Toms Vater machte ihm eine Peitsche aus Gerstenstroh, damit er das Vieh treiben könne. Und als er eines Tages aufs Feld gegangen war, glitt er mit dem Fuß aus und rollte in eine Furche. Ein Rabe flog darüber hin, packte ihn und flog mit ihm zur Spitze eines Riesenschlosses, das nahe an der Küste lag, und dort setzte er ihn ab.

Um Tom stand es schrecklich, er wußte nicht was tun; aber bald wurde er in noch schrecklichere Furcht versetzt, denn der alte Riese Grumbo kam hervor und erging sich auf der Terrasse. Und er bemerkte Tom, nahm ihn auf und schluckte ihn herunter wie eine Pille.

Kaum hatte der Riese Tom geschluckt, da bereute er auch schon, daß er es getan hatte, denn Tom begann zu strampeln und umherzuspringen, daß es dem Riesen recht unbehaglich wurde, und schließlich spuckte er ihn wieder aus und ins Meer. In dem Augenblick, in dem Tom ins Meer fiel, schluckte ihn ein großer Fisch, und der wurde kurz darauf gefangen und für König Artus' Tafel gekauft. Als sie den Fisch aufmachten, damit er gekocht werde, waren alle überrascht, solch einen kleinen Jungen zu finden, und Tom war recht begeistert, daß er seine Freiheit wiederhatte. Sie schafften ihn zum König, und der machte Tom zu seinem Hofzwerg, und er wurde bald ein großer Günstling bei Hof, denn mit seinen Possen und Sprüngen belustigte er nicht nur den König und die Königin, sondern auch alle Ritter der Tafelrunde.

Wie es heißt, nahm der König häufig Tom mit sich, wenn er ausritt, und wenn ein Regenschauer niederging, kroch er meist in Seiner Majestät Westentasche und schlief dort, bis der Regen vorbei war.

Eines Tages fragte König Artus Tom über seine Eltern aus, weil er wissen wollte, ob sie so klein seien wie er und in welchen Verhältnissen sie lebten. Tom erzählte dem König, daß sein Vater und seine Mutter so groß waren wie jedermann bei Hofe, aber daß sie in recht ärmlichen Verhältnissen lebten. Als er das hörte, trug der König Tom zu seiner Schatzkammer, das war der Ort, wo er all sein Geld verwahrte, und er hieß ihn sich so viel Geld zu nehmen, als er zu seinen Eltern nach Hause tragen könnte. Das ließ den armen kleinen Kerl vor Freude springen. Unverzüglich ging Tom und beschaffte sich eine Geldbörse, die aus einer Wasserblase gemacht war, kehrte dann zur Schatzkammer zurück, und dort erhielt er ein silbernes Dreipfennigstück, das steckte er hinein.

Es war ein wenig schwierig für unseren kleinen Helden, die Last auf den Rücken zu heben, aber schließlich gelang es ihm, und sie lag so, wie er es wollte, und dann machte er sich auf die Reise. Nun denn, nach zwei Tagen und zwei Nächten erreichte er sicher seines Vaters Haus, ohne daß ihm ein Unfall zugestoßen wäre, und nachdem er sich mehr als hundertmal auf dem Weg ausgeruht hatte.

Achtundvierzig Stunden war Tom mit einem riesigen Silberstück auf dem Rücken gereist, und er war fast auf den Tod erschöpft, als seine Mutter ihm aus dem Haus entgegenlief und ihn hereintrug.

Toms Eltern waren beide glücklich, daß sie ihn wiedersahen, um so mehr, als er eine solche erstaunliche Summe Geldes mitgebracht hatte. Der arme kleine Kerl war aber außerordentlich müde, nachdem er eine halbe Meile in achtundvierzig Stunden gewandert war, und das mit dem riesigen silbernen Dreipfennigstück auf dem Rücken. Damit er sich von der erlittenen Mühsal erholen konnte, bettete ihn seine Mutter in eine Walnußschale neben den Kamin und fütterte ihn drei Tage lang mit einer Haselnuß, wovon er sehr krank wurde, denn für gewöhnlich reichte ihm eine ganze Nuß einen Monat lang.

Tom erholte sich bald. Aber weil es geregnet hatte und der Boden sehr naß war, konnte er nicht zu König Artus' Hof zurückwandern. Als eines Tages der Wind in jene Richtung wehte, machte ihm daher seine Mutter einen kleinen Schirm aus Seidenpapier, band Tom daran und pustete ihn mit dem

Mund in die Luft, daß er davon rasch zum Palast des Königs getragen wurde. Der König, die Königin und alle Edelleute waren glücklich, Tom wieder bei Hofe zu sehen, wo er sie entzückte durch seine Geschicklichkeit beim Lanzenstechen und bei Turnieren. Aber seine Bemühungen, ihnen zu gefallen, kamen ihn teuer zu stehen und ließen ihn in eine so schwere Krankheit fallen, daß man an seinem Leben verzweifelte.

Aber die Elfenkönigin hörte von seiner üblen Verfassung, sie kam zu Hofe in einer Kutsche, die von fliegenden Mäusen gezogen wurde, setzte Tom neben sich und fuhr durch die Luft ohne anzuhalten, bis sie in ihrem Palast ankamen. Nachdem sie seine Gesundheit wiederhergestellt hatte, erlaubte sie ihm, all die fröhliche Kurzweil des Elfenlandes zu genießen. Danach befahl die Elfenkönigin, daß sich ein starker Luftstrom erhebe, auf den setzte sie Tom, und der segelte darauf wie ein Korken im Wasser. Unverzüglich wurde er so zum königlichen Palast König Artus' gesandt.

Gerade in dem Augenblick, als Tom über den Hof des Palastes dahergeflogen kam, ging zufällig der Koch vorbei mit des Königs großer Schüssel voll Weizenbrei, und das war ein Gericht, das Seine Majestät sehr liebte. Unglücklicherweise aber fiel der arme kleine Kerl, plumps, mitten hinein und ließ den heißen Brei über das Gesicht des Kochs spritzen.

Der Koch war ein bösartiger Bursche und hatte einen furchtbaren Zorn auf Tom, weil der ihn erschreckt und mit dem Brei verbrüht hatte. Er ging geradenwegs zum König und gab an, Tom sei in den königlichen Weizenbrei gesprungen und habe ihn aus reiner Bosheit heruntergeworfen. Als der König dies hörte, geriet er so in Zorn, daß er befahl, Tom solle ergriffen und wegen Hochverrats vor Gericht gestellt werden. Und nachdem es keinen gab, der für ihn zu sprechen wagte, wurde er dazu verurteilt, unverzüglich enthauptet zu werden.

Als der arme Tom hörte, wie dieses schreckliche Urteil ausgesprochen wurde, begann er vor Furcht zu zittern. Er bemerkte aber einen Müller in seiner Nähe, der gaffte mit offenem Maul, wie es die Tölpel auf dem Land auf dem Jahrmarkt tun, und weil Tom keinerlei Mittel zum Entkommen sah, machte er einen Satz und sprang bis in die Kehle des Müllers hinunter. Dieses Heldenstück vollbrachte er so behende, daß es keiner der Anwesenden bemerkte, und sogar der Müller wußte nichts von dem Streich, den ihm Tom gespielt hatte. Da Tom nun verschwunden war, wurde die Gerichtssitzung abgebrochen, und der Müller ging nach Hause in seine Mühle.

Als Tom die Mühle klappern hörte, wußte er, daß er weit weg war vom Gericht. Deshalb begann er sich hin und her zu werfen und sich umherzurollen, so daß der arme Müller keine Ruhe fand und meinte, er sei verhext. Also schickte er nach dem Doktor. Als der Doktor kam, fing Tom an zu tanzen und zu singen, und der Doktor erschrak darüber ebenso wie der Müller und schickte eilends nach fünf anderen Doktoren und zwanzig Gelehrten.

Gerade als sie dabei waren, die Ursache dieses außergewöhnlichen Vorfalles zu besprechen, mußte der Müller zufällig gähnen. Da nahm Tom die Gelegenheit wahr, machte wieder einen Sprung und landete mitten auf dem Tisch sicher auf seinen Füßen.

Der Müller war sehr empört, daß er von solch einem kleinen Zwerggeschöpf gequält worden war, und geriet in entsetzlichen Zorn. Er packte Tom, öffnete das Fenster und warf ihn hinaus in den Fluß. In dem Augenblick, als der Müller Tom fallen ließ, kam ein großer Lachs dahergeschwommen, sah ihn niederfallen und schnappte ihn im Nu. Ein Fischer fing den Lachs und verkaufte ihn auf dem Markt an den Haushofmeister eines vornehmen Herrn. Als der Edelmann den Fisch sah, fand er ihn so ungewöhnlich schön, daß er ihn König Artus als Geschenk überreichte. Der befahl, den Fisch unverzüglich zuzubereiten. Als der Koch den Fisch aufschnitt, fand er den armen Tom und lief damit zum König. Aber Seine Majestät war mit Staatsangelegenheiten beschäftigt und befahl, er solle fortgebracht und gefangengehalten werden, bis er nach ihm senden werde.

Der Koch beschloß, daß ihm Tom dieses Mal nicht aus den

Händen schlüpfen sollte, und daher tat er ihn in eine Mausefalle, und dort ließ er ihn, und er mußte durch die Drahtstäbe gucken. Eine ganze Woche war Tom in der Falle geblieben, bevor König Artus nach ihm sandte. Der König vergab ihm, daß er den Weizenbrei heruntergeworfen hatte, und nahm ihn wieder in seine Gunst auf. Wegen seiner Geschicklichkeit und seiner wundervollen Kunststücke wurde Tom vom König zum Ritter geschlagen und wurde bekannt unter dem Namen »der berühmte Sir Thomas Däumling«.

Da Toms Kleider sehr gelitten hatten in der Mehlspeise, im Weizenbrei und im Innern des Riesen, des Müllers und der Fische, befahl Seine Majestät, ihm einen neuen Anzug zu machen und ihn auszustatten, wie es einem Ritter gebührte.

»Das Hemd war aus Falterflügeln gemacht,
die Stiefel aus Kükenhaut fein.
Ein Elfenwicht, der es weit gebracht
in der Schneiderkunst, besorgt mit Pracht
das Nähen der Kleider sein.
Als Schwert trägt er eine Nadel am Bein,
er reitet auf feurigem Mäuselein,
so zeigte sich Tom in stattlichem Schein!«

Gewiß war es sehr unterhaltsam, wenn man Tom so in seinem Gewand sah, wohlberitten auf der Maus, wie er auf der Jagd dem König und den Edelleuten folgte. Und sie alle lachten manchmal, daß ihnen die Luft ausging, über Tom und sein prächtiges Streitroß, wenn es sich aufbäumte.

Eines Tages ritten sie an einem Bauernhaus vorbei. Eine Katze lauerte da bei der Tür, die machte einen Sprung und erwischte alle beide, Tom und seine Maus. Sie kletterte mit ihnen auf einen Baum hinauf und begann die Maus zu verschlingen. Tom aber zog kühn sein Schwert und griff die Katze so wild an, daß sie beide fallen ließ. Da fing ihn einer der Edelleute in seinem Hut auf und legte ihn nieder in einem Elfenbeinkästchen auf einem Bettchen aus Flaum.

Bald danach kam die Elfenkönigin und besuchte Tom, und sie

schaffte ihn zurück ins Elfenland. Dort blieb er mehrere Jahre lang. Während er sich da aufhielt, waren König Artus und alle Leute, die Tom kannten, gestorben. Weil er sich danach sehnte, wieder bei Hofe zu sein, ließ ihm die Elfenkönigin neue Kleider machen und sandte ihn im Flug durch die Luft zu dem Palast. Das war zu der Zeit von König Thunstone, dem Nachfolger von König Artus. Alle scharten sich um ihn und wollten ihn sehen, und als er zu dem König getragen wurde, fragte ihn der, wer er sei, woher er komme und wo er lebe. Tom antwortete:

»Tom Däumling ist mein Nam',
von den Elfen ich kam.
Unter König Artus' Schein
dieser Hof war mein Heim.
Viel Freud' ich ihm brachte,
er zum Ritter mich machte.
Ob keiner von euch von Sir Däumling vernahm?«

Der König war so entzückt von dieser Ansprache, daß er befahl, es solle ein kleiner Sessel gemacht werden, damit Tom bei ihm auf seiner Tafel sitzen könne. Und es sollte auch ein goldenes Palästlein gebaut werden, eine Spanne hoch und mit einer Tür von einem Zoll Breite, und darin sollte Tom wohnen. Auch gab er ihm ein Kütschlein, das von sechs kleinen Mäusen gezogen wurde.

Über die Ehrungen, die Sir Tom erwiesen wurden, ereiferte sich die Königin so sehr, daß sie beschloß, ihn zugrunde zu richten. Und so erzählte sie dem König, der kleine Ritter habe sich ihr gegenüber dreist betragen.

In großer Eile sandte der König nach Tom. Der aber wußte nur zu gut, wie gefährlich königlicher Zorn war, und schlüpfte in ein leeres Schneckenhaus. Darin blieb er ziemlich lange liegen, bis er fast verhungerte. Zuletzt aber wagte er doch herauszugucken und erblickte einen schönen großen Schmetterling auf der Erde, ganz in der Nähe seines Verstecks. Sehr vorsichtig näherte er sich ihm, und als er sich rittlings auf ihm

niedergelassen hatte, wurde er sogleich in die Luft emporgetragen. Der Schmetterling flog mit ihm von Baum zu Baum und von Feld zu Feld und kehrte zuletzt zum Hof zurück. Dort mühten sich alle, der König und die Edelleute, ihn zu fangen, aber schließlich fiel der arme Tom von seinem Sitz herunter in eine Gießkanne, und da wäre er fast ertrunken.
Die Königin war voller Zorn, als sie ihn sah, und sagte, er solle enthauptet werden. Und wieder wurde er bis zum Zeitpunkt seiner Exekution in eine Mäusefalle gesperrt.
Eine Katze jedoch, die bemerkt hatte, daß etwas Lebendiges in der Falle war, schlug so lange mit den Pfoten daran, bis die Drähte brachen, und so gab sie Tom die Freiheit zurück.
Der König nahm Tom wieder in seine Gunst auf. Aber er lebte nicht mehr lange genug, um sich ihrer zu erfreuen, denn eines Tages griff eine große Spinne Tom an, und wenn er auch sein Schwert zog und wacker kämpfte, so überwältigte ihn doch zuletzt der giftige Atem der Spinne:

»Er fiel tot zu Boden, wo gekämpft er voll Mut,
und die Spinne saugt aus ihm jeden Tropfen von Blut.«

König Thunstone und der ganze Hofstaat grämten sich so sehr, weil sie ihren kleinen Liebling verloren hatten, daß sie Trauer anlegten. Und sie setzten auf sein Grab ein prächtiges Grabmal aus weißem Marmor, das hatte die folgende Inschrift:

»Tom Däumling, König Artus' Ritter, hier liegt,
vom grausamen Biß einer Spinne besiegt.
An Artus' Hof war er wohlbekannt,
wo oft man beim Ritterspiel ihn fand.
Er stach mit der Lanze und ritt zum Turnier
und war bei der Jagd auf dem Mausetier.
Sein Leben den Hof erfüllte mit Freud',
sein Tod bracht' uns nur Traurigkeit.
Senkt eure Häupter, weint die Augen euch rot,
weint, weint – o weh, Tom Däumling ist tot!«

13. Jack Buttermilch

Jack war ein Junge, der Buttermilch verkaufte. Eines Tages, als er seine Runde machte, traf er eine Hexe, die bat ihn um ein wenig Buttermilch. Sie sagte ihm, wenn er sich weigere, ihr davon zu geben, würde sie ihn in den Sack stecken, den sie über ihrer Schulter trug.

Aber Jack wollte der Hexe nichts von seiner Buttermilch geben, so steckte sie ihn in den Sack und ging mit ihm nach Hause.

Aber als sie ihres Wegs dahinging, fiel ihr plötzlich ein, daß sie einen Topf mit Fett vergessen hatte, den sie in der Stadt gekauft hatte. Nun war Jack aber zu schwer, und die Hexe konnte ihn nicht wieder zur Stadt zurücktragen, also fragte sie einige Männer, die die Hecke am Wegrand säuberten, ob sie wohl auf ihren Sack aufpassen würden, bis sie zurückkäme.

Die Männer versprachen, auf den Sack aufzupassen, aber als die Hexe gegangen war, rief Jack sie an und sagte: »Wenn ihr mich aus diesem Sack herausholt und ihn mit Dornengestrüpp füllt, gebe ich euch etwas von meiner Buttermilch.«

Da holten die Männer Jack aus dem Sack heraus und füllten ihn mit Dornengestrüpp, und dann gab ihnen Jack von seiner Buttermilch und lief heim.

Als die Hexe aus der Stadt zurückkam, nahm sie den Sack auf, warf ihn über die Schulter und ging davon. Aber sie war noch nicht weit gegangen, als die Dornen ihren Rücken zu stechen begannen, und sie sagte: »Jack, ich meine, du Bursche hast Nadeln an dir.«

Sobald sie nach Hause gekommen war, leerte sie den Sack auf einem sauberen weißen Tuch aus, das sie bereit hatte. Aber als sie entdeckte, daß in dem Sack nichts war als Dornen, war sie sehr zornig und sagte: »Ich werde dich morgen fangen, Jack, und ich werde dich sieden.«

Am nächsten Tag traf sie Jack wieder und bat ihn um ein bißchen Buttermilch, und sie sagte ihm, wenn er ihr das nicht geben wolle, würde sie ihn wieder in ihren Sack stecken. Aber Jack sagte, er werde ihr keine Buttermilch geben, also steckte sie ihn wieder in ihren Sack, und wieder besann sie sich, daß sie etwas vergessen hatte, wonach sie zur Stadt zurückgehen müsse.

Diesmal ließ sie den Sack bei einigen Männern, die die Straße richteten. Sobald nun die Hexe gegangen war, rief Jack nach ihnen und sagte: »Wenn ihr mich herausholt und diesen Sack mit Steinen füllt, gebe ich euch etwas von meiner Buttermilch.«

Da holten die Männer Jack aus dem Sack heraus, und er gab ihnen die Buttermilch.

Als die Hexe zurückkam, warf sie sich den Sack über die Schulter wie zuvor, und als sie hörte, wie die Steine knirschten und rasselten, kicherte sie und sagte: »Auf mein Wort, Jack, deine Knochen krachen ja richtig!«

Als sie nach Hause kam, leerte sie den Sack wieder auf das weiße Tuch aus. Aber als sie die Steine sah, war sie sehr zornig und verschwor sich, sie wolle Jack sieden, wenn sie ihn eingefangen hätte.

Am nächsten Tag ging sie aus wie zuvor, und wieder traf sie Jack und bat um Buttermilch. Aber Jack sagte wieder nein, so steckte sie ihn in ihren Sack und ging stracks mit ihm nach Hause und schüttelte ihn heraus auf das weiße Tuch.

Als sie das getan hatte, ging sie aus dem Haus und schloß Jack ein, da sie vorhatte, ihn zu sieden, wenn sie zurückkäme. Aber während sie fort war, öffnete Jack alle Schränke im Haus und füllte den Sack mit allen Töpfen, die er finden konnte. Nachdem er dies getan hatte, entfloh er durch den Kamin und kam sicher nach Hause.

Als die Hexe zurückkam, leerte sie den Sack wieder auf das Tuch aus und zerbrach alle Töpfe, die sie im Haus gehabt hatte. Danach fing sie Jack niemals wieder.

14. Jack und die Bohnenranke

Da war einmal eine arme Witwe, die hatte einen einzigen Sohn, der hieß Jack, und eine Kuh, die hieß Milchweiß. Und alles, was sie zum Leben hatten, war die Milch, die die Kuh jeden Morgen gab; sie brachten sie zum Markt und verkauften sie. Aber eines Morgens gab Milchweiß keine Milch, und sie wußten nicht, was sie tun sollten.

»Was sollen wir machen, was sollen wir machen?« sagte die Witwe und rang die Hände.

»Mach dir keine Sorgen, Mutter, ich will gehen und mir irgendwo Arbeit suchen«, sagte Jack.

»Das haben wir schon früher versucht, und niemand wollte dich nehmen«, sagte seine Mutter. »Wir müssen Milchweiß verkaufen und mit dem Geld einen Handel anfangen, oder so etwas.« – »Also gut, Mutter«, sagt Jack, »heute ist Markttag, ich werde Milchweiß bald verkaufen, und dann wollen wir sehen, was wir anfangen können.«

Also nahm er die Kuh an ihrem Strick und machte sich auf den Weg. Er war noch nicht weit gegangen, da traf er einen alten Mann; der sah sonderbar aus und sagte zu ihm: »Guten Morgen, Jack.«

»Auch Euch guten Morgen«, sagte Jack und wunderte sich, daß er seinen Namen kannte.

»Nun, Jack, und wohin geht's?« sagte der Mann.

»Ich gehe auf den Markt und will unsere Kuh da verkaufen.«

»Oh, du siehst gerade aus wie ein Bursche von der Art, der Kühe verkauft«, sagte der Mann; »ich frage mich, ob du weißt, wieviel eigentlich fünf Bohnen sind.«

»Zwei in jeder Hand und eine in Eurem Mund«, sagt Jack haarscharf.

»Recht hast du«, sagt der Mann, »und hier sind sie, diese Bohnen«, fuhr er fort und holte aus seiner Tasche ein paar seltsam aussehende Bohnen. »Und weil du so scharfsinnig bist, habe ich nichts dagegen, mit dir einen Tausch zu machen – deine Kuh für diese Bohnen.«

»Geht weiter«, sagt Jack, »das würde Euch so passen!«
»Ach, du weißt nicht, was das für Bohnen sind«, sagte der Mann. »Wenn du sie über Nacht einpflanzt, sind sie am Morgen geradewegs bis zum Himmel gewachsen.«
»Wirklich?« sagt Jack, »was Ihr nicht sagt!«
»Ja, es ist so, und wenn es sich zeigt, daß es nicht wahr ist, kannst du deine Kuh zurückhaben.«
»Einverstanden«, sagt Jack und übergibt ihm Milchweißens Strick und steckt die Bohnen in die Tasche.
Jack geht nach Hause zurück, und weil er nicht sehr weit gegangen war, war es noch nicht dunkel, als er zur Tür kam.
»Schon zurück, Jack?« sagte seine Mutter. »Ich sehe, daß du Milchweiß nicht bei dir hast, also hast du sie verkauft. Wieviel hast du für sie bekommen?«
»Das wirst du nie erraten, Mutter«, sagt Jack.
»Nein, was du nicht sagst! Braver Junge! Fünf Pfund, zehn, fünfzehn – nein, es können doch nicht zwanzig sein!«
»Ich habe dir gesagt, du kannst es nicht erraten. Was sagst du zu diesen Bohnen: sie haben Wunderkraft, wenn man sie über Nacht pflanzt und . . .«
»Was!« sagt Jacks Mutter, »bist du so ein Narr gewesen, so ein Tölpel, so ein Trottel, daß du meine Milchweiß weggegeben hast, die beste Milchkuh im Kirchspiel und die feinste Fleischkuh obendrein, für eine Handvoll erbärmlicher Bohnen? Da, nimm das dafür! Und das! Und das! Und deine kostbaren Bohnen da – raus hier mit ihnen aus dem Fenster! Und fort mit dir ins Bett! Keinen Schluck bekommst du heute abend zu trinken und keinen Bissen zu essen.«
So ging Jack die Treppe hinauf in seine kleine Kammer im Speicher, und ganz gewiß war er wegen seiner Mutter ebenso traurig und bekümmert wie wegen seines verlorenen Abendessens. Endlich fiel er in Schlaf.
Als er erwachte, sah die Kammer so sonderbar aus. In einen Teil schien die Sonne herein, aber alles übrige war ganz dunkel und schattig. Da sprang Jack auf und zog sich an und ging zum Fenster. Und was glaubt ihr, was er sah? Nun, die Boh-

nen, die seine Mutter aus dem Fenster in den Garten hinausgeworfen hatte, waren zu einer großen Bohnenranke aufgegangen, die wand sich hoch und hoch und hoch, bis sie an den Himmel reichte. So hatte der Mann also doch die Wahrheit gesprochen.

Die Bohnenranke wuchs ganz nahe an Jacks Fenster vorbei, alles, was er zu tun hatte, war also, es zu öffnen und einen Sprung auf die Bohnenranke zu machen, die gerade wie eine große Leiter hinaufführte. Jack kletterte also und kletterte und kletterte und kletterte und kletterte und kletterte und kletterte, bis er zuletzt den Himmel erreichte. Und als er dort war, kam er auf einen langen, breiten Weg, der verlief so gerade wie eine Schnur. So ging er also da weiter, und er ging weiter und ging weiter, bis er zu einem mächtigen großen hohen Haus kam, und auf der Türschwelle war da eine mächtige große hohe Frau.

»Guten Morgen, Mutter«, sagt Jack so recht mit aller Höflichkeit. »Könntet Ihr wohl so freundlich sein und mir etwas zum Frühstück geben?« Denn – ihr wißt ja – er hatte am Abend vorher nichts zu essen gehabt und war hungrig wie ein Jäger.

»So, Frühstück willst du haben, ja?« sagt die mächtige große hohe Frau, »du wirst selber ein Frühstück sein, wenn du nicht schaust, daß du hier wegkommst. Mein Mann ist ein Menschenfresser, und es gibt nichts, was er lieber mag als gebratene Jungen auf Toast. Du tätest besser daran zu verschwinden, denn er wird bald kommen.«

»O bitte, Mütterchen, gebt mir etwas zu essen, Mütterchen. Seit gestern morgen habe ich nichts zu essen gehabt, wirklich und wahrhaftig, Mütterchen«, sagt Jack, »ich kann ebenso gut gebraten werden wie an Hunger sterben.«

Nun, des Menschenfressers Frau war am Ende nicht halb so schlimm. So nahm sie Jack mit in die Küche und gab ihm einen Kanten Brot und Käse und einen Krug Milch. Aber Jack war damit kaum zur Hälfte fertig, als bumm! bumm! bumm! jemand beim Näherkommen solchen Lärm machte, daß das ganze Haus zu zittern begann.

»Ach du meine Güte! Das ist mein Alter«, sagte die Frau des Menschenfressers, »um alles in der Welt, was soll ich tun? Komm schnell mit und spring hier hinein!« Und sie steckte Jack in den Backofen, gerade als der Menschenfresser hereinkam.

Das war aber ein großer Kerl, ganz gewiß. An seinem Gürtel hatte er drei Kälber an den Fersen aufgehängt, die hakte er los und warf sie auf den Tisch und sagte: »Hier, Weib, brate mir zwei davon zum Frühstück. Ah, was rieche ich da?

Fie-fei-fo-fam,
ich riech das Blut von 'nem Englischmann,
sei er lebendig oder sei er tot,
ich will seine Knochen zermahlen für Brot.«

»Unsinn, mein Lieber«, sagte sein Weib, »du träumst. Oder du riechst vielleicht die Reste von dem kleinen Jungen, der dir gestern zum Mittagessen so gut geschmeckt hat. Da, jetzt gehst du und wäschst dich und machst dich sauber, und wenn du zurückkommst, wird dein Frühstück für dich fertig sein.«

So ging also der Menschenfresser weg, und Jack wollte eben aus dem Backofen herausspringen und fortlaufen, als ihm die Frau sagte, er solle es nicht tun. »Warte, bis er eingeschlafen ist«, sagt sie, »er macht nach dem Frühstück immer ein Nickerchen.«

Nun, der Menschenfresser bekam sein Frühstück, und danach geht er zu einer großen Truhe und nimmt zwei Säcke mit Gold heraus, und er setzt sich nieder und zählt, bis ihm zuletzt der Kopf niedersank und er zu schnarchen anfing, daß es wiederum das ganze Haus erschütterte.

Da kroch Jack auf Zehenspitzen aus seinem Backofen, und als er an dem Menschenfresser vorüberschlich, nahm er einen seiner Goldsäcke unter den Arm und preschte davon, bis er zu der Bohnenranke kam, und dann warf er den Sack mit Gold hinunter, der natürlich in den Garten seiner Mutter fiel, und er kletterte abwärts und kletterte abwärts, bis er zuletzt nach Hause kam und seiner Mutter von allem erzählte. Er zeigte ihr das Gold und sagte: »Nun, Mutter, habe ich mit den Bohnen nicht recht gehabt? Siehst du, sie haben wirklich Wunderkraft.«

So lebten sie nun einige Zeit von dem Sack voll Gold, aber schließlich ging es damit zu Ende, und Jack beschloß, noch einmal sein Glück auf der Spitze der Bohnenranke zu versuchen. So stand er eines schönen Morgens zeitig auf und ging zu der Bohnenranke, und er kletterte und kletterte und kletterte und kletterte und kletterte und kletterte, bis er endlich wieder auf den Weg kam und zu dem mächtigen großen hohen Haus, in dem er früher gewesen war. Und wirklich, da stand auch die mächtige große hohe Frau wieder auf der Türschwelle.

»Guten Morgen, Mütterchen«, sagt Jack furchtlos und frech, »könntet Ihr wohl so freundlich sein und mir was zu essen geben?«

»Geh fort, mein Junge«, sagte die hohe, große Frau, »sonst frißt dich mein Mann zum Frühstück auf. Aber bist du nicht der junge Kerl, der schon einmal hierhergekommen ist? Stell dir vor, an dem gleichen Tag fehlte meinem Mann einer von seinen Goldsäcken.«

»Das ist merkwürdig, Mütterchen«, sagt Jack. »Ich glaube wohl, daß ich Euch etwas darüber erzählen könnte, aber ich bin so hungrig, daß ich nicht sprechen kann, bevor ich nicht was zu essen bekommen habe.«

Nun, die große hohe Frau war so neugierig, daß sie ihn hereinholte und ihm etwas zu essen gab. Aber kaum hatte er angefangen zu kauen, so langsam wie möglich, da hörte er bumm! bumm! bumm! die Tritte des Riesen, und das Weib versteckte ihn im Backofen.

Alles ging so wie früher. Der Menschenfresser kam herein, sagte »Fie-fei-fo-fam« und hatte als Frühstück drei gebratene Ochsen. Dann sagte er: »Weib, bring mir die Henne, die die goldenen Eier legt.« Sie brachte sie also, und der Menschenfresser sagte: »Lege!«, und die Henne legte ein Ei ganz aus Gold. Dann begann dem Menschenfresser der Kopf vornüberzusinken, und er fing an zu schnarchen, bis das Haus bebte.

Dann kroch Jack auf den Zehenspitzen aus dem Backofen und packte mit einem Griff die goldene Henne und war davon, bevor man ›Jack Robinson‹ sagen kann. Aber diesmal gackerte die Henne ein bißchen, davon wachte der Menschenfresser auf, und gerade als Jack aus dem Haus war, hörte er ihn rufen: »Weib, Weib, was hast du mit meiner goldenen Henne gemacht?«
Und das Weib sagte: »Warum denn, mein Lieber?«
Aber das war alles, was Jack hörte, denn er sauste davon zu der Bohnenranke und kletterte hinunter und war so schnell wie das Feuer am Haus. Und als er nach Hause kam, zeigte er seiner Mutter die wunderbare Henne und sagte dabei: »Lege!«, und jedesmal, wenn er »Lege!« sagte, legte die Henne ein goldenes Ei.
Nun, Jack war aber nicht zufrieden, und es dauerte nicht lange, da beschloß er, noch einmal dort oben an der Spitze der Bohnenranke sein Glück zu versuchen. So stand er eines schönen Morgens zeitig auf und ging zu der Bohnenranke, und er kletterte und kletterte und kletterte und kletterte, bis er zur Spitze kam. Aber diesmal wußte er etwas Besseres, als geradewegs zum Haus des Menschenfressers zu gehen. Als er in die Nähe gekommen war, wartete er hinter einem Busch, bis er sah, wie das Weib des Menschenfressers mit einem Eimer herauskam, um Wasser zu holen, und dann schlüpfte er in das Haus und verbarg sich im kupfernen Wasserkessel. Er war noch nicht lange dort, da hörte er das Bumm! bumm! bumm! wie zuvor, und der Menschenfresser und sein Weib kommen herein.
»Fie-fei-fo-fam, ich riech das Blut von 'nem Englischmann!« rief der Menschenfresser, »ich rieche ihn, Weib, ich rieche ihn.« – »Wirklich, mein Liebling?« sagte des Menschenfressers Weib. »Wenn es dieser kleine Schurke ist, der dir das Gold gestohlen hat und die Henne, die die goldenen Eier legt, dann ist er sicher in den Backofen gekrochen.« Und beide rannten zum Backofen. Aber da war Jack nicht, zum Glück, und des Menschenfressers Weib sagte: »Du wieder mit deinem Fie-fei-fo-fam! Was denn,

natürlich ist's der Junge, den du gestern abend gefangen hast, ich habe ihn dir gerade zum Frühstück gebraten. Wie vergeßlich ich aber auch bin, und wie unachtsam ist es von dir, daß du nach all diesen Jahren nicht den Unterschied zwischen Lebendigem und Totem erkennst.«

So setzte sich der Menschenfresser zum Frühstück und aß, aber immer wieder brummte er: »Also nein, ich hätte schwören können –«, und wieder stand er auf und durchsuchte die Speisekammer und die Schränke und alles, nur dachte er zum Glück nicht an den kupfernen Wasserkessel.

Als das Frühstück vorüber war, rief der Menschenfresser: »Weib, Weib, bring mir meine goldene Harfe!« Sie brachte sie also und stellte sie vor ihn auf den Tisch. Dann sagte er: »Singe!«, und die goldene Harfe sang ganz wunderschön. Und sie fuhr fort zu singen, bis der Menschenfresser in Schlaf fiel und zu schnarchen anhub, daß es wie Donner grollte.

Da hob Jack ganz leise den Deckel des Kessels und ließ sich mäuschenstill herunter und kroch auf allen vieren bis zum Tisch. Dort richtete er sich vorsichtig auf, packte die goldene Harfe mit einem Griff und stürzte damit zur Tür. Aber die Harfe rief ganz laut: »Herr! Herr!«, und der Menschenfresser wachte auf und konnte Jack mit seiner Harfe gerade noch davonlaufen sehen.

Jack rannte, so schnell er konnte, und der Menschenfresser raste hinter ihm her und hätte ihn bald erwischt, aber Jack hatte einen Vorsprung und schlug ein paar Haken – er wußte, wohin er wollte. Als er zu der Bohnenranke kam, war der Menschenfresser nicht mehr als zwanzig Schritt entfernt, und plötzlich sah er, daß Jack einfach verschwand, und als er an das Ende des Weges kam, sah er unter sich Jack um das liebe Leben abwärtsklettern. Nun, dem Menschenfresser gefiel es nicht sehr, daß er sich einer solchen Leiter anvertrauen sollte, und er blieb stehen und wartete, und so bekam Jack noch einmal einen Vorsprung. Aber gerade da rief die Harfe: »Herr! Herr!«, und der Menschenfresser schwang sich auf die Bohnenranke, die schwankte unter seinem Gewicht. Jack kletterte abwärts, und hinter ihm her kletterte der Menschenfresser. Jack kletterte hinab und kletterte hinab und kletterte hinab, bis er schon fast zu Hause war. Da rief er laut: »Mutter! Mutter! Bring mir eine Axt, bring mir eine Axt!« Und seine Mutter kam mit der Axt in der Hand herausgestürzt, aber als sie zu der Bohnenranke kam, stand sie vor Schreck stockstill, denn da sah sie den Menschenfresser mit den Beinen gerade durch die Wolken kommen.

Aber Jack sprang herunter und packte die Axt und gab der Bohnenranke einen Hieb, daß sie davon halb durchgeschlagen wurde. Der Menschenfresser spürte, wie die Bohnenranke zitterte und bebte, so hielt er an und wollte sehen, was da los ist. Da haute Jack mit der Axt noch einmal zu, davon wurde die Bohnenranke ganz durchgeschlagen und fing an umzukippen. Da fiel der Menschenfresser herunter und brach sich den Schädel, und hinter ihm drein fiel die Bohnenranke.

Dann zeigte Jack seiner Mutter die goldene Harfe, und sie ließen sie andere Leute sehen und verkauften die goldenen Eier, und davon wurden Jack und seine Mutter sehr reich, und er heiratete eine vornehme Prinzessin, und sie lebten glücklich allezeit.

15. Jack der Riesentöter

Während der Herrschaft von König Artus lebte in der Grafschaft Cornwall, nahe Land's End, ein reicher Bauer, der hatte einen einzigen Sohn namens Jack. Er war aufgeweckt und hatte einen raschen und hellen Verstand, und so vollbrachte er das, was er nicht mit Kraft und Stärke erreichen konnte, mit raschem Witz und mit Klugheit. Man hörte nie, daß jemand ihn besiegt habe, und sehr oft hielt er sogar die Gelehrten zum Narren mit seinen gescheiten und gewandten Einfällen.

In jenen Tagen wurde das Bergland von Cornwall beherrscht von einem gewaltigen und ungeheuren Riesen, achtzehn Fuß war er hoch und nahe an fünf Ellen im Umfang, er hatte ein wildes, grimmiges Aussehen und war der Schrecken aller benachbarten Städte und Dörfer. Er hauste in einer Höhle in der Mitte des Berglandes und duldete nicht, daß irgend jemand in seiner Nähe wohnte. Seine Nahrung war das Vieh der Leute, und das fiel ihm oft zum Opfer, denn immer, wenn er Nahrung brauchte, pflegte er über das Land zu stapfen, und er nahm sich, was ihm nur in den Weg kam. Wenn er sich näherte, gaben die Landleute ihre Häuser auf, und er packte indessen ihr Vieh. Es machte ihm nichts aus, ein halbes Dutzend Ochsen auf einmal auf dem Rücken zu tragen, und was die Schafe und Schweine betraf, so pflegte er die wie an einem Gürtel um die Hüfte zu tragen. Viele Jahre hatte er es so getrieben, so daß Cornwall durch seine Raubzüge verarmt war.

Eines Tages war Jack zufällig dabei, als die Stadtrichter im Rathaus über den Riesen zu Gericht saßen, und er fragte, welche Belohnung die Person erhielte, die den Riesen vernichte. Sie sagten, der Schatz des Riesen sei der Lohn. Drauf sagt Jack: »Dann laßt mich es übernehmen.«

So versah er sich mit einem Horn, mit einer Schaufel und mit einer Spitzhacke, und beim Anbruch eines dunklen Winterabends ging er zu dem Berg. Er fing an zu arbeiten, und vor dem Morgen hatte er eine Grube gegraben, die war zweiundzwanzig Fuß tief und fast ebenso breit. Er bedeckte sie mit langen Stöcken und mit Stroh, und als er noch ein wenig Erde daraufgestreut hatte, sah es einfach aus wie der Boden ringsum. Als er damit fertig war, stellte sich Jack an der anderen Seite der Grube auf, weit weg von der Wohnung des Riesen, und gerade bei Tagesanbruch setzte er das Horn an den Mund und blies hollaho! hollaho! Dieser unerwartete Lärm weckte den Riesen auf, er stürzte aus seiner Höhle und schrie: »Du heilloser Schurke, bist du hergekommen, um mich in meiner Ruhe zu stören? Teuer sollst du mir dafür bezahlen. Genugtuung will ich haben, und die soll sein, daß ich dich nehme und im ganzen zum Frühstück brate.« Und kaum hatte er das ausgesprochen, da stürzte er in die Grube, daß der Berg in seinen Grundfesten erbebte.

»Oh, Riese«, sagte Jack, »wo bist du nun? Wahrhaftig, du sitzt jetzt im Loch, und da will ich dich für deine Drohungen auch peinigen: was hältst du nun davon, mich zum Frühstück zu braten? Ist dir keine andere Speise recht außer dem armen Jack?« So quälte er den Riesen eine Weile, dann versetzte er ihm mit seiner Spitzhacke einen heftigen Schlag auf den Scheitel und tötete ihn auf der Stelle.
Nachdem er das getan hatte, füllte Jack die Grube mit Erde auf und ging die Höhle suchen. Er fand sie mit großen Schätzen gefüllt.
Als die Richter davon erfuhren, gaben sie einen Erlaß heraus, er solle hinfort Jack der Riesentöter genannt werden, und sie schenkten ihm ein Schwert und einen bestickten Gürtel, auf dem standen in Goldbuchstaben diese Worte:

»Dies ist der tapfre kornische Mann,
der erschlug den Riesen Cormelian.«

Die Nachricht von Jacks Sieg wurde bald im ganzen westlichen England verbreitet, und so erfuhr auch ein anderer Riese mit Namen Blunderbore davon und schwor, an dem kleinen Helden Rache zu nehmen, wenn er je das Glück hätte, auf ihn zu treffen. Dieser Riese war der Herr eines verzauberten Schlosses, das lag mitten in einem einsamen Wald. Etwa vier Monate danach kam Jack auf seinem Weg nach Wales nahe an diesem Wald vorbei, und da er müde war, setzte er sich an einer lieblichen Quelle nieder und schlief fest ein. Während er sanft schlummerte, kam der Riese um Wasser und entdeckte ihn da, und an den Zeilen, die auf seinem Gürtel standen, erkannte er ihn als den weitberühmten Jack. Ohne Umstände nahm er Jack auf die Schulter und trug ihn zu seinem verzauberten Schloß. Als sie nun durch ein Dickicht gingen, weckte das Rascheln der Zweige Jack auf, und er war sehr überrascht, sich in den Klauen des Riesen zu sehen. Sein Entsetzen fing aber erst richtig an, als sie in das Schloß eintraten, denn da sah er, daß der Boden übersät war mit menschlichem Gebein, und der Riese sagte ihm, seine Knochen würden bald dazukommen.

Danach sperrte der Riese den armen Jack in ein riesengroßes Zimmer und ließ ihn da, während er fortging, um einen anderen Riesen zu holen, der im selben Wald wohnte und teilhaben sollte an Jacks Vernichtung. Als er fort war, wurde Jack von schrecklichem Schreien und Klagen in Furcht versetzt, und besonders von einer Stimme, die rief fortwährend:

»Um fortzukommen, alles tu,
sonst wirst des Riesen Beute du;
er ging und holt den Bruder her,
dich töten, fressen will auch der.«

Der schreckliche Lärm hätte Jack fast verwirrt. Er ging ans Fenster, und weit weg erblickte er die beiden Riesen, die auf das Schloß zukamen. »Jetzt«, sagte Jack zu sich, »geht es um Tod oder Leben.« Nun waren da in einer Ecke des Zimmers, in dem Jack war, kräftige Stricke, und davon nahm er zwei und knüpfte an den Enden feste Schlingen. Und als die Riesen das eiserne Schloßtor aufsperrten, warf er einem jeden ein Seil über den Kopf. Dann schlang er das andere Ende über einen Balken, zog mit aller Macht und schnürte ihnen die Kehlen zu. Er sah, daß sie schwarz wurden im Gesicht, glitt am Seil hinunter bis zu ihren Köpfen, sie konnten sich nicht wehren, und er zog sein Schwert und tötete sie beide. Dann nahm er die Schlüssel des Riesen, sperrte die Zimmer auf und fand drei schöne Damen, die waren an ihrem Haupthaar festgemacht und fast verhungert.

»Schöne Damen«, sagte Jack, »ich habe dieses Ungeheuer und seinen schurkischen Bruder vernichtet und euch befreit.« Er sprach's und überreichte ihnen die Schlüssel und setzte also seine Reise nach Wales fort.

Jack hatte nur wenig Geld, und so hielt er es für das beste, so rasch wie möglich zu reisen, aber er geriet vom Weg ab, und die Nacht überfiel ihn. Er fand keine Unterkunft, bis er in ein enges Tal gelangte und dort an ein großes Haus kam. In seiner Not faßte er Mut und klopfte ans Tor. Aber wie groß war seine Überraschung, als da ein ungeheurer Riese mit zwei Köpfen herauskam. Er schien aber nicht so wild wie die andern zu sein, denn er war ein walisischer Riese, und er tat alles mit versteckter und geheimer Bosheit unter dem falschen Schein der Freundschaft. Jack sagte dem Riesen, wie es mit ihm stand, und wurde in ein Schlafzimmer geführt. Um Mitternacht hörte er da, wie sein Wirt in einem anderen Gemach folgende Worte zu sich selbst sagte:

»Wenn du auch schläfst hier diese Nacht,
siehst du nicht, wie der Morgen lacht,
von meinem Stock dein Schädel kracht!«

»Sprichst du so«, sagte Jack, »das sieht nach einem von deinen walisischen Kniffen aus, aber ich hoffe, ich bin schlau genug für dich.«

Er stieg aus dem Bett und legte an seiner Stelle ein großes Scheit Holz hinein, er selbst versteckte sich in einer Ecke des Zimmers. In der stillsten Zeit der Nacht kam der walisische Riese herein und hieb mit seiner Keule mehrmals mit gewaltigen Schlägen auf das Bett. Er dachte, er hätte jeden Knochen in Jacks Leib zerbrochen. Am Morgen bedankte sich Jack herzlich für die Übernachtung. Dabei lachte er sich ins Fäustchen.

»Wie hast du geschlafen?« fragte der Riese, »hast du in der Nacht nichts gespürt?«

»Nein«, sagte Jack, »nichts, nur eine Ratte, die hat mir mit ihrem Schwanz zwei oder drei Klapse gegeben.«

Da wunderte sich der Riese sehr und gab Jack ein Frühstück, er brachte ihm eine Schüssel, die enthielt vier Gallonen Mehlbrei. Jack wollte nicht, daß der Riese meinte, es sei ihm zuviel, daher nahm er einen großen Ledersack unter seinen weiten Mantel und machte ihn so fest, daß er den Brei hineinbefördern konnte, ohne daß es zu sehen war. Dann sagte er dem Riesen, er wolle ihm einen Trick zeigen. Jack nahm ein Messer, schlitzte den Sack auf, und der ganze Mehlbrei kam heraus. Darauf sagte das Ungeheuer: »Papperlapapp, den Trick kann ich selbst«, nahm das Messer, schlitzte sich den Bauch auf und fiel tot zu Boden.

In jener Zeit nun geschah es, daß König Artus' einziger Sohn seinen Vater bat, er möge ihn mit viel Geld versehen, damit er ausziehen und sein Glück im Fürstentum Wales versuchen könnte. Da lebte eine schöne Dame, die war von sieben bösen Geistern besessen. Der König tat alles, um seinen Sohn davon abzubringen, es war aber vergebens. So gewährte er ihm zuletzt seine Bitte, und der Prinz machte sich auf mit zwei Pferden, eines war mit Geld beladen, das andere war für ihn selbst zum Reiten.

Nachdem er nun mehrere Tage gereist war, kam er zu einer Marktstadt in Wales, dort gewahrte er eine große Ansammlung von Leuten, die da zusammengelaufen waren. Der Prinz fragte nach dem Grund, und man erzählte ihm, daß da ein Leichnam in Haft genommen worden sei wegen einiger großer Geldsummen, die der Verblichene schuldig geblieben war, als er starb. Der Prinz erwiderte, es sei ein Jammer, daß Gläubiger so grausam handelten, und er sagte: »Geht hin und begrabt den Toten und laßt seine Gläubiger zu mir kommen, dann werden sie ihre Forderungen bezahlt bekommen.« Sie kamen also zu ihm, aber in solch großer Anzahl, daß er selbst noch vor dem Abend fast ohne Geld zurückblieb.

Jack der Riesentöter war hierhergekommen, und nun bewunderte er die Großzügigkeit des Prinzen so sehr, daß er gern sein Diener sein wollte. Sie wurden darüber einig und setzten am nächsten Morgen gemeinsam ihren Weg fort. Als sie aus der Stadt ritten, rief eine alte Frau hinter dem Prinzen her und sagte: »Sieben Jahre lang war er mir einen Groschen schuldig, ich bitte Euch, zahlt es mir ebenso zurück wie den anderen.« Der Prinz steckte die Hand in die Tasche und gab der Frau alles, was ihm noch geblieben war. Ihr Imbiß an diesem Tag kostete das wenige, das Jack bei sich hatte, und danach besaßen sie miteinander keinen Pfennig mehr. Als die Sonne zu sinken begann, sagte der Königssohn: »Jack, wo werden wir heute nacht bleiben, da wir kein Geld mehr haben?« Aber Jack antwortete: »Herr, wir werden es ganz gut treffen, denn ich habe einen Onkel, der wohnt nicht weiter als zwei Meilen von hier entfernt. Er ist ein gewaltiger und ungeheurer Riese mit drei Köpfen, er kann fünfhundert Bewaffnete besiegen und sie alle vor sich herfliehen lassen.«

»O weh!« sagte der Prinz, »was sollen wir machen? Er wird uns sicher auf einen Happen verschlingen. Ach was, wir sind kaum genug, einen hohlen Zahn von ihm zu füllen!«

»Das braucht Euch nicht zu kümmern«, sagte Jack. »Ich werde selbst zuerst hingehen und den Weg für Euch bereiten. Verweilt deshalb hier und wartet, bis ich zurückkomme.« Dann ritt Jack in Eile fort, kam an das Schloßtor und klopfte dort so laut an, daß er die Hügel ringsum zum Widerhallen brachte. Der Riese brüllte darauf los und donnerte: »Wer ist da?« Jack antwortete: »Kein anderer als dein armer Vetter Jack.« Da sagte er: »Welche Nachricht bringt mein armer Vetter Jack?« Der antwortete: »Lieber Onkel, böse Nachricht, weiß Gott!«

»Ich bitte dich«, sagte der Riese, »welche böse Nachricht kann es für mich geben? Ich bin ein Riese mit drei Köpfen, und außerdem weißt du, ich kann fünfhundert Bewaffnete besiegen und sie fliehen lassen wie Spreu vor dem Wind.«

»Ach«, sagte Jack, »aber der Sohn des Königs kommt hierher mit tausend Bewaffneten, um dich zu töten und alles zu vernichten, was du hast!«

»Oh, Vetter Jack«, sagte der Riese, »das ist wirklich eine böse Nachricht! Sogleich will ich laufen und mich verbergen, und du sollst mich einschließen, einsperren, sollst verriegeln und die Schlüssel bewahren, bis der Prinz fort ist.«

Nachdem er den Riesen sicher verwahrt hatte, holte Jack seinen Herrn, und sie ließen es sich nach Herzenslust gutgehen, während der Riese zitternd in einem unterirdischen Gewölbe lag. Früh am Morgen versah Jack seinen Herrn mit einem neuen Vorrat an Gold und Silber und schickte ihn dann auf drei Meilen voraus auf die Reise. In der Zeit war der Prinz dann sicher und weit genug, und der Riese konnte ihn nicht riechen. Dann kam Jack zurück und ließ den Riesen aus dem Gewölbe. Der fragte ihn, was er ihm dafür geben solle, daß er das Schloß vor der Zerstörung bewahrt hatte.

»Nun«, sagte Jack, »ich will nichts anderes haben als den alten Mantel und die Kappe, zusammen mit dem alten rostigen Schwert und den Pantoffeln, die am Kopfende deines Bettes sind.«

Der Riese sagte: »Du sollst sie haben, und ich bitte dich, bewahre sie mir zuliebe, denn es sind Dinge von großem Nutzen. Der Mantel läßt dich unsichtbar werden, die Kappe versieht dich mit Wissen, das Schwert zerteilt, was immer du triffst, und die Schuhe sind von besonderer Geschwindigkeit. Diese Dinge mögen dir nützlich sein, nimm sie deshalb, ich gebe sie von Herzen gern.«

Jack nahm sie und dankte seinem Onkel. Nachdem er seinen Herrn eingeholt hatte, kamen sie bald bei dem Haus der Dame an, nach der der Prinz suchte. Sobald die Dame merkte, daß der Prinz als Freier kam, ließ sie ein prächtiges Festmahl für ihn bereiten. Als das Mahl zu Ende war, wischte sie seinen Mund mit einem Taschentuch ab und sagte: »Du mußt mir morgen früh dieses Taschentuch vorweisen, sonst verlierst du deinen Kopf.« Und sie steckte es in den Busen.

Der Prinz ging voller Sorge zu Bett, aber die Kappe des Wissens unterwies Jack, wie er das Taschentuch bekommen konnte. Mitten in der Nacht rief die Dame ihren vertrauten Geist, damit er sie zu Luzifer trage. Aber Jack zog seinen Mantel der Dunkelheit an und die Schuhe der Geschwindigkeit, und er war da so schnell wie sie. Als sie den Ort des Bösen betrat, gab sie das Taschentuch dem alten Luzifer, und der legte es auf ein Wandbrett. Jack nahm es von dort weg und brachte es seinem Herrn, und der wies es am andern Tag der Dame vor und rettete so sein Leben.

An diesem Tag begrüßte sie den Prinzen und sagte ihm, er müsse ihr morgen früh die Lippen zeigen, die sie in der Nacht geküßt habe, oder er werde seinen Kopf verlieren. »Ach«, antwortete er, »wenn Ihr keine anderen als die meinen küßt, dann zeige ich sie Euch.«

»Das geschieht nicht hier und nicht dort«, sagte sie, »könnt Ihr es nicht, so ist der Tod Euch gewiß!« Wie zuvor ging sie um

Mitternacht, und sie zürnte dem alten Luzifer, daß er das Taschentuch weggegeben habe. Sie sagte: »Aber nun wird es für den Königssohn zu schwierig sein, denn ich werde dich küssen, und er soll mir deine Lippen vorzeigen.« Sie tat es, und Jack, der dabeistand, schlug den Kopf des Teufels ab und brachte ihn unter seinem Unsichtbarkeitsmantel zu seinem Herrn. Der zog ihn am andern Morgen vor der Dame an den Hörnern heraus. So zerbrach die Verzauberung und der böse Geist verließ sie, und sie erschien in all ihrer Schönheit. Sie wurden am nächsten Morgen getraut und zogen bald darauf an den Hof von König Artus. Dort wurde Jack für seine vielen Heldentaten zu einem Ritter der Tafelrunde gemacht.

Da Jack Erfolg gehabt hatte in allem, was er unternahm, beschloß er, nicht müßig zu bleiben, sondern seinem König und seinem Lande zur Ehre alle Dienste zu erweisen, zu denen er imstande war. Er bat König Artus, ihn mit einem Pferd und mit Geld auszustatten und es ihm so möglich zu machen, nach merkwürdigen und neuen Abenteuern auf die Suche zu gehen. »Denn«, sagte er, »es leben noch viele Riesen in den entlegensten Teilen von Wales, und sie bringen Euer Majestät Lehnsleuten unaussprechlichen Schaden. Wenn es Euch daher beliebt, mich zu unterstützen, dann zweifle ich nicht, daß ich sie in kurzer Zeit mit Stumpf und Stiel ausrotten werde und so das Reich befreie von diesen Riesen und Ungeheuern der Natur.«

Als der König dieses edle Verlangen vernommen hatte, stattete er Jack mit allem Notwendigen aus, und Jack brach auf zu seinem Ziel. Er nahm die Kappe des Wissens mit sich, das Schwert der Schärfe, die Schuhe der Geschwindigkeit und den Unsichtbarkeitsmantel, damit er die gefahrvollen Unternehmungen besser bestehen könne, die nun vor ihm lagen.

Jack zog über weite Hügel und wunderbare Berge, und am dritten Tag kam er zu einem großen Wald. Kaum war er in ihn eingedrungen, da hörte er entsetzliches Schreien und Jammern. Er schaute sich um und erblickte mit Schrecken einen gewaltigen Riesen, der schleppte eine edle Dame und einen Ritter an ihrem Haupthaar daher, so lässig, als wären sie ein Paar Handschuhe. Bei diesem Anblick vergoß Jack Tränen des Mitleids, dann sprang er vom Pferd, legte seinen Unsichtbarkeitsmantel um und nahm sein Schwert der Schärfe mit sich. Und er schlug schließlich mit einem schwungvollen Streich dem Riesen beide Beine unterm Knie ab, und der brachte bei seinem Sturz die Bäume zum Beben.

Darauf dankten ihm der höfische Ritter und seine edle Dame von Herzen und luden ihn zu sich ein, damit er dort nach dem schrecklichen Treffen seine Kräfte wiedergewinne und reichliche Belohnung für seine Rettungstat empfange. Aber Jack schwor, er wolle nicht ruhen, bis er die Höhle des Riesen gefunden habe. Als der Ritter das hörte, war er sehr besorgt und antwortete: »Edler Fremdling, es ist zu gefährlich, ein zweites Wagnis einzugehen. Dieses Ungeheuer wohnte in einer Höhle in jenem Berg zusammen mit einem Bruder, der noch wilder und wütender ist als es selbst. Wenn Ihr dorthin ginget und in dem Unterfangen Euer Ende fändet, so wäre das großes Herzeleid für mich und meine Dame. Laßt Euch überreden, mit uns zu gehen, steht ab von jeder weiteren Verfolgung.«

»Nein, und wenn es zwanzig wären, so sollte keiner meinem Zorn entkommen. Wenn ich meine Aufgabe erfüllt habe, dann will ich kommen und Euch meine Aufwartung machen.«

Jack war noch nicht weiter geritten als eine und eine halbe Meile, da sah er die Höhle, von der der Ritter gesprochen hatte, und nahe an ihrem Eingang erblickte er den Riesen. Der saß auf einem Holzblock, eine rauhe Eisenkeule an der Seite, und wie Jack annahm, wartete er darauf, daß sein Bruder mit seiner barbarischen Beute zurückkehre. Seine Glotzaugen waren wie feurige Flammen, sein Gesicht war grimmig und häßlich, und seine Backen waren wie ein Paar breite Schinkenspeckseiten. Seine Bartstoppeln sahen aus wie Stacheln von Eisendraht, und das Haar, das auf seine kräftigen Schultern niederhing, war wie geringelte Schlangen oder zischende Nattern. Jack sprang vom Pferd, nahm den Mantel der Dunkelheit um, ging näher an den Riesen heran und sagte sanft: »Oh, bist du da? Nicht lange, und ich halte dich fest am Bart.«

Die ganze Zeit konnte ihn der Riese wegen des Unsichtbarkeitsmantels nicht sehen, und so kam Jack ganz nahe an das Ungeheuer heran, schlug mit dem Schwert nach seinem Kopf, aber weil er den verfehlte, hieb er ihm statt dessen die Nase ab. Darauf ließ der Riese ein Gebrüll los wie Donnerschläge, und er fing an, mit seiner Eisenkeule wie ein Wahnsinniger um sich zu hauen. Aber Jack rannte hinter ihn und trieb sein Schwert bis zum Heft dem Riesen in den Rücken, und das ließ ihn tot niederfallen. Danach schlug Jack des Riesen Kopf ab und schickte ihn zusammen mit dem seines Bruders durch einen Fuhrmann, den er dazu mietete, zu König Artus.

Jack beschloß nun, in die Höhle des Riesen einzudringen und nach seinem Schatz zu suchen. Er kam durch viele, viele Windungen und Biegungen zuletzt zu einem sehr großen Raum, der war gepflastert mit Sandstein, und an seinem oberen Ende kochte ein Kessel, und zur rechten Hand war ein großer Tisch, an dem die Riesen zu speisen pflegten. Dann kam er an ein Fenster, das war mit Eisen vergittert. Er schaute hindurch und erblickte eine große Schar von armseligen Gefangenen. Als sie ihn sahen, schrien sie: »O weh, junger Mensch, bist du gekommen, um einer von uns zu sein in diesem elenden Loch?«

Jack sagte: »Ja, aber sagt mir, was hat es zu bedeuten, daß ihr hier gefangen seid?«

»Wir werden hier festgehalten«, sagte einer von ihnen, »für die Gelegenheiten, zu denen die Riesen ein Festmahl haben wollen, und dann wird der Fetteste von uns geschlachtet. Und zu vielen solchen Gelegenheiten haben sie getötete Menschen verspeist!«

»Was sagt ihr da?« sprach Jack, und sogleich schloß er das Tor auf und ließ sie frei, und alle waren voller Freude, wie verurteilte Übeltäter, die begnadigt werden. Jack durchsuchte dann die Truhen der Riesen und verteilte das Gold und Silber gleichmäßig unter ihnen.

Am anderen Morgen gegen Sonnenaufgang, nachdem er die Gefangenen zu ihren Wohnorten unterwegs wußte, bestieg Jack sein Pferd und setzte seine Reise fort, und mit Hilfe der Beschreibung erreichte er das Haus des Ritters gegen Mittag.

Der Ritter und seine Dame empfingen ihn hier mit allen Zeichen der Freude, und ihm zu Ehren bereiteten sie ein Festmahl, das viele Tage dauerte, und alle Edelleute der Umgebung waren mit bei der Gesellschaft. Der edle Ritter beliebte auch, ihm einen schönen Ring zu schenken, auf dem war ein Bild eingraviert, das zeigte, wie der Riese den gepeinigten Ritter und seine Dame fortschleppte, und ein Spruch war auch dabei:

»Wir sind in großer Not, seht hier:
des Riesen wilde Macht uns band.
Aber Leben und Freiheit gewannen wir
durch den Sieg von Jacks tapfrer Hand.«

Mitten in dieses fröhliche Treiben brachte ein Bote die üble Nachricht, daß ein gewisser Thunderdell, ein Riese mit zwei Köpfen, von den Nordtälern gekommen sei, um sich an Jack zu rächen, nachdem er vom Tod seiner beiden Verwandten gehört hatte. Er sei keine Meile mehr entfernt von der Burg des Ritters, und das Landvolk fliehe vor ihm wie Spreu im Wind. Aber Jack verlor den Mut kein bißchen und sagte: »Laßt ihn nur kommen! Ich habe etwas, mit dem ich ihm in den Zähnen stochere, und Ihr, Damen und Herrn, geht nur in den Garten, und Ihr sollt Zeugen sein vom Tod und von der Vernichtung dieses Riesen Thunderdell.«
Die Burg des Ritters lag mitten auf einer kleinen Insel, die umgeben war von einem Wassergraben. Der war dreißig Fuß tief und zwanzig Fuß breit, und es führte eine Zugbrücke darüber. Jack hieß nun einige Männer die Brücke an beiden Seiten fast bis zur Mitte durchsägen. Dann nahm er seinen Unsichtbarkeitsmantel um und ging mit seinem Schwert der Schärfe dem Riesen entgegen. Obgleich der Riese Jack nicht sehen konnte, roch er doch, daß er näher kam, und rief aus:

»Fi, fei, fo, fam!
Ich riech das Blut von 'nem Englischmann!
Sei er lebendig oder sei er tot,
ich will seine Knochen zermahlen für Brot!«

»Was du nicht sagst«, sagte Jack, »dann bist du wirklich ein ungeheuerlicher Müller.« Darauf schrie wieder der Riese: »Bist du der Schurke, der meine Verwandten getötet hat? Dann werde ich dich mit den Zähnen zerreißen, dein Blut saugen und deine Knochen zu Pulver zermahlen.«

»Zuerst mußt du mich fangen«, sagte Jack, warf den Unsichtbarkeitsmantel ab, damit ihn der Riese sehe, und zog die Schuhe der Geschwindigkeit an und rannte von dem Riesen fort. Der folgte ihm, und es war, als ginge da eine wandernde Burg, es schien, als erzitterten selbst die Grundfesten der Erde bei jedem Tritt. Jack ließ ihn lange hinter sich hertanzen, damit die Damen und Herren es sehen konnten, und um die Sache zu einem Ende zu bringen, lief er zuletzt flink über die Zugbrücke, und der Riese in voller Geschwindigkeit mit der Keule hinter ihm her. Als der dann zur Mitte der Brücke kam, ließ das große Gewicht des Riesen sie einbrechen, und er stürzte kopfüber ins Wasser. Da rollte und wälzte er sich wie ein Wal. Jack stand neben dem Wassergraben und lachte ihn die ganze Zeit über aus, und wenn auch der Riese schäumte, als er ihn so spotten hörte, und sich in dem Graben hierhin und dorthin warf, so konnte er doch nicht herauskommen und sich rächen. Schließlich nahm Jack ein Wagenseil, warf es über die beiden Köpfe des Riesen und zog ihn mit einem Pferdegespann an Land. Und dann hieb er ihm mit dem Schwert der Schärfe beide Köpfe ab und sandte sie an König Artus.

Nachdem er einige Zeit in Fröhlichkeit und Kurzweil verbracht hatte, nahm Jack Urlaub von den Rittern und Damen und machte sich auf zu neuen Abenteuern. Er kam durch viele Wälder und zuletzt an den Fuß eines hohen Berges. Spät in der Nacht fand er da ein einsames Haus und klopfte an die Tür. Die wurde aufgetan von einem uralten Mann mit einem Haupt so weiß wie Schnee.

»Vater«, sagte Jack, »habt Ihr Unterkunft für einen Reisenden, den die Nacht überfallen hat und der den Weg verlor?«

»Ja«, sagte der alte Mann, »seid nur willkommen in meiner armseligen Hütte.« Darauf trat Jack ein, und sie setzten sich

zusammen nieder, und der alte Mann begann folgendermaßen zu sprechen:
»Sohn, ich sehe, du bist der große Besieger der Riesen, und sieh, mein Sohn, zuoberst auf diesem Berg ist ein verzaubertes Schloß. Ein Riese namens Galligantus besitzt das, und der lockt mit Hilfe eines alten Zauberers viele Ritter und Damen trügerisch in sein Schloß, und dort werden sie durch Zauberkunst in mancherlei Formen und Gestalten verwandelt. Aber vor allen anderen beklage ich das Unglück einer Herzogstochter, die sie aus dem Garten ihres Vaters geholt haben, indem sie sie in einem flammenden Wagen, von feurigen Pferden gezogen, durch die Luft fliegen ließen. Dann haben sie sie im Schloß eingesperrt und sie in die Gestalt einer weißen Hirschkuh verwandelt. Und wenn auch viele Ritter versucht haben, die Verzauberung zu brechen und sie zu erlösen, so konnte es doch keiner vollbringen wegen zwei schrecklicher Greifen, die am Schloßtor sitzen und jeden vernichten, der näher kommt. Du aber, mein Sohn, bist ausgerüstet mit einem Unsichtbarkeitsmantel und könntest unentdeckt an ihnen vorbeikommen. Und an den Schloßtoren wirst du in großen Buchstaben eingeprägt finden, auf welche Weise der Zauber gebrochen werden kann.« Als der alte Mann geendet hatte, gab ihm Jack die Hand und versprach, er werde am Morgen sein Leben wagen, um die Dame zu befreien. Am Morgen erhob er sich, zog seinen Unsichtbarkeitsmantel an, die Zauberkappe und die Schuhe und bereitete sich für das Wagnis vor. Als er die Spitze des Berges erreicht hatte, entdeckte er bald die beiden feurigen Greifen, aber wegen seines Unsichtbarkeitsmantels ging er ohne Furcht an ihnen vorbei. Als er an ihnen vorüber war, fand er am Schloßtor eine goldene Trompete an einer Silberkette aufgehängt, und darunter waren diese Zeilen eingeprägt:

»Wer immer die Trompete findet,
gar bald den Riesen überwindet,
und bricht den finstren Zauber nun;
in Glück und Fried wird alles ruhn.«

Kaum hatte Jack dies gelesen, da blies er in die Trompete, und das Schloß erzitterte bis in seine weiten Grundmauern. Und der Riese und der Zauberer waren in entsetzlicher Verwirrung, sie bissen auf ihre Daumen und rissen an ihren Haaren, denn sie wußten, ihre üble Herrschaft war zu Ende. Als sich dann der Riese bückte, um seine Keule aufzuheben, schlug ihm Jack mit einem Hieb den Kopf ab, und darauf erhob sich der Zauberer in die Lüfte und wurde in einem Wirbelwind hinweggetragen.
So wurde der Zauber gebrochen, und all die Herren und Damen, die so lange in Vögel und Tiere verwandelt gewesen waren, erhielten wieder ihre wahre Gestalt, und das Schloß verschwand in einer Rauchwolke. Als dies alles getan war, wurde auch der Kopf des Galligantus in gewohnter Weise an den Hof von König Artus gesandt, und schon gleich am nächsten Tag folgte Jack nach mit den Rittern und Damen, die so ehrenvoll befreit worden waren. Als Belohnung für seine großen Dienste erwirkte der König bei dem genannten Herzog, daß er seine Tochter dem ehrenhaften Jack vermähle. Sie wurden vermählt, und das ganze Königreich war voller Freude über die Hochzeit. Weiter schenkte der König Jack einen vornehmen Wohnsitz, zu dem ein wunderschönes Landgut gehörte, und da lebten Jack und seine Dame glücklich und in Freuden bis ans Ende ihrer Tage.

16. Der Esel, der Tisch und der Stock

Ein Bursche namens Jack war einmal zu Hause sehr unglücklich, weil er von seinem Vater schlecht behandelt wurde, und er entschloß sich deshalb, fortzulaufen und in der weiten Welt sein Glück zu suchen.
Er rannte und rannte, bis er nicht länger rennen konnte, und da stieß er gerade mit einer kleinen alten Frau zusammen, die sammelte da Stöcke auf. Er war zu sehr außer Atem, um sich zu entschuldigen, aber die Frau war gutmütig, und sie sagte,

er scheine ein netter Bursche zu sein, also wolle sie ihn als ihren Diener annehmen und ihn gut bezahlen. Er willigte ein, denn er war sehr hungrig, und sie brachte ihn zu ihrem Haus im Wald, wo er ihr zwölf Monate und einen Tag lang diente. Als das Jahr vorüber war, rief sie ihn zu sich und sagte, sie habe einen guten Lohn für ihn. Sie schenkte ihm da einen Esel aus dem Stall, und er müsse nur an Neddys Ohren ziehen, damit er sogleich I-a sage. Und wenn er schrie, fielen aus seinem Maul silberne Sixpence-Stücke und Halbkronen und goldene Dukaten.

Der Bursche war wohl zufrieden mit dem Lohn, den er empfangen hatte, und ritt davon, bis er an ein Wirtshaus kam. Da bestellte er das Beste von allem, und als der Wirt sich weigerte, ihm aufzutischen, bevor er vorausbezahlt hatte, ging der Junge weg in den Stall, zog an den Ohren des Esels und erhielt seine Tasche mit Geld gefüllt. Der Wirt hatte das alles durch einen Spalt in der Türe beobachtet, und als die Nacht kam, stellte er einen Esel von seinen eigenen an die Stelle des kostbaren Neddy von dem armen jungen Burschen. So ritt Jack am nächsten Morgen fort zu seines Vaters Haus, ohne zu wissen, daß es einen Tausch gegeben hatte.

Nun muß ich euch aber erzählen, daß in der Nähe seines Hauses eine arme Witwe mit einer einzigen Tochter lebte. Der Bursche und das Mädchen waren treue Freunde und Herzallerliebste; aber als Jack seinen Vater um die Erlaubnis bat, das Mädchen zu heiraten, da war die Antwort: »Niemals, erst wenn du genug Geld hast, um sie zu erhalten.«

»Das habe ich, Vater«, sagte der Bursche, und er ging zu dem Esel und zog an seinen langen Ohren; nun, er zog und zog, bis eines davon in seiner Hand blieb. Aber obgleich Neddy noch und noch I-a sagte, ließ er doch keine Halbkronen fallen und keine Golddukaten. Der Vater packte eine Heugabel und prügelte seinen Sohn aus dem Haus hinaus. Ich kann euch sagen, der rannte!

Ach, er rannte und rannte, bis er, bums, gegen eine Tür rannte und sie aufstieß, und da war er in der Werkstatt eines Tischlers. »Du bist ein netter Bursche«, sagte der Tischler, »diene mir zwölf Monate und einen Tag, und ich werde dich gut bezahlen.« So willigte er ein und diente bei dem Tischler ein Jahr und einen Tag. »Nun«, sagte der Meister, »will ich dir deinen Lohn geben«, und er schenkte ihm einen Tisch und erklärte ihm, er müsse nur sagen: »Tisch decke dich«, und sogleich würde eine Menge zu essen und zu trinken darauf ausgebreitet sein.

Jack schwang sich den Tisch auf den Rücken und ging damit fort, bis er zu dem Wirtshaus kam. »Nun, Wirt«, rief er, »für mich heute ein Mittagessen, und vom Besten.«

»Es tut mir sehr leid, aber es ist nichts im Haus als Schinken und Eier.«

»Schinken und Eier für mich!« rief Jack aus. »Das kann ich besser haben – komm, mein Tisch, decke dich!«

Sogleich war der Tisch gedeckt mit Truthahn und Würsten, mit Hammelbraten, Kartoffeln und Gemüse. Der Wirt, der riß die Augen auf, aber er sagte nichts.

In dieser Nacht holte er vom Speicher einen Tisch, der war dem von Jack sehr ähnlich, und er vertauschte die beiden. Jack, der um nichts klüger geworden war, schwang sich am nächsten Morgen den wertlosen Tisch auf den Rücken und trug ihn heim.

»Nun, Vater, darf ich mein Mädchen heiraten?« fragte er.

»Nicht bevor du sie ernähren kannst«, antwortete der Vater.

»Sieh her!« rief Jack aus. »Vater, ich habe einen Tisch, der tut alles, was ich ihm befehle.«

»Laß sehen«, sagte der Alte.

Der Bursche stellte den Tisch in die Mitte der Stube und befahl ihm, sich zu decken; aber es war vergebens, der Tisch blieb leer. In der Wut riß der Vater die große Wärmpfanne von der Wand und wärmte den Rücken seines Sohnes so damit auf, daß der Junge heulend aus dem Haus floh und rannte und rannte, bis er zu einem Fluß kam und hineinpurzelte. Ein Mann zog ihn heraus und sagte, er solle ihm helfen, eine Brücke über den Fluß zu bauen; und was meint ihr, wie er das machte? Nun, indem er einen Baum darüberwarf, und so kletterte also

Jack hinauf in den Wipfel des Baumes und legte all sein Gewicht darauf, so daß Jack und die Baumkrone auf das Ufer an der anderen Seite stürzten, als der Mann den Baum entwurzelt hatte.
»Ich danke dir«, sagte der Mann, »und nun will ich dich bezahlen für das, was du getan hast«, und während er das sagte, riß er einen Ast von dem Baum und schnitt mit dem Messer daraus einen Knüppel zurecht.
»Hier«, rief er, »nimm diesen Stock, und wenn du zu ihm sagst: ›Auf, Stock, und hau ihn‹, dann wird er jeden niederschlagen, der dich ärgert.«
Der Bursche war überglücklich, daß er diesen Stock bekam – und er ging mit ihm fort zu dem Wirtshaus, und sobald der Wirt erschien, schrie er: »Auf, Stock, und hau ihn!« Auf diese Worte flog ihm der Prügel aus der Hand und verdrosch dem alten Kerl den Rücken, pochte auf seinen Kopf, schlug seine Arme windelweich, strich ihm über die Rippen, bis er stöhnend zu Boden fiel. Und immer noch bearbeitete der Stock den Mann, der ausgestreckt dalag, und Jack wollte ihn auch nicht zurückrufen, bis er den gestohlenen Esel und den Tisch zurückbekommen hatte. Dann galoppierte er auf dem Esel heim, den Tisch hatte er über der Schulter und den Stock in der Hand. Als er da ankam, erfuhr er, daß sein Vater tot war, und so brachte er den Esel in den Stall und zog an seinen Ohren, bis er die Krippe mit Gold gefüllt hatte.
Bald war es in der Stadt bekannt geworden, daß Jack zurückgekommen war und in Geld schwamm, und daher waren alle Mädchen des Ortes nach ihm aus. »Nun«, sagte Jack, »ich werde das reichste Mädchen im Ort heiraten; kommt also alle morgen vor mein Haus mit eurem Geld in der Schürze.«
Am nächsten Morgen war die Straße voller Mädchen, die hielten ihre Schürzen auf und hatten Gold und Silber darin. Aber es war auch Jacks Herzallerliebste selbst unter ihnen, und sie hatte weder Gold noch Silber, sie hatte nichts als zwei Kupferpfennige, das war alles, was sie besaß.
»Stell dich zur Seite, Mädchen«, sagte Jack zu ihr und sprach

recht grob. »Du hast weder Silber noch Gold – bleib weg von den anderen.« Sie gehorchte, und die Tränen liefen ihr über die Wangen und füllten ihre Schürze mit nassen Diamanten.
»Auf, Stock, und hau sie!« rief Jack aus. Darauf sprang der Knüppel auf und rannte an der Reihe der Mädchen entlang, schlug sie alle auf die Köpfe und ließ sie bewußtlos auf dem Pflaster liegen. Jack nahm all ihr Geld und schüttete es in seiner Liebsten Schoß. »Nun, Mädchen«, rief er, »du bist die Reichste, und ich werde dich heiraten.«

17. Der Mönch und der Junge

Gott, der für alle gestorben ist, möge ein gutes und langes Leben denen geben, die meiner Geschichte zuhören!
In einem gewissen Land war da ein Mann, der im Laufe der Zeit drei Frauen hatte. Von der ersten hatte er einen Sohn, der ein fröhlicher Junge war, aber von den anderen hatte er keine Nachkommen.
Der Vater liebte diesen Jungen sehr, aber die Stiefmutter sah ihn mit bösen Augen an und hielt ihn knapp mit dem Essen und tat ihm manchen Tort an.
Schließlich sagte sie zu dem Hauswirt: »Herr, ich bitte Euch herzlich, schickt diesen Jungen weg, der eine elende Plage für mich ist, und laßt ihn bei jemandem andern dienen, der ihm das gibt, was er verdient.«
Ihr Ehemann antwortete ihr und sprach: »Frau, er ist noch ein Kind. Laß ihn noch ein weiteres Jahr bei uns bleiben, bis er eher imstande ist, sich durchzubringen. Wir haben einen Mann, einen kräftigen Kerl, der das Vieh draußen hütet; schau an, der Junge soll dessen Arbeit tun, und an seiner Statt werden wir den Burschen zu Hause haben.«
Dem stimmte die Hausfrau zu.
So wurde der kleine Junge am Morgen ausgeschickt, die Schafe zu hüten, und auf dem ganzen Weg sang er laut aus fröhlichem Herzen, und sein Mittagsbrot trug er in einem Lumpen bei sich.

Aber als er dann sah, was seine Stiefmutter ihm zu essen gegeben hatte, bekam er wenig Lust darauf, und er nahm sich nur ein wenig und dachte, er würde mehr bekommen, wenn er gegen Sonnenuntergang nach Hause zurückkehrte.

Der Junge saß auf einem Hügel und hütete die Schafe und sang. Da kam ein alter Mann daher und blieb stehen, als er das Kind erblickte, und sagte zu ihm: »Gott segne dich, mein Sohn!«

»Seid mir gegrüßt, Vater«, antwortete der Junge.

Der alte Mann sagte: »Ich hungere sehr; hast du irgend etwas zu essen, von dem du mir ein wenig geben könntest?«

Das Kind antwortete: »Ihr seid herzlich eingeladen, Vater, zu der Speise, die ich habe.«

Er gab also dem alten Mann, was von seinem Mahl übriggeblieben war, und der war herzlich froh darüber. Er aß und ließ es sich nicht verdrießen – es war nicht schwer, ihn zufriedenzustellen.

Als er fertig war, sagte er dann: »Gottes Lohn, Kind; und für die Speise, die du mir gegeben hast, will ich dir drei Dinge gewähren. Sag mir nun, was es sein soll.«

Der Junge überlegte, und dann sagte er: »Ich hätte gerne einen Bogen, mit dem ich Vögel schießen kann.«

»Sogleich will ich einen für dich finden«, sagte der Fremde, »und der soll dir für dein ganzes Leben bleiben, und niemals wird es notwendig sein, ihn zu erneuern. Du mußt ihn nur spannen, und schon trifft er das Ziel.«

Dann übergab er ihm den Bogen und die Pfeile. Und als das Kind diese Dinge sah, lachte es laut vor Freude und war sehr zufrieden.

»Und nun«, sagte der Junge, »wäre ich sehr froh, wenn ich eine Flöte hätte, und wenn sie auch noch so klein wäre.«

»Hier gebe ich dir eine Flöte«, sagte der alte Mann, »sie hat eine besondere Eigenschaft; denn wer auch immer, außer dir selbst, zuhört, wenn du spielst, der wird gezwungen zu tanzen. – Ich versprach dir drei Dinge, sag mir, was soll das letzte sein?«

»Ich begehre sonst nichts«, antwortete der Junge.
»Nichts?« fragte der Fremde. »Sprich, und was du willst, geschieht.«
»Nun denn«, sagte er und besann sich, »ich habe eine Stiefmutter zu Hause – sie ist eine zänkische Frau – und oft sieht sie so mißgünstig auf mich, als wolle sie mir gar nicht wohl. Ich bitte Euch nun, macht, daß sie lachen muß, wenn sie mich so ansieht, bis sie zu Boden fällt, und daß sie immer weiterlachen muß, bis ich sie heiße aufzuhören.«
»Es ist dir gewährt«, sagte der Fremde. »Lebe wohl!«
»Gott sei mit Euch, Herr«, sagte der Junge.
Der Abend brach herein, und Jack ging voller Freude heim. Er nahm seine Flöte und spielte auf ihr, und alle seine Tiere und sein Hund tanzten in einer Reihe danach. Er spielte, während er dahinging, und die Schafe und Kühe folgten ihm auf den Fersen und auch der Hund, und sie tanzten den ganzen Weg lang, bis sie zum Hof seines Vaters kamen. Er steckte seine Flöte ein, sah nach, ob sie auch sicher sei, und dann ging er ins Haus. Sein Vater saß beim Abendessen, und Jack sagte zu ihm: »Ich bin hungrig, Herr, ich hatte nichts zum Mittagessen und hatte den ganzen Tag Mühe mit dem Vieh.«
Der Hauswirt warf ihm einen Kapaunenflügel zu und sagte, das solle er essen. Die Hausfrau mißgönnte ihm sehr, daß er so einen guten Bissen haben sollte, und sah mit scheelen Augen auf ihn. Aber mit eins brach sie in Lachen aus, und sie lachte und sie lachte, bis sie nicht mehr stehen oder sitzen konnte und zu Boden fiel. Sie lachte immer weiter und hörte nicht eher auf, als bis sie halbtot war. Und da sagte der Junge: »Mutter, genug!« Und sie lachte kein bißchen mehr, und darüber waren beide verwundert.
Nun liebte diese Hausfrau einen Mönch, der oft ins Haus kam. Als sie ihn das nächste Mal sah, beklagte sie sich bei ihm über den Jungen. Sie erzählte ihm, wie Jack sie hatte lachen lassen und wie er sich über sie lustig gemacht hatte, und sie bat den Mönch, er solle Jack am Morgen aufsuchen und ihn zur Strafe durchprügeln.

»Ich will nach Eurem Wunsch tun, wie Ihr es begehrt«, sprach der Mönch.
»Vergeßt es nicht«, sprach die Hausfrau, »ich glaube, er kann hexen.«
Am andern Morgen machte sich also der Junge auf und trieb seines Vaters Vieh aufs Feld, und er nahm seinen Bogen und seine Flöte mit sich. Und der Mönch stand auch beizeiten auf, damit er nicht zu spät komme, und er kam zu dem Jungen und sprach ihn so an:
»Wahrlich, Jack, was hast du deiner Stiefmutter angetan, daß sie über dich so zornig ist? Sag mir, was es ist, und wenn du mich nicht zufriedenstellen und mir alles erklären kannst, werde ich dich schlagen, ganz gewiß.«
»Was bekümmert Euch«, sagte Jack. »Meine Stiefmutter ist so wohlauf wie Ihr. Laßt ab vom Schelten. Kommt, wollt Ihr sehen, wie ich einen Vogel mit meinem Bogen schieße und was ich noch alles kann? Wenn ich auch ein kleiner Kerl bin, so will ich doch jenen Vogel dort schießen, und er soll Euer sein.«
»Schieß zu«, sagte der Mönch.
Der Vogel war getroffen, kein Zweifel, und er fiel in einen Dornbusch.
»Geht und holt ihn«, sagte Jack.
Der Mönch stieg mitten in das stachlige Gesträuch und nahm den Vogel auf. Jack setzte die Flöte an die Lippen und begann zu spielen. Der Mönch ließ den Vogel fallen und fing an zu tanzen, und je lauter die Flöte klang, desto höher sprang er. Und desto mehr zerrissen die Dornen seine Kleider und bohrten sich in sein Fleisch. Sein Gewand war schon in Fetzen, und das Blut strömte ihm von Armen und Beinen. Jack spielte nur immer schneller und lachte laut heraus.
»Lieber guter Jack«, keuchte der Mönch, »halt ein! Ich habe so lange getanzt, daß ich gleich sterben werde. Laß mich gehen, und ich verspreche dir, daß ich dir nie wieder Böses antun will.«
»Springt auf der anderen Seite heraus«, sprach der Junge und ließ ab vom Flöten, »und seht zu, daß Ihr nach Hause kommt.«

Und der heilige Mann eilte der Schande wegen so schnell er nur konnte, denn die Dornen hatten ihn fast bis auf die Haut entblößt und ihn über und über blutig werden lassen.
Als er zum Haus kam, fragten sie, wo er denn gewesen und wie er in einen solch üblen Zustand geraten sei. Die Hausfrau sagte: »Vater, ich sehe schon an Eurem Aufzug, daß Euch übel mitgespielt worden ist. Was ist Euch zugestoßen?«
»Ich war bei Eurem Sohn«, antwortete er. »Der Teufel soll mit ihm fertig werden, denn sonst kann das keiner.«
Da trat der Hauswirt ein, und seine Frau sagte zu ihm: »Da gibt es schöne Sachen! Dein lieber Sohn hat diesen armen heiligen Bruder beinahe erschlagen. O weh! O weh!«
Der Hauswirt sagte: »Benedicite! Was hat Euch der Junge angetan, heiliger Bruder?«
»Er machte, daß ich in den Dornen tanzen mußte, ob ich wollte oder nicht, und bei Unserer Frau! die Flöte klang so lustig, daß ich hätte tanzen können, bis ich geplatzt wäre.«
»Wenn Ihr so in den Tod gegangen wäret«, sagte der Hauswirt, »wäre es eine große Sünde gewesen.«
Der Junge kam gegen Abend zur üblichen Stunde zurück, und sein Vater rief ihn zu sich und befragte ihn wegen des Mönchs.
»Vater, ich sage Euch, ich habe nichts anderes getan, ich habe ihm nur eine Weise gespielt.«
»Nun«, antwortete der Hauswirt, »laß mich selbst diese Flöte hören.«
»Der Himmel verhüte es!« schrie der Mönch und rang seine Hände.
»Ja doch«, sprach der Hauswirt, »spiel uns etwas vor, Jack.«
»Wenn Ihr ihn wirklich spielen lassen wollt«, flehte der Mönch kläglich, »bindet mich erst an einen Pfosten. Wenn ich diese Flöte höre, kann ich nicht anders und muß tanzen, und dann ist mein Leben nichts mehr wert. Dann bin ich ein toter Mann.«
Sie banden ihn an einem Pfosten in der Stubenmitte fest, und alle lachten über seinen Kummer, und einer sagte: »Nun ist keine Gefahr mehr, daß der Mönch zu Fall kommt.«
»Nun, Junge«, sagte der Hauswirt, »fang an zu spielen.«

»Das will ich tun, Vater«, antwortete der, »bis Ihr mich bittet einzuhalten, und ich verspreche Euch, daß Ihr genug Musik haben werdet.«

Sobald der Junge seine Pfeife aufnahm und an den Mund setzte, begannen alle zu tanzen und zu springen, immer schneller und schneller und immer höher und höher, als ob sie den Verstand verloren hätten.

Sogar der Mönch schlug mit seinem Kopf gegen den Pfosten und schrie vor Schmerz. Einige sprangen über den Tisch, einige taumelten gegen die Stühle, einige stürzten ins Feuer. Jack ging hinaus auf die Straße, und sie alle folgten ihm und sprangen dabei wie wild. Die Nachbarn fuhren auf bei dem Klang und kamen aus ihren Häusern, sie sprangen über die Zäune. Und manche, die schon zur Ruhe gegangen waren, sprangen aus ihren Betten, und nackt, wie sie waren, eilten sie ins Dorf und schlossen sich der Menge an, die Jack auf den Fersen folgte. Sie waren alle wie in einer Raserei, und sie schnellten sich in die Höhe und schauten nicht, wohin sie stürzten, und einige, die erlahmt waren und sich nicht mehr auf den Füßen halten konnten, tanzten auf allen vieren.

Der Hauswirt sagte zu seinem Sohn: »Jack, ich glaube, es ist besser, du hörst auf.«

»So soll es sein«, sagte der Junge, und er ließ sogleich von seinem Spiel ab.

»Das ist das lustigste Treiben, das ich in den letzten sieben Jahren kennengelernt habe«, sagte der Hauswirt.

»Du verfluchter Junge«, rief der Mönch aus, als sie zum Haus zurückkehrten, »ich will dich vor den Richter bringen. Sieh zu, daß du am Freitag dort bist.«

»Gut«, antwortete der Junge, »ich will dort sein. Ich wünschte von ganzem Herzen, es wäre schon soweit.«

Es wurde Freitag, und der Mönch Topas und die Stiefmutter und die ganze Gesellschaft erschienen. Und der Richter war an seinem Platz, und es war eine ansehnliche Versammlung von Leuten da, denn es waren noch viele andere Fälle zu verhandeln. Der Mönch mußte wohl oder übel warten, bis er an die

Reihe kam, und dann wandte er sich an den Richter und sagte zu ihm: »Seht, Herr Richter, ich habe einen Jungen vor Euch gebracht, der mir und andern viel an schmerzhafter Pein und Ärger zugefügt hat. Er ist ein solcher Schwarzkünstler, daß es nicht seinesgleichen gibt im ganzen Land.«
»Ich halte ihn für einen Hexer«, warf die Hausfrau ein und schaute Jack finster an. Und sogleich hub sie an zu lachen, bis sie niederfiel, und keiner konnte sagen, was ihr fehlte oder woher ihre große Heiterkeit kam.
»Frau«, sagte der Richter, »berichte, was du zu sagen hast.«
Aber sie konnte kein Wort mehr sagen, auch als Jack ihr Lachen beendet hatte – der Fremde vom Hügel hatte ihm ja die Macht dazu gegeben.
Dann sprach der Mönch Topas und sagte: »Herr Richter, dieser Junge wird mit uns allen übel verfahren, wenn Ihr ihn nicht gründlich züchtigt. Er hat eine Flöte, Herr, die einen tanzen und hüpfen läßt, bis man beinahe zu Tode erschöpft ist.«
Der Richter sagte: »Ich würde gern diese Flöte sehen und erfahren, was für eine Fröhlichkeit sie hervorbringen kann.«
»Bei der heiligen Jungfrau, da sei Gott vor!« sprach der Mönch, »erst wenn ich so weit entfernt bin, daß ich es nicht hören kann.«
»Spiel zu, Jack«, sagte der Richter, »und zeig mir, was du kannst.«
Jack setzte die Flöte an die Lippen und blies, und schnell war der ganze Saal in Bewegung.
Der Richter sprang über das Pult und schlug sich beide Schienbeine an, und er rief dem Jungen zu, um Gottes willen und um die Barmherzigkeit der Jungfrau Maria, er solle nur aufhören. »Gut«, sagte Jack, »ich will aufhören, wenn sie mir versprechen, daß sie mir, solange ich lebe, nie mehr Unrecht zufügen werden.«
Darauf schworen vor dem Richter alle, die da waren: der Mönch, die Stiefmutter und die übrigen, daß sie mit dem Jungen Frieden halten wollten und ihm zu allen Zeiten mit all

ihren Kräften helfen würden gegen seine Feinde. Und als sie das getan hatten, sagte Jack dem Richter Lebewohl, und alle gingen fröhlich nach Hause.
Und so kann man sehen, wie dem Jungen alles zum Guten gedieh, weil er höflich und freundlich zu dem alten Mann gewesen war, den er am Hügel getroffen hatte, als er seines Vaters Vieh hütete. Und jedermann im Lande begegnete ihm für alle Zeit mit Ehrfurcht. Der alte Mann aber war in Wirklichkeit ein Zauberer.

18. Das kleine rote haarige Männchen

Es war einmal ein Bergmann in der Bleimine in Derbyshire, der hatte drei Söhne und war sehr arm. Eines Tages sagte der älteste Sohn, er wolle gehen und sein Glück suchen. Er packte sein Ränzel und nahm sich etwas zu essen mit und machte sich auf den Weg. Als er schon lange unterwegs war, kam er an einen Wald, und da er sehr müde war, setzte er sich auf einen großen Stein am Wegrand nieder und begann das Brot und den Käse zu essen, die er sich mitgenommen hatte. Während er aß, meinte er eine Stimme zu hören. So sah er sich um und erblickte ein kleines rotes Männchen, das kam aus dem Wald und war ganz vom Haar bedeckt und etwa so groß wie neun Kupferpfennige übereinander. Es kam ganz nahe an den ältesten Sohn heran und bat um etwas zu essen. Aber anstatt ihm Essen zu geben, sagte ihm der älteste Sohn, es solle sich wegscheren, er stieß mit dem Fuß nach dem Männchen und verletzte es, so daß es humpelnd in den Wald zurückging.
Dann setzte der älteste Sohn seinen Weg fort, und nach langer Zeit kam er so arm nach Hause zurück, wie er fortgegangen war.
Nachdem der älteste Sohn zurückgekehrt war, sagte der zweite Sohn, er wolle gehen und sein Glück suchen. Als er zu dem Wald kam, setzte er sich nieder und rastete und aß, und während er aß, kam das rote Männchen heraus und bat um etwas

zu essen. Aber der zweite Sohn aß immer weiter, bis er fertig war, und warf dem Männchen die Krümel und Reste hin, die übrig waren. Da sagte das Männchen dem zweiten Sohn, er solle gehen und sein Glück in einer Mine suchen, die er in der Mitte des Waldes finden würde.

So ging der zweite Sohn und suchte nach der Mine, und als er sie gefunden hatte, sagte er zu sich selbst: ›Nun, das ist nur eine alte taube Mine und ich werde meine Zeit nicht damit verschwenden.‹ So setzte er seinen Weg fort, und nach langer Zeit kam er so arm nach Hause, wie er fortgegangen war.

Zu dieser Zeit war nun Jack, der jüngste Sohn, herangewachsen, und als der zweite Sohn zurückkam, sagte er zum Vater: »Nun will ich gehen und mein Glück suchen.« Als er bereit war, ging er also so von zu Hause fort, wie es seine Brüder getan hatten. Und als er zu dem Wald kam und den Stein am Wegrand sah, setzte er sich darauf nieder, zog Brot und Käse heraus und begann zu essen. Nach wenigen Augenblicken hörte er, wie jemand sagte: »Jack, Jack.« So sah er sich um und erblickte das kleine rote haarige Männchen, das seine Brüder gesehen hatten. Das Männchen sagte, es sei hungrig, und bat Jack, ihm etwas von seinem Brot und Käse zu geben. Jack sagte, das wolle er gern tun, und lud es ein. Er schnitt ihm also einen ordentlichen Brocken ab und sagte ihm, wenn es wolle, könne es noch mehr haben. Da kam das Männchen ganz nahe an Jack heran und sagte ihm, es habe ihn nur versuchen und herausfinden wollen, welcher Art er sei.

»Und nun«, sagte das Männchen, »will ich dir helfen, dein Glück zu finden, aber du mußt tun, was ich dir sage.«

Es sagte Jack, er solle gehen und die alte Mine in der Mitte des Waldes aufsuchen.

Jack ging also, und als er zu der Mine gelangte, war das Männchen vor ihm dorthin gekommen.

Der Eingang zu der Mine war in einer alten Hütte, und in der Mitte des Bodens, über dem Eingangsloch, war eine Winde. Das Männchen befahl also Jack, in die Förderbütte zu steigen, und fing an, ihn hinunterzulassen. So ging es mit Jack hinunter, hinunter, hinunter, bis er zuletzt am Grunde war. Da stieg er heraus und sah, daß er in einem schönen Land war. Während er sich noch umschaute, stand da das Männchen neben ihm und gab ihm ein Schwert und eine Rüstung und sagte ihm, er solle gehen und eine Prinzessin befreien, die in einem Kupferschloß in diesem Land gefangen war. Und dann warf das Männchen eine kleine kupferne Kugel auf den Boden, die rollte fort, und Jack folgte ihr, bis sie an ein Schloß kam, das ganz aus Kupfer war. Dort sauste sie gegen das Tor. Da kam ein Riese aus dem Schloß heraus, und Jack kämpfte mit ihm und tötete ihn. Er befreite die Prinzessin, und sie ging in ihre Heimat zurück.

Als Jack zurückkam, sagte ihm das Männchen, er müsse zu einem silbernen Schloß gehen und noch eine Prinzessin befreien. Das Männchen warf also eine silberne Kugel zu Boden, und Jack folgte ihr, bis sie an ein glänzendes silbernes Schloß kam. Sie stieß so laut gegen das Tor, daß der Riese, der hier wohnte, herauskam und schaute, was da sei. Und dann kämpfte Jack mit ihm und tötete ihn und befreite die Prinzessin.

Kurz nachdem Jack die Prinzessin in dem Silberschloß befreit hatte, sagte nun das Männchen, er müsse jetzt versuchen, noch eine Prinzessin zu befreien, die in einem goldenen Schloß lebe. Da sagte Jack, das wolle er, und das Männchen warf eine goldene Kugel zu Boden. Sie begann fortzurollen, und Jack folgte ihr, bis ein prächtiges goldenes Schloß in Sicht war, und da rollte sie schneller und schneller, bis sie an das Schloßtor stieß. Das ließ den Riesen, der hier wohnte, herauskommen und nachsehen, was los sei. Dann kämpften Jack und der Riese, und der Riese hätte Jack beinahe getötet, aber schließlich tötete Jack den Riesen. Er ging danach in das Schloß und fand da eine sehr schöne Dame. Jack verliebte sich in sie und brachte sie zu dem Männchen. Der verheiratete sie und half Jack, damit der aus dem goldenen Schloß so viel Gold herausholen konnte, wie er wollte. Und danach half er Jack und seiner Frau aus der Mine heraus, und sie gingen in Jacks Heimat.

Jack baute ein schönes Haus für sich und ein zweites für Vater und Mutter. Aber seine beiden Brüder waren voll Neid und gingen fort zu der Mine und wollten sehen, ob sie nicht so gut Gold holen könnten wie Jack. Und als sie in die Hütte kamen, stritten sie darum, wer zuerst hinuntergehen sollte. Und wie sie so in die Bütte steigen wollten und darum rauften, riß das Seil, und beide stürzten hinunter auf den Boden der Grube. Als sie nicht zurückkamen, gingen Jack und sein Vater und suchten sie. Und als sie zu der Mine kamen, sahen sie, daß die Wände der Grube nachgegeben hatten und den Eingang versperrten. Und die Hütte war zusammengefallen und der Platz war für immer zugeschüttet.

19. Tom Hickathrift

Vor der Zeit von Wilhelm dem Eroberer lebte ein Mann im Marschland der Insel Ely, der hieß Thomas Hickathrift. Er war ein armer Tagelöhner, aber so stark, daß er die Arbeit von zwei Tagen an einem tun konnte. Seinen einzigen Sohn nannte er nach sich Thomas Hickathrift, und er ließ ihn tüchtig lernen, aber der Bursche war nicht einer der Klügsten, er war in der Tat wohl etwas einfältig, und so kam beim Lernen gar nichts Rechtes heraus.

Toms Vater starb, und seine Mutter umsorgte ihn sehr und machte ihm alles so angenehm, wie sie nur konnte.

Der träge Bursche tat für gewöhnlich nichts, er saß nur in der Herdecke und aß auf ein Mal so viel, wie es vier oder fünf Männer satt gemacht hätte. Und er wuchs so sehr, daß er, als er nicht mehr als zehn Jahre zählte, schon acht Fuß groß war und Hände hatte wie Hammelschultern.

Eines Tages ging seine Mutter zum Hause eines reichen Bauern und bat um ein Bündel Stroh für sich und Tom. »Nehmt Euch, was Ihr wollt«, sagte der Bauer, ein ehrlicher, hilfsbereiter Mann. Als sie nach Hause kam, sagte sie also zu Tom, er solle das Stroh holen. Aber er wollte nicht, und sie mochte noch so sehr darum bitten, er wollte nicht, ehe sie ihm nicht ein Wagenseil lieh. Da ging er los, und als er zu dem Bauern kam, waren der Herr und die Knechte in der Scheune beim Dreschen.

»Ich komme um das Stroh«, sagte Tom.

»Nimm dir, soviel du tragen kannst«, sagte der Bauer.

Da legte Tom das Seil nieder und fing an, sein Bündel zusammenzurichten.

»Dein Seil ist zu kurz«, sagte der Bauer und wollte einen Spaß machen. Aber den Spaß machte Tom, denn als er mit seiner Ladung fertig war, da waren es einige zwanzig Zentner Stroh. Und obgleich sie sagten, er sei ein Narr, wenn er meine, er könne auch nur den zehnten Teil davon tragen, so warf er sich den Ballen über die Schulter, als wäre es nur ein Zentner, und Herr und Knechte bewunderten ihn deshalb sehr.

Als so Toms Stärke bekannt geworden war, war es nun für ihn vorbei mit dem Herumsitzen und Sich-am-Feuer-Wärmen. Jedermann pflegte ihn zur Arbeit anzustellen, und man sagte ihm, es sei eine Schande, so ein faules Leben zu führen. Als Tom sah, wie sie sich so um ihn bemühten, ging er zuerst zu dem einen, um bei ihm zu arbeiten, und dann zu dem andern. Und eines Tages bat ihn ein Holzfäller um seine Hilfe beim Heimschaffen eines Baumes. Tom ging los und mit ihm noch vier Männer, und als sie zu dem Baum kamen, begannen sie ihn mit Rollenzügen auf den Wagen zu ziehen. Als Tom sah, daß sie ihn nicht heben konnten, sagte er schließlich: »Geht zur Seite, ihr Narren«, und er packte den Baum, stützte ihn an dem einen Ende und legte ihn auf den Wagen. »Nun«, sagte er, »seht ihr, was ein Mann machen kann.« – »Meiner Seel', das ist wahr«, sagten sie, und der Holzfäller fragte, welchen Lohn er verlange. »Oh, ein Holzscheit für meiner Mutter Herd«, sagte Tom. Und als er einen Baum erblickte, der größer war als der im Wagen, legte er ihn sich auf die Schulter und ging damit nach Hause, so schnell wie der Wagen mit den sechs Pferden davor.

Tom merkte nun, daß er stärker war als zwanzig Männer zusammen, und er wurde sehr lustig. Er hatte Freude an Gesellschaft, ging gern zu Jahrmärkten und Zusammenkünften, er sah sich gern Spiele an und allerlei Zeitvertreib. Und beim Knüppelkämpfen, Ringen oder Hammerwerfen konnte niemand gegen ihn bestehen, so daß schließlich keiner wagte, zum Ringen gegen ihn in den Ring zu gehen, und sein Ruhm breitete sich immer weiter im Lande aus.

Er ging immer zu allen Treffen, ob sie nah oder fern waren, zu Fußballspiel und ähnlichem. Und eines Tages war er in einer Gegend, in der war er fremd und keiner kannte ihn, und er blieb stehen und schaute einer Gruppe beim Fußballspiel zu. Es war ein gutes Spiel, aber Tom verdarb es ganz und gar, denn er kam an den Ball und gab ihm einen solchen Tritt, daß er weit wegflog und keiner sagen konnte, wohin. Ihr könnt euch denken, daß sie wütend waren über Tom, aber es half ihnen nichts, denn Tom bekam einen großen Baumstamm zu fassen und schlug so mächtig um sich, daß er sich den Weg überall freimachte, obwohl die ganze Gegend sich ihm bewaffnet entgegenstellte.

Es war später Abend, bevor er heimkehren konnte. Auf dem Weg begegneten ihm vier kräftige Schurken, die schon den ganzen Tag Vorübergehende ausgeraubt hatten. Sie dachten, sie hätten in Tom eine leichte Beute, weil er ganz allein war, und waren schon todsicher, sein Geld zu bekommen.

»Bleib stehen und gib's heraus!« sagten sie.

»Was soll ich herausgeben?« sagte Tom.

»Dein Geld, Mann«, sagten sie.

»Zuerst müßt ihr mich freundlicher darum ansprechen«, sagte Tom.

»Vorwärts, Schluß mit dem Geschwätz; Geld wollen wir und Geld werden wir bekommen, bevor du dich von der Stelle rührst.«

»Steht es so?« sagte Tom, »nun, dann kommt und holt es.«

Das Ende vom Lied war, daß Tom zwei von den Schurken tötete und die andern beiden schwer verwundete. Und er nahm ihnen alles Geld ab, das waren im ganzen zweihundert Pfund. Und als er nach Hause kam, brachte er seine alte Mutter zum

Lachen mit der Geschichte, wie er die Fußballspieler bedient hatte und die vier Räuber.

Aber ihr werdet sehen, daß Tom auch einmal seinen Meister fand. Als er eines Tages durch den Wald dahinging, traf er einen stämmigen Kesselflicker. Der trug einen tüchtigen Stock über der Schulter und hatte einen großen Hund, der ihm seinen Sack und das Werkzeug schleppte.

»Woher kommst du und wohin gehst du?« sagte Tom, »dies ist keine Landstraße.«

»Was geht das dich an?« sagte der Kesselflicker; »Narren haben es nötig, sich einzumischen.«

»Bevor wir auseinandergehen, werde ich dich lehren, was es mich angeht«, sagte Tom.

»Gut«, sagte der Kesselflicker, »ich bin gegen jeden Mann zu einem Kampf bereit. Wie ich höre, gibt es hier in der Gegend einen gewissen Tom Hickathrift, von dem werden große Dinge erzählt. Ich würde ihn gern sehen und zu einer Runde gegen ihn antreten.«

»Nun ja«, sagte Tom, »mir scheint, er könnte dir den Herrn zeigen. Gleichviel, ich bin der Mann; was hast du mir zu sagen?«

»Nun, wahrhaftig, ich bin froh, daß wir uns glücklicherweise so getroffen haben.«

»Du scherzst sicherlich«, sagte Tom.

»Meiner Treu, mir ist's ernst«, sagte der Kesselflicker. »Machen wir einen Wettkampf?« – »Einverstanden.« – »Laß mich zuerst eine Gerte holen«, sagte Tom. »Freilich«, sagte der Kesselflicker, »hängen soll der, der gegen einen waffenlosen Mann kämpft.«

Da nahm Tom einen Torbalken als Schlagstock, und sie fielen übereinander her, der Kesselflicker über Tom und Tom über den Kesselflicker. Wie zwei Riesen schlugen sie aufeinander ein. Der Kesselflicker hatte ein ledernes Wams an, das dröhnte bei jedem Schlag, den Tom ihm versetzte, aber der Kesselflicker wich keinen Zoll zurück. Schließlich versetzte Tom ihm einen Hieb auf den Kopf, der ihn niederstreckte.

»Nun, Kesselflicker, wo bist du?« sagte Tom.
Aber der Kesselflicker war ein flinker Bursche, er sprang wieder auf die Beine, versetzte Tom einen Schlag, der ihn taumeln machte, und ließ diesem Schlag einen von der anderen Seite folgen, der machte, daß Toms Genick knackte. Da warf Tom seine Waffe zu Boden, ließ dem Kesselflicker den Sieg und nahm ihn mit sich nach Hause. Dort versorgten sie ihre Wunden, und von diesem Tag an gab es kein treueres Freundespaar als diese beiden.
Toms Ruhm wurde so weithin verbreitet. Da kam schließlich ein Brauer von Lynn zu Tom, um ihn in Dienst zu nehmen, denn er brauchte einen tüchtigen starken Mann, der sein Bier nach Wisbeach schaffen könnte. Er versprach Tom, ihn von Kopf bis Fuß neu zu kleiden, und essen und trinken solle er vom Besten. So willigte Tom ein, in den Dienst zu treten, und sein Herr sagte ihm, welchen Weg er nehmen müsse. Denn ihr müßt wissen, es war da ein ungeheurer Riese, und der hatte einen Teil des Marschlandes in seiner Gewalt, so daß keiner diesen Weg zu gehen wagte.
Tom ging also jeden Tag nach Wisbeach, gute zwanzig Meilen waren es auf der Straße. Tom meinte, das sei eine langwierige Reise, und er fand bald heraus, daß der Weg, den der Riese überwachte, um die Hälfte kürzer war. Nun war Tom stärker denn je geworden, durch das gute Essen, das er erhielt, und das viele starke Bier, das er trank. Ohne seinem Herrn oder einem der Mitknechte etwas zu sagen, beschloß er also eines Tages, als er wieder nach Wisbeach ging, entweder den kürzesten Weg einzuschlagen oder das Leben zu verlieren: das Pferd zu gewinnen oder den Sattel zu verlieren, wie man so sagt. Gesagt, getan, er schlug den kurzen Weg ein und stieß die Torflügel auf, damit die Pferde und sein Wagen hindurchkonnten. Schließlich erspähte ihn der Riese und kam eilig heran, und er hatte vor, ihm sein Bier als Beute abzunehmen.
Er kam Tom entgegen, wild wie ein Löwe, so als ob er ihn verschlingen wollte. »Wer gab dir das Recht, auf diesem Weg zu gehen?« brüllte er. »An dir will ich ein Exempel statuieren

für alle Schufte unter der Sonne. Sieh, wie viele Köpfe dort an jenem Baum hängen. Der deinige soll zur Warnung höher hängen als alle anderen.«

Aber Tom gab ihm Antwort. »Ich werde nicht wie sie nur eine erbärmliche Feige zwischen deinen Zähnen sein, verräterischer Schurke du!«

Voller Verachtung hörte der Riese diese Worte an, und er rannte zu seiner Höhle, um seinen großen Knüppel zu holen, er hatte vor, Toms Kopf mit dem ersten Schlag zu zerschmettern.

Tom wußte nicht, was er als Waffe nehmen sollte. Seine Peitsche würde nur wenig nützen gegen ein riesiges Ungetüm von zwölf Fuß Länge und sechs Fuß Hüftmaß. Aber während der Riese seinen Knüppel holte, sann er über eine wirklich gute Waffe nach, überlegte dann nicht mehr länger, sondern packte seinen Wagen, drehte ihn um und nahm Wagenachse und Rad als Schild und Schutz. Und es zeigte sich, daß das sehr gute Waffen waren!

Der Riese kam hervor und starrte Tom an. »Mit diesen Waffen wirst du ja wohl viel ausrichten«, brüllte er. »Hier habe ich ein Ästlein, das wird dich und dein Rad zu Boden schlagen.« Nun war dieses Ästlein so dick wie manche Meilensäulen, aber deshalb verlor Tom den Mut nicht, wenn auch der Riese mit solcher Gewalt auf ihn losging, daß das Rad davon krachte. Aber Tom gab zurück, wie er es bekam, und versetzte dem Riesen solch einen mächtigen Schlag gegen das Haupt, daß er davon taumelte. »Wie denn«, sagte Tom, »bist du schon betrunken von meinem starken Bier?«

So ging es weiter. Schweiß und Blut liefen über des Riesen Gesicht, und Tom schlug so gewaltig auf ihn ein, daß er, dick wie er war und benebelt und erschöpft vom langen Kampf, Tom bat, er solle ihn ein wenig trinken lassen. »O nein, nein«, sagte Tom, »solche Weisheit hat mich meine Mutter nicht gelehrt. Wer wäre dann wohl der Dumme?« Und weil er sah, daß der Riese ermüdete und seine Schläge danebengingen, dachte Tom, es sei das beste, zu heuen, solange die Sonne scheint, und er schlug drauf zu wie von Sinnen und schlug den Riesen zu Boden. Vergeblich brüllte der Riese und bat und versprach, sich Tom auszuliefern und sein Knecht zu werden. Tom hieb auf ihn ein, bis er tot war. Dann schnitt er ihm den Kopf ab und ging in die Höhle. Dort fand er eine große Menge von Silber und Gold, so daß ihm das Herz hüpfte vor Freude. Er belud also seinen Wagen, und nachdem er sein Bier in Wisbeach abgeliefert hatte, kam er nach Hause und erzählte seinem Herrn, was ihm zugestoßen war. Und am Morgen machten er und sein Herr und mehrere von den Stadtleuten sich auf nach der Höhle des Riesen. Tom wies ihnen das Haupt und zeigte, was für Silber und Gold da in der Höhle waren. Und nicht nur einer machte da Freudensprünge, denn der Riese war für das ganze Land ein großer Feind gewesen.

Landauf, landab verbreitete sich die Nachricht, daß Tom den Riesen getötet hatte. Und wohl dem, der zur Höhle laufen und sie ansehen konnte. Alle Welt entzündete Freudenfeuer, und wenn Tom vorher hochgeachtet war, dann war er das jetzt noch viel mehr. Unter allgemeiner Zustimmung nahm er die Höhle in Besitz, und alle sagten, er verdiene das, auch wenn es doppelt soviel gewesen wäre. Tom riß die Höhle ein und baute sich ein ordentliches Haus. Von dem Grund, den sich der Riese durch Gewalt angeeignet hatte, gab Tom einen Teil an die Armen ab als gemeinsamen Landbesitz, und einen Teil verwandelte er in gutes Weizenland, als Lebensunterhalt für sich und seine alte Mutter, die Jane Hickathrift. Und nun war er der wichtigste Mann in der Gegend geworden, er war nicht mehr länger der einfache Tom, sondern Herr Hickathrift, und ich kann euch versichern, man brachte ihm gebührende Achtung dar. Er hielt sich Knechte und Mägde und lebte sehr ordentlich. Einen Park richtete er sich ein, um darin Wild zu halten, und bis ans Ende seiner Tage verging ihm in seinem großen Haus die Zeit glücklich und in Freuden.

20. *Der geblendete Riese*

In Dalton in der Nähe von Thirsk in Yorkshire ist eine Mühle. Sie ist erst vor kurzem erneuert worden; als ich vor sechs Jahren in Dalton war, stand noch das alte Gebäude. Vor dem Haus war ein langer Erdwall, der wurde ›das Riesengrab‹ genannt, und in der Mühle zeigte man eine lange Eisenklinge, etwa wie ein Sensenblatt, aber nicht geschwungen, und davon hieß es, sie sei das Messer des Riesen gewesen. Von diesem Messer wurde eine seltsame Geschichte erzählt. In dieser Mühle lebte da ein Riese, und der mahlte Menschenknochen und machte daraus sein Brot. Eines Tages fing er einen Burschen in Pilmoor ein, und anstatt ihn in der Mühle zu zermahlen, behielt er ihn als seinen Diener und ließ ihn niemals fort. Jack diente dem Riesen viele Jahre und bekam niemals einen freien Tag. Zuletzt konnte er es nicht länger ertragen. Der Jahrmarkt in Topcliffe stand bevor, und der Bursche bat um die Erlaubnis, dorthin zu gehen, die Mädchen anzusehen und einige Leckereien zu kaufen. Mürrisch verweigerte ihm der Riese den Urlaub: Jack beschloß, ihn sich zu nehmen.
Der Tag war heiß, und nach dem Mittagessen legte sich der Riese mit dem Haupt auf einem Sack in der Mühle nieder und döste. Er hatte in der Mühle gegessen, und ein großer Laib Knochenbrot lag an seiner Seite, und das Messer war in seiner Hand, aber im Schlaf lockerten die Finger den Griff darum. Diesen Augenblick erfaßte Jack, zog das Messer weg, und indem er es mit beiden Händen hielt, trieb er die Klinge in das einzige Auge des Riesen hinein. Der erwachte mit einem Schmerzgeheul, sprang auf und versperrte die Tür. Da war Jack wieder in der Klemme, aber er fand bald einen Ausweg. Der Riese hatte einen Lieblingshund, der hatte ebenfalls geschlafen, als sein Herr geblendet wurde. Jack tötete den Hund, zog ihm die Haut ab, warf sich das Fell über den Rücken, und bellend rannte er auf allen vieren zwischen die Beine des Riesen, und so entkam er.

21. Der Riese von Carn Galva

Nach der Überlieferung, wie sie heute noch in Morvah bewahrt wird, war der Riese von Carn Galva eher verspielt als kampflustig. Wenn auch die alten Bauten des Riesen nun verfallen sind, so können wir doch immer noch den Schaukelstein sehen und hinaufklettern und uns darauf schaukeln. Den hatte der gute alte Riese auf den westlichsten Steinhügel der Hochfläche gesetzt, damit er sich in Schlaf schaukeln konnte, wenn er sah, daß die Sonne in die Wogen tauchte und die Seevögel zu ihren Nestern in den Klippen zurückflogen. Nahe an dem Schaukelsitz des Riesen kann man einen Haufen von würfelförmigen Felsbrocken sehen, die sind jetzt noch fast genau so regelmäßig in ihrer Gestalt wie damals, als der Riese sich damit zu unterhalten pflegte, daß er sie auftürmte und wieder umstieß. Das machte er zur Übung oder im Spiel, wenn er allein war und nichts anderes zu tun hatte. Die Leute von den Nordhügeln haben sich immer in liebevoller Zuneigung an den Riesen erinnert, weil er anscheinend sein ganzes Junggesellenleben auf dem Carn nur damit zugebracht hat, sein geliebtes Volk von Morvah und Zennor vor den Räubereien der weniger ehrenhaften Titanen zu schützen, die damals auf den Lelant-Hügeln hausten. Der Riese von Carn Galva hat nur einmal in seinem Leben einen der Leute von Morvah getötet, und das geschah ganz im liebevollen Spiel.

Der Riese mochte einen hübschen jungen Burschen von Choon sehr gern, der pflegte immer mal wieder einen Spaziergang auf den Carn zu machen, um nur eben zu sehen, wie es dem alten Riesen ging, ihn ein wenig zu erheitern, mit ihm Ringe zu werfen oder andere Spiele zu spielen. Er machte das, um dem Riesen in seiner Einsamkeit die Zeit zu vertreiben. Eines Nachmittags hatte dem Riesen ihr schönes gemeinsames Spiel besonders gut gefallen, und als der junge Bursche von Choon seinen Ring niederwarf und heimgehen wollte, tippte der Riese gutmütig seinem Spielgefährten mit der Fingerspitze auf den Kopf. Er sagte dabei: »Komm morgen bestimmt wieder, mein

Sohn, wir machen dann ein großartiges Ringwerfen nach dem Pflock.« Noch ehe der Riese das Wort ›Pflock‹ richtig gesagt hatte, fiel der junge Mann zu seinen Füßen nieder: der Finger des Riesen war seinem Spielgefährten durch den Schädel gedrungen. Als der Riese schließlich gewahrte, was er mit der Hirnschale des jungen Mannes angestellt hatte, versuchte er nach besten Kräften, das Innere im Kopf seines Kameraden in Ordnung zu bringen, und verstopfte das Loch, das sein Finger gemacht hatte. Aber es hatte keinen Zweck, denn der junge Mann war mausetot, lange bevor der Riese damit aufhörte, seinen Kopf zu reparieren.

Als der arme Riese sah, daß es mit seinem Spielgefährten aus war, nahm er den Körper in die Arme, setzte sich auf dem großen vierkantigen Felsen am Fuß des Steinhügels nieder und wiegte sich hin und her. Er preßte den leblosen Körper an seine Brust, klagte und stöhnte, brüllte und weinte lauter als die dröhnenden Brecher an den Klippen von Permoina.

»O mein Sohn, mein Sohn, warum haben sie die Decke deines Schädels nicht fester gemacht? Sie ist so weich wie Kuchenkruste und um die Hälfte zu dünn! Wie soll ich nun jemals die Zeit verbringen, wenn du nicht mit mir Ringwerfen und Suchen und Verstecken spielst?«

Der Riese von Carn Galva wurde nie wieder fröhlich, sondern sieben Jahre lang kümmerte er so dahin und starb dann an gebrochenem Herzen.

22. Gobborn Seer

Da war einmal ein Mann namens Gobborn Seer, und der hatte einen Sohn, der hieß Jack. Eines Tages schickte er ihn aus, eine Schafshaut zu verkaufen, und sagte zu ihm: »Du mußt mir die Haut zurückbringen und dazu, was sie wert ist.«

So machte sich Jack auf, konnte aber niemanden finden, der ihm die Haut lassen und den Preis noch obendrein dafür geben wollte. So kam er entmutigt nach Hause zurück.

Gobborn Seer aber sagte: »Es macht nichts, du mußt es morgen noch mal versuchen.«
So versuchte er es wieder, aber niemand wollte die Haut zu solchen Bedingungen kaufen.
Als er nach Hause kam, sagte sein Vater: »Du mußt morgen gehen und dein Glück versuchen.« Und am dritten Tag schien es wieder die gleiche Sache damit zu sein. Und halb war er schon entschlossen, überhaupt nicht zurückzugehen, sein Vater würde sich doch sehr ärgern. Als er zu einer Brücke kam, es war so eine wie die drüben am Bachweg, da lehnte er sich über das Geländer und dachte an seinen Kummer, und vielleicht wäre es töricht, von zu Hause fortzulaufen, aber er konnte einfach nicht sagen, was er tun sollte. Da sah er ein Mädchen, das wusch drunten am Bach seine Wäsche. Sie schaute auf und sagte: »Wenn es nicht ungehörig ist zu fragen – was bekümmert dich so?«
»Mein Vater hat mir diese Haut gegeben, und ich soll sie zurückbringen und ihren Wert noch obendrein.«
»Ist das alles? Gib sie her, das ist leicht getan.«
Darauf wusch das Mädchen die Haut im Fluß, schor die Wolle herunter, bezahlte ihm den Wert davon und gab ihm die Haut wieder mit.
Seinem Vater gefiel das wohl, und er sagte zu Jack: »Das war ein kluges Mädchen, sie wäre eine gute Frau für dich. Glaubst du, du könntest noch einmal mit ihr sprechen?«
Jack meinte, das könne er, und so sagte sein Vater zu ihm, er solle nächstens zur Brücke gehen und schauen, ob sie dort sei. Und wenn er sie sähe, solle er sie nach Hause zum Tee einladen.
Und wirklich erblickte Jack das Mädchen und sagte ihr, daß sein alter Vater sie recht gern kennenlernen wolle, und ob sie vielleicht Lust habe, mit ihnen Tee zu trinken.
Das Mädchen dankte ihm freundlich und sagte, sie könne am nächsten Tag kommen, im Augenblick habe sie zuviel zu tun.
»Um so besser«, sagte Jack, »dann habe ich Zeit zum Vorbereiten.«

Als sie nun kam, da konnte Gobborn Seer sehen, daß sie eine kluge Frau war, und er fragte sie, ob sie seinen Jack heiraten wolle. Sie sagte »ja«, und sie heirateten.
Nicht lange danach sagte Jacks Vater zu ihm, er müsse mit ihm kommen und für einen König das schönste Schloß bauen, das man je gesehen hat. Der König wolle mit seinem wunderbaren Schloß alle andern übertreffen.
Und als sie zum Grundsteinlegen hingingen, da sagte Gobborn Seer zu Jack: »Kannst du mir nicht den Weg verkürzen?«
Aber Jack sah nach vorn, und da lag ein langer Weg vor ihnen, und er sagte: »Vater, ich weiß nicht, wie ich davon ein Stück abbrechen könnte.«
»Dann taugst du nicht für mich und solltest lieber heimgehen.«
So kehrte der arme Jack um, und als er ins Haus trat, sagte seine Frau: »Nanu, warum bist du allein gekommen?« Und er erzählte ihr, was der Vater gesagt hatte und seine Antwort darauf.
»Du Dummkopf«, sagte seine kluge Frau, »wenn du eine Geschichte erzählt hättest, hättest du den Weg verkürzt! Nun hör gut zu, ich erzähle dir eine Geschichte, und dann lauf und hol Gobborn Seer ein und fang gleich damit an. Er wird sie gerne hören, und bis du damit fertig bist, habt ihr den Grundstein erreicht.«
Jack strengte sich also an und holte seinen Vater ein. Gobborn Seer sprach kein einziges Wort, aber Jack fing mit seiner Geschichte an, und der Weg wurde damit kürzer, wie seine Frau gesagt hatte.
Als sie am Ziel ihrer Reise waren, begannen sie, das Schloß zu bauen, das alle andern überstrahlen sollte. Nun hatte die Frau ihnen den Rat gegeben, sie sollten sich mit den Dienstleuten auf guten Fuß stellen, und sie taten also, wie sie gesagt hatte, und so hieß es »Guten Morgen« und »Schönen guten Tag auch«, wenn sie hinein- und herausgingen.
Und nach einem Jahr hatte nun Gobborn Seer, der weise Mann, solch ein Schloß gebaut, daß Tausende zusammenkamen, um es zu bewundern.

Und der König sagte: »Das Schloß ist fertig. Ich werde morgen zurückkommen und euch alle bezahlen.«
»Ich muß gerade noch eine Decke in einem der oberen Säle fertigmachen«, sagte Gobborn, »und dann fehlt nichts mehr.«
Aber nachdem der König weggegangen war, schickte die Haushälterin nach Gobborn und Jack und sagte ihnen, daß sie auf eine Gelegenheit gewartet habe, sie zu warnen. Der König nämlich befürchtete so sehr, sie könnten ihre Kunst mit sich nehmen und einem anderen König ein ebenso schönes Schloß bauen, daß er vorhabe, ihnen am nächsten Morgen das Leben zu nehmen. Gobborn sagte Jack, er solle guten Muts bleiben, und sie würden schon heil davonkommen.
Als der König zurückgekommen war, sagte Gobborn zu ihm, er habe seine Arbeit nicht vollenden können, weil ihm ein Werkzeug fehle, das er zu Hause gelassen habe, und er wolle gern Jack danach schicken.
»Nein, nein«, sagte der König, »kann es nicht einer der Leute besorgen?«
»Nein, sie könnten es nicht verständlich ausdrücken«, sagte der Seer, »aber Jack könnte es besorgen.«
»Du und dein Sohn, ihr müßt hierbleiben. Aber wie wäre es, wenn ich meinen eigenen Sohn schickte?«
»Das wird gehen.«
So schickte Gobborn durch ihn eine Botschaft an Jacks Frau: »Gib ihm Krumm und Gerade!«
Nun gab es dort ziemlich hoch in der Wand eine kleine Aushöhlung, und Jacks Frau versuchte, dort hinauf in eine Truhe zu langen, um »Krumm und Gerade« zu holen, aber sie bat schließlich den Königssohn, ihr zu helfen, weil seine Arme länger seien.
Als er sich aber über die Truhe beugte, packte sie ihn an den Fersen und warf ihn in die Truhe hinein und verschloß sie. Und da war er also, und war »Krumm und Gerade« in einem. Da bat er um Tinte und Feder, die brachte sie ihm, aber er durfte nicht heraus, und es wurden Löcher hineingebohrt, damit er atmen konnte.

Als sein Brief ankam, der dem König, seinem Vater, mitteilte, er werde freigelassen werden, wenn Gobborn und Jack heil zu Hause seien, da sah der König ein, daß er für den Bau zu zahlen habe und sie fortgehen lassen müsse.
Als sie fortgingen, sagte Gobborn zu Jack: Da er nun mit dieser Arbeit fertig sei, sollte Jack bald für seine kluge Frau ein Schloß bauen, weit prächtiger als das des Königs. Und das tat er, und dort lebten sie fortan glücklich allezeit.

23. Der Zinner von Chyannor

Das Dorf Trereen in der Nähe von Logan Stone war einmal eine wichtige Marktstätte. Hierher kamen alle Zinnwäscher, die von Penberth bis hinauf zu den Hügeln arbeiteten, und um den Ort und den kostbaren Besitz zu schützen, der hier angehäuft wurde, erbaute man die Burg Trereen. Hierher – oder besser in die nahe Bucht – kamen die Tyrenischen Kaufleute. Sie durften nicht über den Küstenstreifen hinaus ins Land kommen, damit sie nicht die Gegend herausfänden, aus der das Zinn gebracht wurde.
Aber nicht von ihnen müssen wir erzählen, sondern von einer Gruppe von Zinnern, die aus dem Tal zwischen Chyannor und Trengothal kamen. Sie hatten sich um die Garrack Zans versammelt, die alten Opfersteine, die damals in der Mitte des Marktplatzes von Trereen standen. Die Zeiten waren schlecht, und sie berieten miteinander, was sie wohl tun sollten. Das Zinnwaschen in den Wasserläufen hatte nichts eingebracht und sie meinten, alles Zinn sei schon herausgeholt. Einige von ihnen hatten gehört, es sei Zinn in einer Gegend, weit weg von hier, einige Meilen hinter Market-Jew, aber sie hatten nur eine sehr blasse Vorstellung von dem Ort oder den Leuten. Einer von ihnen, ein alter Mann, aber trotzdem unternehmungslustiger als irgendeiner der Kameraden, sagte, er wolle dorthin reisen und nachsehen, was zu machen sei. Man beschloß, daß Tom Trezidder sein Glück versuchen sollte, und die andern wollten

abwarten, bis er wieder heimkäme oder aber nach ihnen schicke, damit sie nachfolgten. Das sprach sich bald herum, und alle Frauen, alte und junge, kamen, um Tom Lebewohl zu sagen. Der Abschied von seiner Frau war kurz aber schwer. Er hielt sich wacker und machte sich mutigen Herzens auf in sein Abenteuer.

Tom Trezidder kam schließlich an einem Ort nicht weit von Goldsythney an, und hier fand er einen der jüdischen Kaufleute, die den Zinnboden bearbeiten ließen und das Zinn in St. Michaels Mount verkauften, und der Jude war sehr darauf aus, solch einen erfahrenen Zinnwäscher wie Tom anzustellen. Tom war nicht abgeneigt und trat für ein Jahr in seinen Dienst. Er sollte gerade so viel haben, wie er zum Leben brauchte, und einen Anteil am Gewinn am Ende des Jahres. Tom arbeitete fleißig, und viel Zinn war das Ergebnis seiner Arbeitserfahrung. Das Jahr verging, und Tom sah sich um nach seinem Anteil am Gewinn. Der Jude schaffte es, ihn davon abzubringen, und versprach Tom großartige Dinge, wenn er ein weiteres Jahr dabliebe. Er überredete ihn, nach einigen seiner alten Kameraden zu schicken, und bekräftigte jedes angeführte Argument mit einem kleinen Ratschlag: »Verlaß nie eine alte Straße um einer neuen willen.«

Die anderen Zinner waren zu zaghaft, sich so weit fortzuwagen, und so konnten nur zwei oder drei dazu überredet werden, das Westland zu verlassen.

Das Jahr verging für Tom und seine Gefährten, und als es vorbei war, erhielt er kein Geld, sondern nur den gleichen Ratschlag: »Verlaß nie eine alte Straße um einer neuen willen.« So ging es noch ein drittes Jahr weiter, und da beschlossen alle heimzugehen, weil sie natürlich diese Sache satt hatten.

Tom Trezidder stand hoch in der Gunst seines Herrn und wurde von der Frau sehr geschätzt wegen seiner Ehrlichkeit und seines Fleißes. Als sie fortzogen, gab sie Tom einen guten Korinthenkuchen mit, den sollte er seiner Alten nach Hause mitbringen. Sie sagte ihm, er solle an den Rat denken: »Verlaß nie eine alte Straße um einer neuen willen.«

Die Zinner zogen miteinander dahin, bis sie westlich von Penzance waren. Sie waren müde und sie sahen, daß eine neue Straße über die Hügel gebaut worden war, seit sie von zu Hause fortgegangen waren, und die ersparte ihnen eine beträchtliche Entfernung – es war in der Tat eine Abkürzung. Schon gingen sie da. »Nein«, sagt Tom, »verlaß nie eine alte Straße um einer neuen willen.« Sie lachten ihn alle aus und zogen weiter. Aber Tom hielt sich an die alte Straße, das Tal entlang um den Hügel herum. Als Tom das andere Ende der Abkürzung erreichte, meinte er, er wolle ein wenig rasten, und er setzte sich am Wegrand nieder und aß seinen Fleischfladen, den ihm die Herrin gegeben hatte, damit er nicht seinen Kuchen anbreche, bevor er heimgekommen sei.

Er saß noch nicht lange da, als er ein Geräusch hörte. Er schaute zum Hügel hinauf und sah, wie seine Kameraden, von denen er gedacht hatte, sie seien Meilen vor ihm, langsam und bekümmert herabkamen. Sie kamen schließlich dorthin, wo Tom saß, und sie hatten eine traurige Geschichte zu berichten. Sie waren kaum auf der neuen Straße, da überfielen sie Räuber und nahmen ihnen ihr ganzes bißchen Geld und schlugen sie dann, weil sie nicht mehr hatten.

Ihr könnt sicher sein, Tom dachte nun, der Ratschlag sei einiges wert gewesen, denn er hatte ihn mit heiler Haut davonkommen lassen.

Tom kam endlich heim, und die Alte war froh, ihren Alten noch einmal wiederzusehen, und sie kochte ihm gleich einen kräftigen Tee. Er zeigte seiner Frau den Kuchen und sagte ihr, alles, was er als seinen Anteil am Gewinn bekommen hatte, war der Ratschlag gewesen.

Die Frauen, die diese Geschichte lesen, werden verstehen, wie verärgert Toms Weib war – nur wenige von ihnen hätten das nicht getan, was sie tat: nämlich den Kuchen vom Tisch zu nehmen und ihn ihrem Mann an den Kopf zu schleudern und ihn einen alten Trottel zu heißen. Tom Trezidder bückte sich, um auszuweichen. Platsch, landete der Kuchen an der Ecke des Küchenschrankes und brach von dem Aufprall in Stücke, und

über den rauhen Dielenboden rollte eine Menge von Goldstücken.
Das änderte rasch die Lage der Dinge, der Sturm verzog sich, und es schien wieder die Sonne in der Hütte. Die Münzen wurden aufgesammelt, und sie fanden einen Papierfetzen, und als sie den Pfarrer holten, damit er vorlese, was darauf stand, da stellte sich heraus, daß darauf eine genaue Abrechnung stand über den Gewinn eines jeden Jahres und Toms Anteil davon. Die Anteile der drei Jahre waren für Tom von seinem Herrn und der Herrin ordentlich aufbewahrt worden, und nun fanden diese alten Leute, daß sie genug hatten, um es sich für den Rest ihres Lebens bequem zu machen. Viele Gebete sprachen Tom und sein Weib für das Glück und die Gesundheit des ehrlichen jüdischen Zinnkaufmanns und seiner Frau.

24. Der Lindwurm von Lambton

Ein wilder junger Bursche war der Erbe von Lambton, dem schönen Gut und Landsitz am schnellfließenden Wear. Sonntags pflegte er nicht die Messe in der Kirche in Brugeford zu hören, sondern fischen zu gehen. Und wenn er nichts herauszog, konnten die Leute seine Flüche hören, wenn sie auf dem Weg nach Brugeford vorbeikamen.
Nun, eines Sonntagmorgens war er wie üblich beim Fischen, und kein einziger Lachs hatte angebissen, in seinem Korb war keine Plötze und kein Weißfisch. Und je mehr Pech er hatte, desto übler wurden seine Ausdrücke, bis die Vorübergehenden entsetzt waren von seinen Worten, als sie auf ihrem Weg waren, um den Priester die Messe lesen zu hören.
Schließlich spürte der junge Lambton einen mächtigen Ruck an seiner Leine. »Endlich ein Bissen, den zu fangen sich lohnt!« rief er, und er zog und zog, und was erschien da über dem Wasser: ein Kopf wie von einer Echse, mit neun Löchern an jeder Seite des Maules. Aber er zog immer weiter, bis er das Ding an Land gebracht hatte, und es zeigte sich, daß es ein

Lindwurm von gräßlicher Gestalt war. Wenn er vorher schon geflucht hatte, so ließen einem seine Flüche jetzt die Haare zu Berge stehen.

»Was fehlt dir, mein Sohn?« sagte eine Stimme neben ihm, »und was hast du gefangen, daß du den Tag des Herrn mit solch arger Sprache befleckst?«

Der junge Lambton wandte sich um und sah einen seltsamen alten Mann neben sich stehen.

»Nun, wahrhaftig«, sagte er, »ich glaube, ich habe den Teufel selber gefangen. Schaut selbst und seht, ob Ihr das kennt.«

Aber der Fremde schüttelte den Kopf und sagte: »Es bringt nichts Gutes für Euch oder die Euren, wenn Ihr solch ein Ungeheuer an Land zieht. Werft es jedoch nicht zurück in den Wear; Ihr habt es gefangen, und Ihr müßt es behalten.« Und damit wandte er sich ab und wurde nicht mehr gesehen.

Der junge Erbe von Lambton nahm das grausige Wesen, löste es vom Haken und warf es in einen nahen Brunnen. Und seither trägt dieser Brunnen den Namen Lindwurmbrunnen.

Eine Zeitlang hörte und sah man nichts von dem Lindwurm, bis er eines Tages für den Brunnen zu groß geworden war und voll ausgewachsen hervorkam. Er kam aus dem Brunnen hervor und begab sich zum Wear. Dort lag er nun während des Tages um einen Felsen in der Mitte des Stromes geringelt, und des Nachts kam er aus dem Fluß heraus und verheerte die Gegend. Er saugte den Kühen die Milch aus, verschlang die Lämmer, würgte das Vieh und erschreckte alle Frauen und Mädchen der Umgebung. Danach zog er sich immer für den Rest der Nacht auf den Hügel zurück, der heute noch Lindwurmhügel heißt. Er liegt nördlich des Wear, etwa ein und eine halbe Meile entfernt von Lambton Hall.

Diese schreckliche Heimsuchung brachte den jungen Lambton in Lambton Hall zur Vernunft. Er legte den Eid des Heiligen Kreuzes ab und brach auf ins Heilige Land. Er hoffte, die Geißel, die er über seine Gegend gebracht hatte, würde so verschwinden. Aber der gräßliche Lindwurm kümmerte sich nicht darum, er überquerte nur den Fluß und kam geradenwegs auf

Lambton Hall selbst zu, wo der alte Lord ganz allein lebte, nachdem sein einziger Sohn ins Heilige Land gezogen war. Was war da zu tun? Der Lindwurm kam immer näher und näher auf das Gut zu; die Frauen kreischten, die Männer nahmen die Waffen auf, Hunde bellten und Pferde wieherten vor Entsetzen. Schließlich rief der Verwalter den Milchmägden zu: »Bringt all euere Milch hierher!« Das taten sie, und als sie all die Milch gebracht hatten, die die neun Kühe im Stall gegeben hatten, goß er alles in den großen Steintrog vor dem Gutshaus.

Der Lindwurm schlängelte sich näher und näher, bis er schließlich zu dem Trog kam. Als er aber die Milch witterte, legte er sich neben den Trog und trank alle Milch aus. Dann wandte er sich langsam um, überquerte den Wear-Fluß und blieb für diese Nacht dreifach um den Lindwurmhügel gerollt liegen.

Hinfort kam der Lindwurm nun jeden Tag über den Fluß, und wehe dem Gut, wenn der Trog weniger enthielt als die Milch von neun Kühen. Dann zischte der Lindwurm und wütete und peitschte mit seinem Schwanz um die Bäume des Parks, und in seiner Wut konnte er auch die stärksten Eichen und die höchsten Fichten entwurzeln. So ging das durch sieben Jahre. Viele versuchten, den Lindwurm zu vernichten, aber keinem war es gelungen, und so mancher Ritter hatte sein Leben im Kampf gegen das Ungeheuer verloren, das alles Lebendige langsam zermalmte, das in seine Nähe kam.

Zuletzt kam der Junker von Lambton heim in seines Vaters Haus, nachdem er sieben lange Jahre in Nachdenken und Reue auf heiliger Erde zugebracht hatte. Er fand seine Leute traurig und trostlos: das Land war nicht bestellt, die Hälfte der Parkbäume entwurzelt, die Höfe verlassen, denn keiner wollte bleiben und die neun Kühe versorgen, die das Ungeheuer jeden Tag zu seiner Fütterung brauchte.

Der Junker suchte seinen Vater auf und bat ihn um seine Vergebung für den Fluch, den er über das Gut gebracht hatte.

»Deine Sünde ist dir vergeben«, sagte sein Vater, »aber du sollst zu der Weisen Frau von Brugeford gehen und heraus-

finden, ob uns irgend etwas von diesem Ungeheuer befreien kann.«
Der Junker ging zu der Weisen Frau und bat sie um ihren Rat.
»Es ist Euer Vergehen, Junker, das uns leiden läßt« sagte sie, »so ist es an Euch, uns zu erlösen.«
»Ich gäbe mein Leben dafür«, sagte der Junker.
»Es mag sein, daß Ihr es tun müßt«, sagte sie. »Aber hört auf mich und merkt Euch wohl, nur Ihr und nur Ihr allein könnt den Lindwurm töten. Geht aber dafür zur Schmiede und laßt Eure Rüstung mit Speerspitzen besetzen. Dann geht zum Felsen des Lindwurms im Wear und stellt Euch dort auf. Wenn dann der Lindwurm im Morgengrauen zum Felsen kommt, dann versucht Eure Tapferkeit an ihm, und Gott möge Euch gutes Gelingen schenken.«
»Und dies will ich nun tun«, sagte der Junker Lambton.
»Aber noch eines«, sagte die Weise Frau, als sie zu ihrer Klause zurückging. »Wenn Ihr den Lindwurm erschlagt, schwört, daß Ihr dem ersten Wesen den Tod gebt, dem Ihr begegnet, wenn Ihr den Fuß wieder über die Schwelle von Lambton Hall setzt. Tut das, und dann wird für Euch und die Euren alles gut werden. Haltet Ihr Euren Schwur nicht, soll kein Lambton in dreimal drei Geschlechtern in seinem Bett sterben. Schwört und versagt nicht.«
Der Junker schwor, wie es die Weise Frau verlangte, und machte sich auf den Weg zur Schmiede. Dort ließ er seine Rüstung überall mit Speerspitzen besetzen. Dann verbrachte er die Nacht im Gebet in der Kirche von Brugeford, und im Morgengrauen begab er sich an den Platz beim Felsen des Lindwurms im Wear Fluß.
Als die Dämmerung anbrach, entrollte der Lindwurm seine Schlangenwindungen um den Hügel und kam zu seinem Felsen im Fluß. Als er sah, daß der Junker auf ihn wartete, peitschte er im Zorn das Wasser und wand sich in Schlingen um den Junker und versuchte dann, ihn zu zermalmen. Aber je mehr er drückte, desto tiefer drangen die Speerspitzen in seine Seiten. Aber er drückte immer weiter und weiter, bis das

Wasser um ihn sich dunkelrot färbte von seinem Blut. Da löste der Lindwurm die Umschlingung und gab den Junker frei. So konnte der nun sein Schwert ziehen, er hob es, ließ es niedersausen und teilte den Lindwurm in zwei Stücke. Eine Hälfte fiel in den Fluß und wurde rasch fortgetragen. Der Kopf mit dem Rest des Leibes umschlang noch einmal den Junker, aber schon mit geringerer Kraft, und wieder taten die Speerspitzen ihr Werk. Zuletzt löste der Lindwurm die Schlingen, er schnaubte und schäumte ein letztes Mal Blut und Feuer und wälzte sich sterbend in den Fluß und wurde nie mehr gesehen.

Der Junker von Lambton schwamm ans Ufer, er setzte sein Horn an die Lippen und ließ es dreimal ertönen. Dies war sein Signal für den Gutshof, wo die Diener und der alte Lord sich eingeschlossen hatten, um für den Sieg des Junkers zu beten. Beim dritten Ruf des Horns sollten sie Boris, den Lieblingshund des Junkers, freilassen. Aber als sie erfuhren, daß der Junker gerettet und der Lindwurm getötet war, vergaßen sie den Befehl, und als der Junker die Schwelle des Hauses erreichte, eilte ihm sein alter Vater entgegen und wollte ihn schon an seine Brust ziehen.

»Der Schwur, der Schwur!« rief der Junker von Lambton aus und blies noch einmal in sein Horn. Diesmal besannen sich die Diener und ließen Boris frei, der seinem Herrn entgegensprang. Der Junker erhob sein schimmerndes Schwert und schlug seinem treuen Hund den Kopf ab.

Aber der Schwur war gebrochen, und durch neun Geschlechterfolgen starb keiner der Lambtons in seinem Bett. Der letzte Lambton starb in seinem Wagen, als er über die Brücke von Brugeford fuhr. Das war von einhundertunddreißig Jahren.

25. Whittington und seine Katze

Während der Herrschaft des berühmten Königs Eduard III. gab es einen kleinen Jungen, der hieß Dick Whittington. Sein Vater und seine Mutter waren gestorben, als er sehr klein war, so daß er sich überhaupt nicht an sie erinnerte, und er blieb als kleiner zerlumpter Kerl zurück, der sich in einem Dorf auf dem Land herumtrieb. Weil der arme Dick nicht groß genug war, um arbeiten zu können, war er übel dran; zum Mittagessen hatte er nur wenig und zum Frühstück manchmal gar nichts, denn die Leute, die in dem Dorf lebten, waren wirklich sehr arm und hatten für ihn nicht mehr übrig als Kartoffelschalen und ab und zu eine harte Brotkruste.

Bei all dem war Dick Whittington ein sehr pfiffiger Junge, und immer paßte er auf, worüber die Leute redeten. Am Sonntag trachtete er danach, in die Nähe der Bauern zu kommen, wenn sie, bevor der Pfarrer kam, auf den Grabsteinen im Kirchhof saßen und sich unterhielten. Und einmal in der Woche konnte man den kleinen Dick am Wegweiser vor dem Dorfwirtshaus lehnen sehen, dort hielten die Leute an, um etwas zu trinken, wenn sie von der nächsten Marktstadt kamen. Und wenn die Ladentür des Barbiers offen war, lauschte Dick all den Neuigkeiten, die die Kunden einander erzählten.

Auf diese Art erfuhr Dick sehr viele höchst merkwürdige Dinge über die große Stadt, die man London nannte, denn die törichten Landleute jener Zeit meinten, die Menschen in London seien alle feine Herren und Damen, und den ganzen Tag lang gäbe es da nur Singen und Musizieren, und die Straßen seien alle mit Gold gepflastert.

Eines Tages, als Dick am Wegweiser stand, fuhr durch das Dorf ein großer Wagen mit acht Pferden davor, die hatten alle Schellen am Kopfgeschirr. Er dachte, dieser Wagen müsse zu der schönen Stadt London fahren, deshalb faßte er Mut und bat den Fuhrmann, ihn neben dem Wagen mitlaufen zu lassen. Sobald der Fuhrmann hörte, daß der arme Dick weder Vater noch Mutter hatte, und an seinen zerlumpten Kleidern sah, daß er gar nicht übler dran sein konnte, da sagte er ihm, er könne mitkommen, und so machten sie sich zusammen auf den Weg.

Ich konnte nicht herausfinden, wie der kleine Dick es fertigbrachte, unterwegs etwas zu essen und zu trinken zu bekommen, und auch nicht, wie er so weit gehen konnte, denn es war ein langer Weg. Und ich weiß auch nicht, wie er es am Abend mit dem Schlafplatz machte. Vielleicht gaben ihm gutmütige Leute in den Städten, durch die er kam, etwas zu essen, wenn sie sahen, daß er ein armer kleiner zerlumpter Junge war. Und vielleicht ließ ihn der Fuhrmann am Abend in den Wagen kriechen und auf einer der Kisten oder einem der großen Pakete im Wagen ein Schläfchen machen.

Jedenfalls gelangte Dick sicher nach London, und er hatte es so eilig, die schönen goldgepflasterten Straßen zu sehen, daß er sich, fürchte ich, nicht einmal lange genug aufhielt, um dem freundlichen Fuhrmann zu danken. Er lief weg, so schnell ihn die Beine tragen wollten, lief durch viele Straßen und meinte, jeden Augenblick müsse er in jene kommen, die mit Gold gepflastert waren. Dick hatte nämlich dreimal ein Goldstück in seinem eigenen kleinen Dorf gesehen, und er erinnerte sich daran, wieviel Geld das gab, wenn man es wechselte, darum dachte er, er habe nichts anderes zu tun, als einige kleine Stückchen vom Pflaster aufzunehmen, und dann hätte er so viel Geld, als er sich nur wünschen könne.

Der arme Dick lief, bis er müde war, und er hatte seinen Freund, den Fuhrmann, ganz vergessen. Schließlich merkte er aber, daß es dunkel wurde und daß überall, wohin er sich wandte, nur Schmutz anstelle von Gold zu sehen war. Da setzte er sich in einem dunklen Winkel nieder und weinte sich in den Schlaf.

Der kleine Dick war die ganze Nacht auf der Straße. Und am andern Morgen stand er hungrig auf und ging umher und wen er traf, den bat er, ihm einen Kupferpfennig zu geben, damit er nicht verhungern müsse. Aber niemand hielt sich mit ihm

auf, und nur zwei oder drei Leute gaben ihm einen Kupferpfennig, und so war der arme Junge bald ganz matt und schwach, weil er nichts zu essen hatte.
Schließlich bemerkte ein gutmütig aussehender Herr, wie hungrig er dreinschaute. »Warum suchst du dir keine Arbeit, mein Junge?« sagte er zu Dick.
»Das möchte ich gern, aber ich weiß nicht, wie ich eine finden kann«, antwortete Dick.
»Wenn du willst, kannst du mit mir kommen«, sagte der Herr und nahm ihn mit zu einer Wiese, auf der Heu gemacht wurde, und da arbeitete Dick frisch drauflos, und es ging ihm gut, solange das Heuen dauerte.
Danach war er so übel dran wie zuvor, und als er wieder fast verhungert war, legte er sich an der Tür von Herrn Fitzwarren nieder, der war ein reicher Kaufmann. Da sah ihn bald die alte Küchenmagd, die war eine übellaunige Person, und sie war da zufällig gerade sehr damit beschäftigt, das Essen für ihre Herrschaft herzurichten. So schrie sie den armen Dick an: »Was hast du da zu suchen, du fauler Bengel? Nichts wie Bettler gibt's da. Wenn du dich nicht fortscherst, wollen wir doch sehen, wie dir ein Guß Spülwasser gefällt, ich hab da welches, das ist heiß genug, um dich springen zu lassen.«
Gerade in diesem Augenblick kam Herr Fitzwarren selbst nach Hause zum Essen, und als er da einen schmutzigen, zerlumpten Jungen vor der Tür liegen sah, sagte er zu ihm: »Junge, warum liegst du da? Du scheinst alt genug zu sein zum Arbeiten; ich fürchte, du hast es mit der Faulheit.«
»Nein, wirklich nicht, Herr«, sagte Dick zu ihm, »so ist es nicht, denn ich möchte von Herzen gern arbeiten, aber ich kenne niemanden und ich glaube, ich bin sehr krank, weil ich nichts zu essen hatte.«
»Steh auf, armer Kerl, laß sehen, was dir fehlt.«
Nun versuchte Dick sich zu erheben, aber er mußte sich wieder legen, denn er war zu schwach zum Stehen, weil er seit drei Tagen gar nichts zu essen gehabt hatte, und er war nicht mehr imstande, umherzulaufen und von den Leuten auf der Straße

einen Kupferpfennig zu erbitten. Da ließ ihn der freundliche Kaufmann ins Haus bringen und ihm ein gutes Essen geben. Und er behielt ihn für alle Schmutzarbeit, die er für die Köchin tun konnte. Dick hätte in dieser guten Familie recht glücklich leben können, wäre nicht die übellaunige Köchin gewesen, der konnte er nichts rechtmachen, und sie schalt ihn vom Morgen bis zum Abend. Und außerdem klopfte sie sehr gern, und wenn sie kein Fleisch zu klopfen hatte, dann klopfte sie den Kopf und den Rücken des armen Dick mit dem Besen oder was immer ihr sonst zufällig in die Hände kam. Schließlich erzählte man Alice, der Tochter von Herrn Fitzwarren, wie schlecht sie Dick behandelte, und die sagte der Köchin, sie würde entlassen, wenn sie nicht freundlicher zu ihm wäre.

Nun wurde die üble Laune der Köchin ein wenig gebessert, aber Dick mußte noch mit einem anderen Ungemach fertig werden. Sein Bett stand in einer Dachkammer, und in der gab es so viele Löcher im Boden und in den Wänden, daß er in jeder Nacht von Ratten und Mäusen geplagt wurde. Fürs Schuheputzen hatte nun ein Herr Dick einen Groschen gegeben, und er dachte, damit könne er sich eine Katze kaufen. Am nächsten Tag sah er ein Mädchen mit einer Katze, die fragte er, ob sie ihm die Katze für einen Groschen überließe. Das Mädchen sagte, das wolle sie, und erzählte ihm auch, daß die Katze ein sehr guter Mausefänger sei.

Dick verbarg die Katze in der Dachkammer und trachtete immer danach, einen Teil seines Essens für sie mitzubringen. Und nach kurzer Zeit hatte er mit den Ratten und Mäusen keinen Ärger mehr und schlief jede Nacht fest und gut.

Bald darauf hatte sein Herr ein Schiff segelfertig, und weil er es für richtig hielt, daß alle seine Diener so gut wie er selbst eine Gelegenheit haben sollten, ihr Glück zu versuchen, rief er sie alle in das Empfangszimmer und fragte sie, was sie auf die Fahrt mitsenden wollten.

Sie hatten alle etwas, das sie daranwagen wollten, nur der arme Dick nicht, der hatte weder Geld noch Güter und konnte darum nichts mitgeben.

Aus diesem Grund kam er nicht mit den anderen in das Empfangszimmer. Aber Fräulein Alice erriet, was los war, und befahl, er solle hereingerufen werden. Dann sagte sie, sie wolle aus ihrer eigenen Börse etwas für ihn auslegen, aber ihr Vater erklärte ihr, das ginge nicht, denn es müsse etwas von ihm selbst sein.

Als der arme Dick das hörte, sagte er, er habe nichts als eine Katze, die habe er vor einiger Zeit für einen Groschen von einem kleinen Mädchen gekauft.

»Dann hole deine Katze, mein guter Junge«, sagte Herr Fitzwarren, »und schicke sie mit.«

Dick ging hinauf und brachte die arme Mieze herunter. Er hatte Tränen in den Augen und gab sie dem Kapitän. Denn, so sagte er, nun werde er wieder die ganze Nacht lang von den Ratten und Mäusen wachgehalten werden.

Die ganze Gesellschaft lachte über Dicks sonderbaren Einsatz, und Fräulein Alice, die Mitleid mit dem Jungen hatte, gab ihm ein wenig Geld, damit er sich eine andere Katze kaufe.

Diese und viele andere Freundlichkeiten, die ihm Fräulein Alice erwies, ließen die übellaunige Köchin auf den armen Dick eifersüchtig werden, und sie begann ihn grausamer als je zu behandeln, und immer trieb sie ihren Spott mit ihm, weil er seine Katze auf die Seefahrt geschickt hatte. Sie fragte ihn, ob er meine, seine Katze würde so viel Geld einbringen, daß man einen Stock kaufen könne, um ihn damit zu schlagen.

Schließlich konnte der arme Dick diese Behandlung nicht länger ertragen, und er dachte, er sollte von hier weglaufen. Er packte also seine Habseligkeiten ein und brach sehr zeitig am Morgen auf. Es war am ersten November, dem Allerheiligentag. Er ging bis Holloway, und dort setzte er sich auf einen Stein, der bis heute Whittingtons Stein heißt, und er fing an, darüber nachzudenken, welchen Weg er nun weiterhin einschlagen sollte.

Während er überlegte, was er tun sollte, fingen die Glocken von Bow Church an zu läuten – sechs hatte sie nur zu jener Zeit –, und ihr Klang schien ihm zu sagen:

»Kehr um, Whittington,
Bürgermeister von London.«

›Bürgermeister von London!‹ sagte er zu sich. ›Nun, ich würde gewiß jetzt fast alles auf mich nehmen, um Bürgermeister von London zu sein und in einer schönen Kutsche zu fahren, wenn ich ein erwachsener Mann bin. Ja, ich werde zurückgehen, und ich mache mir nichts aus dem Knuffen und Schelten der alten Köchin, wenn ich einmal Bürgermeister von London sein soll.‹

Dick ging zurück, und glücklicherweise gelangte er ins Haus und machte sich an die Arbeit, ehe die alte Köchin herunterkam.

Das Schiff mit der Katze an Bord war lange Zeit auf See. Und zuletzt wurde es von den Winden an einer Stelle des Barbarenlandes an die Küste getrieben, wo es nur das Volk der Mohren gab, das die Engländer vorher nicht gekannt hatten.

Da kamen die Leute in großer Zahl, um die Seeleute zu sehen, die eine andere Farbe hatten als sie selbst, und sie behandelten sie sehr höflich. Und als sie besser miteinander bekannt wurden, waren sie sehr begierig, die schönen Sachen zu kaufen, mit denen das Schiff beladen war.

Als der Kapitän das sah, sandte er Muster der besten Sachen zu dem König des Landes. Die gefielen ihm so gut, daß er den Kapitän in den Palast holen ließ. Dort setzten sie sich nach dem Brauch des Landes auf kostbaren Teppichen nieder, die mit goldenen und silbernen Blumen bestickt waren. Der König und die Königin saßen am oberen Ende des Saales. Zum Mahl wurde eine Anzahl von Gerichten hereingebracht. Sie hatten sich noch nicht lange niedergesetzt, da stürzte eine große Menge von Ratten und Mäusen herein und machte sich fast über jedes Gericht her. Darüber wunderte sich der Kapitän und fragte, ob dieses Ungeziefer nicht sehr unangenehm sei.

»O ja«, sagten sie, »es ist sehr widerlich. Und der König gäbe die Hälfte seiner Schätze, wenn er davon befreit würde, denn sie verderben nicht nur seine Mahlzeit, wie Ihr seht, sondern sie greifen ihn in seinem Schlafgemach an, sogar im Bett, und so muß er beim Schlafen bewacht werden aus Furcht vor ihnen.«

Der Kapitän machte einen Freudensprung, er erinnerte sich an den armen Whittington und seine Katze, und er erzählte dem König, er habe ein Geschöpf an Bord des Schiffes, das würde all dieses Ungeziefer sogleich erledigen. Über diese Nachricht hüpfte dem König das Herz so vor Freuden, daß ihm der Turban vom Kopf fiel.

»Bring mir dieses Geschöpf her«, sagte er, »solches Ungeziefer ist an einem Königshof schrecklich, und wenn das Geschöpf fertigbringt, was du sagst, dann will ich im Tausch dafür dein Schiff mit Gold und Edelsteinen beladen.«

Der Kapitän verstand sein Geschäft und nahm die Gelegenheit wahr, die Verdienste der Mieze gebührend darzustellen. Er erklärte Seiner Majestät, es wäre sehr ungeschickt, sich von ihr zu trennen, denn wenn sie fort wäre, könnten die Ratten und Mäuse die Waren im Schiff vernichten. Aber um Seiner Majestät zu Diensten zu sein, wolle er das Geschöpf holen.

»Lauf, lauf!« sagte die Königin, »ich kann es nicht erwarten, das liebe Geschöpf zu sehen.«

Während ein anderes Mahl bereitet wurde, ging der Kapitän fort zum Schiff. Er nahm die Mieze unter den Arm und war gerade zeitig genug zur Stelle, um die Tafel voll mit Ratten zu sehen.

Als die Katze sie sah, wartete sie nicht ab, bis sie geheißen wurde, sondern sprang dem Kapitän aus den Armen, und nach wenigen Augenblicken lagen ihr fast alle die Ratten und Mäuse tot zu Füßen. Der Rest sprang in der Angst fort zu seinen Löchern.

Der König und die Königin waren ganz entzückt darüber, daß sie diese Plage so leicht losgeworden waren, und begehrten, das Geschöpf solle ihnen zum Ansehen gebracht werden, das ihnen so einen großen Gefallen getan hatte. Darauf rief der Kapitän: »Miez, Miez, Miez!« und sie kam zu ihm. Er überreichte sie dann der Königin. Die fuhr zurück und fürchtete sich, ein Geschöpf anzurühren, das eine solche Verheerung unter den Ratten und Mäusen angerichtet hatte. Als der Kapitän aber die Katze streichelte und sagte: »Miez, Miez«, da berührte sie die Königin auch und rief: »Miet, Miet«, denn sie hatte nicht Englisch gelernt. Er setzte sie dann auf den Schoß der Königin nieder, dort schnurrte sie, spielte mit Ihrer Majestät Hand und schnurrte sich in den Schlaf.

Als der König die Taten von Frau Mieze gesehen hatte und erfuhr, daß sie trächtig war und das ganze Land versorgen könnte, da handelte er mit dem Kapitän um die ganze Schiffsladung und gab ihm dann für die Katze zehnmal so viel, als alles übrige wert war.

Der Kapitän nahm dann Abschied von der königlichen Gesellschaft und segelte unter günstigem Wind nach England, und nach einer glücklichen Fahrt kam er gut und sicher in London an.

Eines Morgens, Herr Fitzwarren war gerade in sein Kontor gekommen und hatte sich ans Pult gesetzt, da kam jemand und klopfte tapptapptapp an die Tür. »Wer ist da?« sagte Herr Fitzwarren. »Ein Freund«, antwortete der andere, »ich bin gekommen, um Euch gute Nachrichten von Eurem Schiff ›Einhorn‹ zu bringen.« Der Kaufmann war sofort auf den Beinen, öffnete die Tür, und da wartete kein anderer als der Kapitän und Handelsbeauftragte mit einem Kasten voller Juwelen und einem Frachtzettel, der den Kaufmann die Augen aufreißen ließ und dem Himmel danken, daß er ihm eine so glückhafte Seefahrt beschieden hatte.

Sie erzählten dann die Geschichte mit der Katze und zeigten das reiche Geschenk, das der König und die Königin dem armen Dick dafür geschickt hatten. Sobald der Kaufmann dies hörte, rief er nach seinen Dienern:

»Geht, holt ihn – wir erzählen ihm davon,
doch nennt ihn bitte Herrn Whittington.«

Herr Fitzwarren zeigte nun, daß er ein guter Mensch war, denn als einige der Diener sagten, ein solch großer Schatz sei

zuviel für ihn, da antwortete er: »Gott verhüte, daß ich ihn auch nur um den Wert eines einzigen Pfennigs brächte.«
Er schickte nach Dick, der zu dieser Zeit für die Köchin Töpfe scheuerte und ziemlich schmutzig war.
Herr Fitzwarren befahl, ihm einen Sessel zurechtzustellen. Da glaubte er, sie wollten ihren Spott mit ihm treiben, und bat sie, einem armen einfachen Burschen doch nicht solche Streiche zu spielen, sondern ihn doch, bitte, wieder an seine Arbeit zurückgehen zu lassen.
»Aber wirklich, Herr Whittington«, sagte der Kaufmann, »es ist uns allen ganz ernst mit Euch, und ich freue mich von Herzen über die Nachrichten, die diese Herren für Euch gebracht haben. Der Kapitän hat nämlich Eure Katze an den König vom Barbarenland verkauft und Euch dafür größere Reichtümer zurückgebracht, als ich in der ganzen Welt besitze, und ich wünsche Euch, daß Ihr sie recht lange genießen könnt!«
Herr Fitzwarren hieß dann die Männer den großen Schatz herzuzeigen, den sie mitgebracht hatten, und sagte: »Herr Whittington hat nichts weiter zu tun, als sie an einen sicheren Ort zu bringen.«
Der arme Dick konnte sich vor Freude kaum fassen. Er bat seinen Herrn, sich so viel davon zu nehmen, als ihm gefiele, da er alles ja doch seiner Freundlichkeit verdanke.
»Nein«, antwortete Herr Fitzwarren, »dies gehört alles Euch, und ich zweifle nicht daran, daß Ihr es gut anwenden werdet.«
Dick bat dann seine Herrin und dann Fräulein Alice, einen Teil von seinem Vermögen anzunehmen, aber sie wollten es nicht und sagten ihm dabei auch, wie sehr sie sich über seinen Erfolg freuten. Dieser arme Kerl war aber viel zu herzensgut, um alles selbst zu behalten, und so gab er dem Kapitän ein Geschenk, dem Maat und den andern Dienern von Herrn Fitzwarren und sogar der übellaunigen alten Köchin.
Danach riet ihm Herr Fitzwarren, er solle nach einem passenden Händler schicken und sich wie ein Herr kleiden lassen, und er sagte ihm, er könne gern in seinem Haus wohnen, bis er sich selbst ein besseres beschafft habe.

Als Herr Whittington sein Gesicht gewaschen hatte, sein Haar gekräuselt, seinen Hut zurechtgesetzt und einen schönen Anzug anhatte, da war er geradeso hübsch und fein wie andere junge Männer, die Herrn Fitzwarren besuchten. Und Fräulein Alice, die früher so freundlich zu ihm gewesen war und mitleidig an ihn gedacht hatte, die meinte nun, er schicke sich als Herzallerliebster für sie, und das ohne Zweifel um so mehr, als Whittington nun immer überlegte, was er tun könnte, um ihr zu Gefallen zu sein, und ihr die allerhübschesten Geschenke brachte.

Herr Fitzwarren sah bald ihre Liebe und schlug vor, sie sollten heiraten, und da stimmten sie beide eifrig zu. Bald war der Hochzeitstag festgesetzt, und sie wurden zur Kirche geleitet von dem Bürgermeister, dem Ältestenrat, den Friedensrichtern und von einer großen Zahl der reichsten Kaufleute von London, und die alle luden sie nachher zu einem großen Festmahl ein.

Die Geschichte berichtet, daß Herr Whittington und seine Gemahlin in Pracht und Herrlichkeit lebten und sehr glücklich waren. Sie hatten mehrere Kinder. Er wurde Friedensrichter von London, dann auch Bürgermeister, und durch Heinrich V. wurde er in den Adelsstand erhoben.

Die in Stein gehauene Gestalt von Sir Richard Whittington mit seiner Katze in den Armen konnte man bis zum Jahr 1780 über dem Bogengang des alten Gefängnisses von Newgate sehen, das gegenüber der Newgate Straße stand.

26. Die Geschichte von Robin Hood, dem Hauptmann der Lustigen Geächteten vom Sherwood Wald

Robin Hood wurde in einem Dorf in Nottinghamshire geboren. Sein Vater war Förster, und er hatte einen reichen alten Onkel, den Gutsherrn Gamewell, der war ein Bruder seiner Mutter und wohnte etwa zwanzig Meilen weit weg.

Als Robin Hood ungefähr dreizehn Jahre alt war, wurde beschlossen, daß er zu Weihnachten seinen Onkel besuchen sollte, und er machte sich zu Pferd auf, und seine Mutter saß hinter ihm. Als sie auf Gut Gamewell ankamen, hieß sie der Gutsherr herzlich willkommen. Er hatte eine große Gesellschaft in seinem Haus, und sie verbrachten den Tag mit viel lustiger Unterhaltung. Hier war es, wo sich Robin mit Klein John anfreundete, nach dem sein Onkel gesandt hatte, damit er sie mit seinen spaßigen Possen unterhalte. Aber die ganze Gesellschaft war erstaunt, als Robin aufstand und ihm alle Kniffe nachmachte, und dazu noch besser als er. Der Gutsherr war von seinem Neffen so entzückt, daß er versprach, ihn zu seinem Erben einzusetzen, wenn er auf Gamewell bleiben wollte.

Einmal war Robin fort, um seinen Vater zu besuchen, da wurde der Gutsherr plötzlich krank, und man sandte einen Boten, der ihn eiligst heimholen sollte. Inzwischen fühlte der Gutsherr, daß er sterben müsse, und schickte nach einem Mönch, damit er mit dem Himmel seinen Frieden machen könnte. Und dieser Mönch brachte ihn dazu, ein Dokument zu unterzeichnen, mit dem er alles, was er hatte, der Kirche übereignete. Als Robin auf dem Gut ankam, war sein Onkel tot, und die Mönche, die das Haus in Besitz genommen hatten, schlossen ihm die Tür vor der Nase und wollten ihm gar nichts geben. Das war ein schwerer Schlag für den armen Robin, denn er war als Edelmann erzogen worden und hatte kein Handwerk gelernt und war nicht imstande, sich seinen Unterhalt zu verdienen. Als er vom Gut ging, traf er Klein John, der auf ihn wartete. Sie waren entschlossen, ihr Glück gemeinsam zu suchen, und kamen überein, in den Sherwood Wald zu gehen und dort von dem zu leben, was sie sich mit ihren Bogen beschaffen konnten. Bald zog sein Ruhm eine Anzahl junger Männer an, die sich seiner Bande anschlossen.

Obgleich der Wald reich war an Wild, meinte Robin doch, daß sie auch noch anderes brauchten, was ohne Geld nicht zu besorgen war; und weil er dachte, daß ihn die Mönche, die ihn seines Besitzes beraubt hatten, eigentlich damit versehen müßten, forderte er von jedem Priester eine Abgabe.

Eines Tages traf er am Rande des Waldes zwei wohlberittene Priester. Er brauchte ein Pferd und beschloß, die beiden Pater zu berauben. Er packte ihre Zügel und befahl ihnen abzusteigen. Aber der eine hieb wild mit dem Peitschengriff nach Robin, der fing den Schlag mit seinem Stock auf und brachte den Priester rasch zu Boden. Da baten die Priester um Gnade, aber sie sagten, sie hätten kein Geld. Robin war aber nicht damit zufrieden und befahl ihnen, sogleich auf die Knie zu fallen und um die Summe zu beten, die er brauche. Vor lauter Furcht konnten sie sich nicht weigern, das zu tun. Und als sie gebetet hatten und noch kein Geld zum Vorschein gekommen war, durchsuchte er beide und fand in ihren Taschen fünfzig Goldstücke.

Robin Hood liebte einen guten Spaß geradeso wie eine gute Beute; eines Tages traf er einen fröhlich dreinschauenden Metzger auf einem Pferd mit Tragkörben an jeder Seite, der war auf dem Weg zum Markt in Nottingham. Robin handelte ihm den Gaul und die Körbe ab, und sie tauschten ihre Kleider. Der Metzger hatte die schöne scharlachrote Uniform von Robin angezogen, und Robin, der wie ein Metzger gekleidet war und auch so zu Pferde saß, ritt stracks zum Markt in Nottingham. Dort mietete er einen Stand und begann sein Fleisch zu veräußern. Er gab für einen Penny mehr her, als die Metzger für fünf hergeben konnten, und so verkauften sie nichts. Die Metzger hielten ihn für einen Verschwender ohne Verstand und nahmen an, sie könnten mit ihm ein gutes Geschäft machen. Sie baten ihn daher, mit ihnen zu essen. Robin willigte ein, und nach dem Mahl bestand er darauf, die Rechnung zu bezahlen. Kaum hatte das der Friedensrichter beobachtet – ein schlauer alter Geizhals, der sowohl über den Markt als auch über das Wirtshaus gebot –, da beschloß er auch schon, einen Vorteil daraus zu ziehen, und er sagte zu ihm: »Mein guter Mann, habt Ihr irgendwelches Hornvieh zu verkaufen?« – »Ja, mein guter Herr Friedensrichter«, antwortete Robin Hood, »wenn es Euch gefällig ist, mitzukommen und es anzuschauen.«

Der Friedensrichter befahl sogleich, sein Pferd herauszuführen,

und ritt mit Robin Hood davon. Als sie in den Wald von Sherwood hineinritten, sahen sie eine Gruppe von feisten Hirschen hin- und herspringen. »Wie gefällt Euch mein Hornvieh, Herr Friedensrichter?« sagte Robin, »dies ist das Vieh, von dem ich Euch erzählt habe.« – »Um die Wahrheit zu sagen«, antwortete der, »mir gefällt Eure Gesellschaft nicht sehr, und ich wollte, ich wäre wieder sicher in Nottingham.«
Robin blies dreimal auf seinem Horn, und sogleich erschien Klein John mit einer Schar der Lustigen Männer. »Hier, Kameraden«, sagte Robin, »habe ich den Friedensrichter von Nottingham mitgebracht, damit er heute mit euch speist, und ich hoffe, er wird für sein Mahl bezahlen.« Sehr gegen seine Neigung wurde der Friedensrichter gezwungen, mitzugehen und mit ihnen zu speisen. Nach der Bewirtung erleichterte ihn Robin um die dreihundert Pfund, die er im Beutel hatte, um den beabsichtigten Kauf zu bezahlen. Dann setzte er ihn auf sein Pferd, führte ihn aus dem Wald heraus und bat ihn, seiner Frau eine freundliche Empfehlung zu bestellen.
Der Bischof von Hereford unternahm mehrere Fahrten in den Wald von Sherwood, um Robin gefangenzunehmen und ihn an den Galgen zu bringen. Eines Tages sah Robin, wie der Bischof mit sechs seiner Leute ihn verfolgte. Da er keine Zeit zu verlieren hatte, lief er weiter, bis er die Hütte einer armen alten Frau erreichte. Er stürzte hinein und bat sie, sein Leben zu retten. Sie tauschte sofort ihre Kleider mit ihm, und als der Bischof mit seinen Männern hereinkam, ging Robin an ihnen vorbei und entkam.
Als der Bischof die Hütte betreten hatte, ergriff er die alte Frau in Robins Kleidern und sagte: »Ich weiß, du bist einer von Robin Hoods Bande, deshalb bring mich dorthin, wo er ist, dann soll dir dein Leben geschenkt werden.« Die alte Frau willigte ein, ihn hinzubringen, sie waren rasch aufgesessen und ritten zu einer Lichtung im Wald, dort waren alle Bogenschützen von Robin aufgestellt. Der Bischof wendete und wollte davonreiten, aber Robin holte ihn vom Pferd herunter und zwang ihn, mitzugehen und an ihrem fröhlichen Festmahl

teilzunehmen. Nach dem Essen erleichterten sie ihn um fünfhundert Pfund als Bezahlung seiner Rechnung, dann führten sie ihn und sein Gefolge zur Landstraße. Dort ließen die Bogenschützen sie dreimal hochleben und kehrten in den Wald zurück.

Als Robin und seine Lustigen Männer eines Tages so dahingingen, zog Klein John Bettlerkleider an, um seine Gefährten zu unterhalten. Er war noch nicht weit gegangen, da überholte er vier Bettler, von denen war einer taub, einer blind, und die beiden andern waren lahm. Kaum trafen sie zusammen, da fingen sie schon Streit an, denn Bettler sind sehr eifersüchtig auf andere, die sie auf ihren Wegen belästigen. Einer von ihnen schlug mit seiner Krücke nach Klein John, und der gab die Artigkeit unverzüglich zurück, auch wenn sie vier gegen einen waren.

John kniff den Stummen, da brüllte der,
und den Blinden, den ließ er sehn;
und der ein Krüppel seit sieben Jahrn,
der konnte schneller als John jetzt gehn.

Nach diesem Treffen durchsuchte er die Bündel der Bettler und fand dreihundert Pfund Gold in ihren Mänteln eingenäht.

König Richard hatte oft von der wunderbaren Geschicklichkeit Robin Hoods und seiner Bande gehört und von ihren großmütigen Taten, und er begehrte sie zu sehen. Als Mönche verkleidet bestiegen der König und zwölf seiner Hofleute in seiner Begleitung die Pferde und machten sich auf zum Wald. König Richard ritt vornweg, Robin hielt ihn für den Abt und ergriff sein Pferd beim Zügel und sagte: »Bleibt stehen, Abt, und gebt Euer Geld heraus. Es war ein Mönch, der mich zugrunde gerichtet hat, und ich habe geschworen, keinen von Eurer Bruderschaft zu verschonen.« – »Wir sind aber Sendboten des Königs«, sagte Richard. Als Robin das hörte, ließ er den Zügel los und sagte: »Gott sei mit ihm! Und möge er all seine Feinde verderben!«

Der König sagte zu Robin Hood: »Nun, du wackerer Bursche,

wenn ich Begnadigung für dich und deine Männer erwirken könnte, würdet ihr dann zu treuen Untertanen?« Dies war Robins größter Herzenswunsch, und so antwortete er: »Abt, ich bin diese Art Leben müde, und der König würde in uns die treuesten und friedvollsten Untertanen finden.«
»Sieh deinen König an!« sagte Richard und machte den Mönchsumhang ein wenig auf, so daß der Stern und andere königliche Abzeichen zu sehen waren. Sogleich fielen Robin und seine Bogenschützen auf die Knie vor ihm. »Steht auf, meine wackeren Burschen, Euer Anführer ist nun Graf von Huntingdon, und das steht ihm mit Recht zu als dem nächsten Erben des letzten Grafen. Ich gebe euch der menschlichen Gesellschaft wieder zurück und verzeihe euch aus freien Stücken alle eure früheren Vergehen.«

27. *Mister Miacca*

Tommy Grimes war manchmal ein braver Junge und manchmal ein schlimmer Junge, und wenn er ein schlimmer Junge war, dann war er ein sehr schlimmer. Nun sagte gewöhnlich seine Mutter zu ihm: »Tommy, Tommy, sei ein braver Junge und geh nicht hinaus auf die Straße, sonst holt dich Mister Miacca.« Aber wenn er ein schlimmer Junge war, ging er trotzdem auf die Straße hinaus, und tatsächlich, eines Tages, als er kaum um die Ecke gelaufen war, fing ihn Mister Miacca und stopfte ihn mit dem Kopf nach unten in einen Sack und nahm ihn mit fort zu seinem Haus.
Als Mister Miacca Tommy da drin hatte, zog er ihn aus dem Sack heraus und setzte ihn nieder und befühlte seine Arme und Beine. »Du bist ziemlich zäh«, sagt er, »aber du bist alles, was ich zum Abendessen habe, und wenn du gekocht bist, wirst du nicht übel schmecken. Aber meiner Seel, ich habe die Kräuter vergessen, und du wirst herb schmecken ohne Kräuter. – Sally! Sally, hierher, sag ich!«, und er rief nach Missis Miacca.

Missis Miacca kam also aus einem anderen Zimmer und sagte: »Was gibt's, mein Guter?«

»Oh, hier ist ein kleiner Junge fürs Abendessen«, sagte Mister Miacca, »und ich habe die Kräuter vergessen. Kümmere dich um ihn, während ich sie hole, ja?«

»Ist gut, mein Herz«, sagt Missis Miacca, und er geht weg.

Da sagt Tommy Grimes zu Missis Miacca: »Hat Mister Miacca immer kleine Jungen zum Abendessen?«

»Meistens, mein Schatz«, sagte Missis Miacca, »immer dann, wenn kleine Jungen schlimm genug sind und ihm in den Weg laufen.«

»Und habt ihr gar nichts anderes als Jungenfleisch? Keine Puddings?« fragte Tommy.

»Ach, ich mag Puddings sehr gern«, sagt Missis Miacca. »Aber es ist nicht häufig, daß jemand wie ich Pudding bekommt.«

»Na, meine Mutter macht gerade heute Pudding«, sagte Tommy Grimes, »und ich bin sicher, sie gibt Euch etwas davon, wenn ich sie darum bitte. Soll ich hinlaufen und etwas davon holen?«

»Nun, das ist mal ein rücksichtsvoller Junge«, sagte Missis Miacca, »aber bleib nicht lang und sieh zu, daß du zum Abendessen auch sicher zurück bist.«

Also stürmte Tom davon und war nur froh, daß er so billig davongekommen war, und viele Tage lang war er so brav wie er nur konnte, und lief keinmal auf die Straße und um die Ecke. Aber er konnte nicht immer brav sein, und eines Tages lief er um die Ecke, und wie es der Zufall wollte, kaum war er abgebogen, da griff schon Mister Miacca nach ihm, stopfte ihn in seinen Sack und trug ihn zu sich nach Hause.

Als er ihn dorthin geschafft hatte, ließ Mister Miacca ihn herausfallen. Und als er ihn sah, sagte er: »Aha, du bist das Bürschlein, das mir und meinem Weib so einen schäbigen Streich gespielt hat und uns um das Abendessen brachte. Na, das wirst du nicht wieder tun. Ich selbst werde dich bewachen. Kriech hier unters Sofa, und ich setze mich drauf und warte, bis der Kessel für dich kocht.«

So mußte der arme Tommy Grimes unter das Sofa kriechen, und Mister Miacca setzte sich darauf und wartete, bis der Kessel kochte. Und sie warteten und warteten, aber der Kessel kochte immer noch nicht. Zuletzt war Mister Miacca des Wartens müde und sagte: »Da, du da unten, ich werde nicht länger warten. Streck dein Bein heraus, ich mache jetzt ein Ende mit deinem Entwischen.«

Tommy streckte also ein Bein heraus, und Mister Miacca nahm ein Hackbeil und hackte es ab und ließ es in den Kessel plumpsen.

Auf einmal rief er: »Sally, Liebe, Sally!« Niemand antwortete. Da ging er in das nächste Zimmer, um nach Missis Miacca zu sehen, und während er dort war, kroch Tommy unter dem Sofa heraus und rannte zur Tür hinaus. Denn es war ein Bein von dem Sofa gewesen, das er herausgestreckt hatte.

Und so rannte Tommy Grimes nach Hause, und niemals wieder bog er um die Straßenecke, bis er groß genug war, um allein gehen zu können.

28. Klitzeklein

Es war einmal eine klitzekleine Frau, die wohnte in einem klitzekleinen Haus in einem klitzekleinen Dorf. Eines Tages nun setzte die klitzekleine Frau ihre klitzekleine Haube auf und ging aus ihrem klitzekleinen Haus heraus, um einen klitzekleinen Spaziergang zu machen. Und als diese klitzekleine Frau ein klitzekleines Stück Wegs gegangen war, kam sie zu einem klitzekleinen Gatter. Da öffnete die klitzekleine Frau das klitzekleine Gatter und ging in einen klitzekleinen Friedhof. Und als diese klitzekleine Frau in den klitzekleinen Friedhof gekommen war, sah sie einen klitzekleinen Knochen auf einem klitzekleinen Grab, und die klitzekleine Frau sagte zu ihrer eigenen klitzekleinen Person: »Aus diesem klitzekleinen Knochen wird ein wenig klitzekleine Suppe für mein klitzekleines Abendessen werden.« Also steckte die klitzekleine

Frau den klitzekleinen Knochen in ihre klitzekleine Tasche und ging heim in ihr klitzekleines Haus.
Als nun die klitzekleine Frau heimkam in ihr klitzekleines Haus, war sie ein klitzekleinwenig müde. So ging sie ihre klitzekleinen Treppen hinauf zu ihrem klitzekleinen Bett, und den klitzekleinen Knochen tat sie in einen klitzekleinen Schrank. Und als diese klitzekleine Frau eine klitzekleine Weile geschlafen hatte, erwachte sie von einer klitzekleinen Stimme aus dem klitzekleinen Schrank, und die sagte: »Gib mir meinen Knochen!«
Und diese klitzekleine Frau fürchtete sich ein klitzekleinwenig, daher verbarg sie ihren klitzekleinen Kopf unter den klitzekleinen Decken und schlief wieder ein. Und als sie wieder eine klitzekleine Weile geschlafen hatte, schrie aus dem klitzekleinen Schrank wieder die klitzekleine Stimme, sie schrie ein klitzekleinwenig lauter: »Gib mir meinen Knochen!« Davon fürchtete sich die klitzekleine Frau ein klitzekleinwenig mehr, daher verbarg sie ihren klitzekleinen Kopf ein klitzekleinwenig weiter unter den klitzekleinen Decken. Und als die klitzekleine Frau wieder eine klitzekleine Weile geschlafen hatte, da sagte die klitzekleine Stimme aus dem klitzekleinen Schrank wiederum ein klitzekleinwenig lauter: »Gib mir meinen Knochen!« Und diese klitzekleine Frau fürchtete sich ein klitzekleinwenig mehr, aber sie steckte ihren klitzekleinen Kopf aus den klitzekleinen Decken heraus und sagte mit ihrer lautesten klitzekleinen Stimme: »Nimm ihn!«

29. Die alte Frau und ihr Schwein

Eine alte Frau fegte ihr Haus und fand ein kleines verborgenes Sixpence-Stück. Sie sagte: »Was soll ich mit diesem kleinen Sechser machen? Ich werde zum Markt gehen und ein Schweinchen kaufen.« Und als sie auf dem Heimweg war, kam sie zu einem Zauntritt, da wollte das Schweinchen nicht über den Zauntritt gehen.

Sie ging ein bißchen weiter und traf einen Hund. Da sagte sie zu dem Hund: »Hund, beiß mein Schwein, Schweinchen will nicht übern Zaun, so komm ich heute nicht nach Haus.« Aber der Hund wollte nicht.

Sie ging ein wenig weiter und traf einen Stock. Da sagte sie: »Stock, Stock, schlag den Hund, Hund will mein Schwein nicht beißen, Schweinchen will nicht übern Zaun, so komm ich heute nicht nach Haus.« Aber der Stock wollte nicht.

Sie ging ein wenig weiter und traf ein Feuer. Da sagte sie: »Feuer, Feuer, brenn den Stock, Stock will den Hund nicht schlagen, Hund will mein Schwein nicht beißen, Schweinchen will nicht übern Zaun, so komm ich heute nicht nach Haus.« Aber das Feuer wollte nicht.

Sie ging ein wenig weiter und traf etwas Wasser. Da sagte sie: »Wasser, Wasser, lösch das Feuer, Feuer will den Stock nicht brennen, Stock will den Hund nicht schlagen, Hund will mein Schwein nicht beißen, Schweinchen will nicht übern Zaun, so komm ich heute nicht nach Haus.« Aber das Wasser wollte nicht.

Sie ging ein wenig weiter und traf einen Ochsen. Da sagte sie: »Ochse, Ochse, sauf das Wasser, Wasser will nicht 's Feuer löschen, Feuer will den Stock nicht brennen, Stock will den Hund nicht schlagen, Hund will mein Schwein nicht beißen, Schweinchen will nicht übern Zaun, so komm ich heute nicht nach Haus.« Aber der Ochse wollte nicht.

Sie ging ein wenig weiter und traf einen Metzger. Da sagte sie: »Metzger, Metzger, schlacht den Ochsen, Ochse will nicht 's Wasser saufen, Wasser will nicht 's Feuer löschen, Feuer will den Stock nicht brennen, Stock will den Hund nicht schlagen, Hund will mein Schwein nicht beißen, Schweinchen will nicht übern Zaun, so komm ich heute nicht nach Haus.« Aber der Metzger wollte nicht.

Sie ging ein wenig weiter und traf einen Strick. Da sagte sie: »Strick, Strick, häng den Metzger, Metzger will nicht 'n Ochsen schlachten, Ochse will nicht 's Wasser saufen, Wasser will nicht 's Feuer löschen, Feuer will den Stock nicht brennen, Stock will den Hund nicht schlagen, Hund will mein Schwein nicht beißen, Schweinchen will nicht übern Zaun, so komm ich heute nicht nach Haus.« Aber der Strick wollte nicht.

Sie ging ein wenig weiter und traf eine Ratte. Da sagte sie: »Ratte, Ratte, nag den Strick, Strick will nicht 'n Metzger hängen, Metzger will nicht 'n Ochsen schlachten, Ochse will nicht 's Wasser saufen, Wasser will nicht 's Feuer löschen, Feuer will den Stock nicht brennen, Stock will den Hund nicht schlagen, Hund will mein Schwein nicht beißen, Schweinchen will nicht übern Zaun, so komm ich heute nicht nach Haus.« Aber die Ratte wollte nicht.

Sie ging ein wenig weiter und traf eine Katze. Da sagte sie: »Katze, Katze, töt die Ratte, Ratte will den Strick nicht nagen, Strick will nicht 'n Metzger hängen, Metzger will nicht 'n Ochsen schlachten, Ochse will nicht 's Wasser saufen, Wasser will nicht 's Feuer löschen, Feuer will den Stock nicht brennen, Stock will den Hund nicht schlagen, Hund will mein Schwein nicht beißen, Schweinchen will nicht übern Zaun, so komm ich heute nicht nach Haus.« Aber die Katze sagte zu ihr: »Wenn du zu jener Kuh dort gehst und holst mir ein Schälchen voll Milch, dann will ich die Ratte auch töten.« So ging die alte Frau hin zu der Kuh.

Aber die Kuh sagte zu ihr: »Wenn du zu jenem Schober gehst und holst mir 'ne Handvoll Heu, dann geb ich dir auch die Milch.« So ging die alte Frau hin zu dem Heuschober und brachte der Kuh das Heu.[1]

Sobald die Kuh das Heu gefressen hatte, gab sie der alten Frau die Milch, und die ging mit dem Schälchen voll Milch zu der Katze.

[1] Anstelle dieses Absatzes heißt es auch:
Aber die Kuh sagte zu ihr: »Wenn du zu jenen Heumachern gehst und holst mir 'nen Armvoll Heu, dann geb ich dir auch die Milch.« Da ging die alte Frau hin, aber die Heumacher sagten: »Wenn du zu jenem Fluß dort gehst und holst uns 'nen Eimer voll Wasser, dann geben wir dir das Heu.« So ging die alte Frau hin, aber als sie zu dem Fluß kam, sah sie, daß der Eimer voll Löcher war. Da bedeckte sie den Boden mit Kieseln und füllte dann den Eimer mit Wasser und ging los und zurück zu den Heumachern. Und die gaben ihr einen Armvoll Heu.

Sobald die Katze die Milch aufgeschleckt hatte, begann die Katze die Ratte zu töten, die Ratte begann den Strick zu nagen, der Strick begann den Metzger zu hängen, der Metzger begann den Ochsen zu schlachten, der Ochse begann das Wasser zu saufen, das Wasser begann das Feuer zu löschen, das Feuer begann den Stock zu brennen, der Stock begann den Hund zu schlagen, der Hund begann das Schwein zu beißen, das Schweinchen sprang vor Angst übern Zaun, und so kam die alte Frau noch am Abend nach Haus.

30. Henne-wenne

Eines Tages pickte Henne-wenne Korn auf der Tenne. Da traf sie – patsch! – etwas auf den Kopf. »Gott sei mir gnädig!« sagte Henne-wenne, »der Himmel will einfallen, ich muß zum König gehen und es ihm sagen.«

Sie ging und sie ging und sie ging, bis sie Gockel-mockel traf. »Wo gehst du hin, Henne-wenne?« sagt Gockel-mockel. »Oh, ich gehe zum König, um ihm zu sagen, daß der Himmel einfallen will«, sagt Henne-wenne. »Darf ich mit dir gehen?« sagt Gockel-mockel. »Gewiß«, sagt Henne-wenne. Also gingen Henne-wenne und Gockel-mockel, um dem König zu sagen, daß der Himmel einfallen wolle.

Sie gingen und gingen und gingen, bis sie Ente-wente trafen. »Wohin geht ihr, Henne-wenne und Gockel-mockel?« sagt Ente-wente. »Oh, wir gehen zum König, um ihm zu sagen, daß der Himmel einfallen will«, sagten Henne-wenne und Gockel-mockel. »Darf ich mit euch gehen?« sagt Ente-wente. »Gewiß«, sagten Henne-wenne und Gockel-mockel. Also gingen Henne-wenne, Gockel-mockel und Ente-wente, um dem König zu sagen, daß der Himmel einfallen wolle.

Sie gingen also und gingen und gingen, bis sie Gi-Gans-pipans trafen. »Wohin geht ihr, Henne-wenne, Gockel-mockel und Ente-wente?« sagte Gi-Gans-pipans. »Oh, wir gehen zum König, um ihm zu sagen, daß der Himmel einfallen will«, sagten

Henne-wenne und Gockel-mockel und Ente-wente. »Darf ich mit euch gehen?« sagte Gi-Gans-pipans. »Gewiß«, sagten Henne-wenne, Gockel-mockel und Ente-wente. Also gingen Henne-wenne, Gockel-mockel, Ente-wente und Gi-Gans-pipans, um dem König zu sagen, daß der Himmel einfallen wolle.

Sie gingen also und gingen und gingen, bis sie Truter-puter trafen. »Wohin geht ihr, Henne-wenne, Gockel-mockel, Ente-wente und Gi-Gans-pipans?« sagt Truter-puter. »Oh, wir gehen zum König, um ihm zu sagen, daß der Himmel einfallen will«, sagten Henne-wenne, Gockel-mockel, Ente-wente und Gi-Gans-pipans. »Darf ich mit euch gehen, Henne-wenne, Gockel-mockel, Ente-wente und Gi-Gans-pipans?« sagte Truter-puter. »O gewiß, Truter-puter«, sagten Henne-wenne, Gockel-mockel, Ente-wente und Gi-Gans-pipans. Also gingen sie alle, Henne-wenne, Gockel-mockel, Ente-wente, Gi-Gans-pipans und Truter-puter, um dem König zu sagen, daß der Himmel einfallen wolle.

Sie gingen also und gingen und gingen, bis sie Schlaufuchs-schauflugs trafen, und Schlaufuchs-schauflugs sagte zu Henne-wenne, Gockel-mockel, Ente-wente, Gi-Gans-pipans und Truter-puter: »Wo geht ihr hin, Henne-wenne, Gockel-mockel, Ente-wente, Gi-Gans-pipans und Truter-puter?« Und Henne-wenne, Gockel-mockel, Ente-wente, Gi-Gans-pipans und Truter-puter sagten zu Schlaufuchs-schauflugs: »Wir gehen zum König, um ihm zu sagen, daß der Himmel einfallen will.« – »Oh, aber das ist nicht der Weg zum König, Henne-wenne, Gockel-mockel, Ente-wente, Gi-Gans-pipans und Truter-puter«, sagte Schlaufuchs-schauflugs, »ich weiß den richtigen Weg, soll ich ihn euch zeigen?« – »O gewiß, Schlaufuchs-schauflugs«, sagten Henne-wenne, Gockel-mockel, Ente-wente, Gi-Gans-pipans und Truter-puter. Also gingen sie alle, Henne-wenne, Gockel-mockel, Ente-wente, Gi-Gans-pipans, Truter-puter und Schlaufuchs-schauflugs, um dem König zu sagen, daß der Himmel einfallen wolle. So gingen sie weiter und gingen weiter und gingen weiter, bis sie zu einem engen, dunklen Loch kamen. Dieses Loch nun war der Eingang zur Höhle von Schlaufuchs-schauflugs. Aber Schlaufuchs-schauflugs sagte zu Henne-wenne, Gockel-mockel, Ente-wente, Gi-Gans-pipans und Truter-puter: »Das ist der kurze Weg zum Palast des Königs: ihr werdet gleich dort sein, wenn ihr mir folgt. Ich gehe zuerst und ihr kommt mir nach, Henne-wenne, Gockel-mockel, Ente-wente, Gi-Gans-pipans und Truter-puter.« – »Aber freilich, gewiß doch, ohne Zweifel, warum nicht?« sagten Henne-wenne, Gockel-mockel, Ente-wente, Gi-Gans-pipans und Truter-puter.

Also ging Schlaufuchs-schauflugs in seine Höhle hinein, und er ging nicht sehr weit, sondern drehte sich um und wartete auf Henne-wenne, Gockel-mockel, Gi-Gans-pipans und Truter-puter. Schließlich ging also als erster Truter-puter durch das dunkle Loch in die Höhle. Er war noch nicht weit gekommen – »happ« biß Schlaufuchs-schauflugs Truter-puters Kopf ab und warf den Körper über seine linke Schulter. Dann kam Gi-Gans-pipans herein, und »happ«, war ihr Kopf ab, und Gi-Gans-pipans wurde neben Truter-puter geworfen. Dann watschelte Ente-wente daher, und »happ« machte Schlaufuchs-schauflugs, und Ente-wentes Kopf war ab, und sie wurde Truter-puter und Gi-Gans-pipans hinterhergeworfen. Dann stolzierte Gockel-mockel in die Höhle herein, und er war noch nicht weit gekommen – »happ-schnapp« machte Schlaufuchs-schauflugs, und Gockel-mockel wurde neben Truter-puter, Gi-Gans-pipans und Ente-wente geworfen.

Aber Schlaufuchs-schauflugs hatte zweimal nach Gockel-mockel geschnappt, und als der erste Biß Gockel-mockel nur verletzt hatte und ihn nicht tötete, rief er nach Henne-wenne. Aber sie drehte auf der Stelle um und lief fort nach Hause, und so hat sie niemals dem König gesagt, daß der Himmel einfallen wolle.

31. Titty-Maus und Tatty-Maus

Titty-Maus und Tatty-Maus wohnten beide in einem Haus, Titty-Maus ging Ähren lesen, und Tatty-Maus ging Ähren lesen, so gingen sie beide Ähren lesen.
Titty-Maus las eine Kornähre, und Tatty-Maus las eine Kornähre, so lasen sie beide eine Kornähre.
Titty-Maus machte einen Mehlkloß, und Tatty-Maus machte einen Mehlkloß, so machten sie beide einen Mehlkloß.
Und Tatty-Maus tat ihren Kloß zum Kochen in den Topf, aber als Titty ihren hineintun wollte, fiel der Topf um, und sie verbrühte sich zu Tode.
Da setzte sich Tatty hin und weinte; da sagte der dreibeinige Hocker: »Tatty, warum weinst du?«
»Titty ist tot«, sagte Tatty, »und darum weine ich.«
»Dann«, sagte der Hocker, »will ich hüpfen«, und so hüpfte der Hocker.
Da sagte der Besen in der Zimmerecke: »Hocker, warum hüpfst du?«
»Ach«, sagte der Hocker, »Titty ist tot und Tatty weint, und darum hüpfe ich.«
»Dann«, sagte der Besen, »will ich fegen«, und so fegte der Besen.
Da sagte die Tür: »Besen, warum fegst du?«
»Ach«, sagte der Besen, »Titty ist tot und Tatty weint und der Hocker hüpft, und darum fege ich.«
»Dann«, sagte die Tür, »will ich knarren«, und so knarrte die Tür.
Da sagte das Fenster: »Tür, warum knarrst du?«
»Ach«, sagte die Tür, »Titty ist tot und Tatty weint und der Hocker hüpft und der Besen fegt, und darum knarre ich.«
»Dann«, sagte das Fenster, »will ich quietschen«, und so quietschte das Fenster.
Nun war da eine alte Bank draußen vor dem Haus, und als das Fenster quietschte, da sagte die Bank: »Fenster, warum quietschst du?«

»Ach«, sagte das Fenster, »Titty ist tot und Tatty weint und der Hocker hüpft und der Besen fegt und die Tür knarrt, und darum quietsche ich.«
»Dann«, sagte die alte Bank, »will ich um das Haus herumlaufen«, und da lief die alte Bank um das Haus herum.
Nun wuchs da ein schöner großer Nußbaum bei der Hütte, und der Baum sagte zu der Bank: »Bank, warum läufst du so um das Haus herum?«
»Ach«, sagte die Bank, »Titty ist tot und Tatty weint und der Hocker hüpft und der Besen fegt, die Tür knarrt und das Fenster quietscht, und darum laufe ich um das Haus herum.«
»Dann«, sagte der Nußbaum, »will ich meine Blätter abwerfen«, und so warf der Nußbaum alle seine schönen grünen Blätter ab.
Nun saß da ein kleiner Vogel auf einem Zweig des Baumes, und als all die Blätter herunterfielen, sagte er: »Nußbaum, warum wirfst du alle deine Blätter ab?«
»Ach«, sagte der Baum, »Titty ist tot und Tatty weint, der Hocker hüpft und der Besen fegt, die Tür knarrt und das Fenster quietscht, die alte Bank läuft um das Haus herum, und darum werfe ich alle meine Blätter ab.«
»Dann«, sagte der kleine Vogel, »will ich alle meine Federn verlieren«, und er verlor alle seine hübschen Federn.
Nun ging da ein kleines Mädchen darunter hin, die trug einen Krug mit Milch für ihre Brüder und Schwestern zum Abendbrot, und als sie sah, wie der arme kleine Vogel alle seine Federn verlor, sagte sie: »Kleiner Vogel, warum verlierst du alle deine Federn?«
»Ach«, sagte der kleine Vogel, »Titty ist tot und Tatty weint, der Hocker hüpft und der Besen fegt, die Tür knarrt und das Fenster quietscht, die alte Bank läuft um das Haus herum, der Nußbaum wirft seine Blätter ab, und darum verliere ich alle meine Federn.«
»Dann«, sagte das kleine Mädchen, »will ich die Milch verschütten«, und so ließ sie den Krug fallen und verschüttete die Milch.

Nun war da gerade ein alter Mann oben auf einer Leiter, der machte ein Strohdach über dem Heuschober, und als er sah, wie das kleine Mädchen die Milch verschüttete, sagte er: »Kleines Mädchen, was soll das heißen, daß du die Milch verschüttest, deine kleinen Brüder und Schwestern haben nun kein Abendbrot.«
Da sagte das kleine Mädchen: »Titty ist tot und Tatty weint, der Hocker hüpft und der Besen fegt, die Tür knarrt und das Fenster quietscht, die alte Bank läuft um das Haus herum, der Nußbaum wirft alle seine Blätter ab, der kleine Vogel verliert alle seine Federn, und darum verschütte ich die Milch.«
»Ach«, sagte der alte Mann, »dann will ich von der Leiter fallen und mir den Hals brechen«, und so fiel er von der Leiter und brach sich den Hals, und als der alte Mann sich den Hals brach, stürzte der große Nußbaum mit einem Krach nieder und warf die alte Bank um und das Haus, und beim Einfallen schlug das Haus das Fenster aus, und das Fenster schlug die Tür zu Boden, und die Tür warf den Besen um, und der Besen warf den Hocker um, und die arme kleine Tatty-Maus wurde unter den Trümmern begraben.

32. Die Geschichte von den drei kleinen Schweinchen

Es war einmal eine alte Sau, die hatte drei kleine Schweinchen. Und weil sie nicht genug besaß, um sie zu ernähren, schickte sie die Schweinchen aus, damit sie selbst ihr Glück suchten. Das erste ging fort und traf einen Mann mit einem Strohbündel. Es sagte zu ihm: »Mann, bitte gib mir dieses Stroh, damit ich mir ein Haus bauen kann.« Der Mann gab es ihm, und das kleine Schweinchen baute sich daraus ein Haus.
Gleich kam ein Wolf daher, klopfte an die Tür und sagte:
»Schweinchen klein, Schweinchen klein, laß mich hinein.«
Darauf antwortete das Schweinchen:
»Beim Haar an meinem Schnäuzchen, o nein, nein, nein.«
Da sagte der Wolf:

»Dann will ich husten und will pusten und blas dir dein Haus ein.«

Und er hustete und er pustete und blies das Haus ein und fraß das kleine Schweinchen auf.

Das zweite kleine Schweinchen traf einen Mann mit einem Ginsterbündel, und es sagte: »Mann, bitte gib mir dies Ginsterbündel, damit ich mir ein Haus bauen kann.« Der Mann gab es ihm, und das Schweinchen baute sich ein Haus. Dann kam der Wolf daher und sagte:

»Schweinchen klein, Schweinchen klein, laß mich hinein.«

»Beim Haar an meinem Schnäuzchen, o nein, nein, nein.«

»Dann will ich husten und will pusten und blas dir dein Haus ein.«

Und er hustete und pustete und hustete und pustete, und schließlich blies er das Haus nieder und fraß das kleine Schweinchen auf.

Das dritte kleine Schweinchen traf einen Mann mit einer Fuhre Ziegel, und es sagte: »Mann, bitte gib mir diese Ziegel, damit ich mir ein Haus bauen kann.« Da gab ihm der Mann die Ziegel, und es baute sich daraus ein Haus. Wie er es bei den anderen kleinen Schweinchen getan hatte, kam der Wolf daher und sagte:

»Schweinchen klein, Schweinchen klein, laß mich hinein.«

»Beim Haar an meinem Schnäuzchen, o nein, nein, nein.«

»Dann will ich husten und will pusten und blas dir dein Haus ein.«

Nun also, er hustete und pustete, und er hustete und pustete, und er hustete und pustete, aber er konnte einfach das Haus nicht niederblasen. Als er erkannte, daß er mit all seinem Husten und Pusten das Haus nicht niederblasen konnte, sagte er: »Kleines Schweinchen, ich weiß, wo es ein schönes Rübenfeld gibt.« – »Wo?« sagte das kleine Schweinchen. »Oh, in Mister Smiths Hausgarten, und wenn du morgen früh bereit bist, komme ich vorbei, wir gehen zusammen hin und holen etwas für das Mittagessen.«

»Sehr schön«, sagte das kleine Schweinchen. »Ich werde bereit

sein. Um welche Zeit wolltest du gehen?« – »Ach, um sechs Uhr.«
Nun, das kleine Schweinchen stand um fünf Uhr auf und holte die Rüben, noch ehe der Wolf kam. Um sechs Uhr kam der und sagte: »Kleines Schweinchen, bist du bereit?« Das kleine Schweinchen sagte: »Bereit? Ich war dort und bin schon wieder zurück, und ich habe einen schönen Topf voll Rüben fürs Mittagessen.«
Der Wolf war darüber sehr ärgerlich, aber er meinte, so oder so würde er schon an das kleine Schweinchen herankommen, und so sagte er: »Kleines Schweinchen, ich weiß, wo es einen schönen Apfelbaum gibt.« – »Wo?« sagte das kleine Schweinchen. »Drunten in Merrygarden«, antwortete der Wolf, »und wenn du mich nicht betrügst, komme ich morgen um fünf Uhr bei dir vorbei, und wir gehen zusammen und holen uns Äpfel.«
Nun, das kleine Schweinchen stand am andern Morgen um vier Uhr eilig auf und ging fort um die Äpfel, und es hoffte, es könnte zurückkehren, ehe der Wolf käme. Aber es mußte diesmal weiter gehen, und es mußte auf den Baum klettern. Und gerade beim Herunterklettern sah es den Wolf daherkommen, und wie ihr euch denken könnt, erschrak es da sehr. Als er herankam, sagte der Wolf: »Kleines Schweinchen, wie das? Du bist vor mir da? Sind die Äpfel schön?« – »Ja, sehr schön«, sagte das kleine Schweinchen. »Ich werfe dir einen herunter.« Und es warf ihn so weit, daß das kleine Schweinchen herunterspringen und heimlaufen konnte, während der Wolf gegangen war, um den Apfel aufzuheben. Am nächsten Tag kam der Wolf wieder, und er sagte zu dem kleinen Schweinchen: »Kleines Schweinchen, in Shanklin ist heute nachmittag Jahrmarkt, gehst du hin?« – »O ja«, sagte das Schweinchen, »ich gehe hin. Wann brichst du auf?« – »Um drei Uhr«, sagte der Wolf.
Da ging das kleine Schweinchen wie gewöhnlich vor der Zeit fort, und es kam auf den Jahrmarkt und kaufte da ein Butterfaß. Damit wollte es sich auf den Heimweg machen, da sah es den Wolf daherkommen. Nun wußte es nicht, was tun. So kroch es in das Faß, um sich zu verstecken, und als es das tat,

kippte es das Faß um, und das rollte den Hügel hinunter mitsamt dem Schweinchen innen drin. Darüber erschrak der Wolf so sehr, daß er nach Hause rannte und nicht auf den Jahrmarkt ging. Er kam zum Haus des kleinen Schweinchens und erzählte ihm, wie ihn ein mächtiges rundes Ding erschreckt habe, das den Hügel herunter an ihm vorübergerollt war.
Da sagte das kleine Schweinchen: »Ha, dann habe ich dich erschreckt. Ich war auf dem Jahrmarkt und habe ein Butterfaß gekauft, und als ich dich sah, kroch ich hinein und rollte den Hügel hinunter.«
Darauf ärgerte sich der Wolf wirklich sehr, und er erklärte, er würde das kleine Schweinchen ganz gewiß auffressen, und er wolle durch den Kamin zu dem Schweinchen hinuntergelangen. Als das kleine Schweinchen merkte, was er vorhatte, hing es den Kessel mit Wasser auf, schürte ein loderndes Feuer darunter an, und gerade als der Wolf herunterrutschte, nahm es den Deckel ab, und der Wolf fiel hinein. Da tat das kleine Schweinchen im Nu den Deckel wieder auf den Kessel, kochte den Wolf gar und aß ihn zum Abendbrot. Und fortan lebte es allezeit glücklich.

33. Kratzefuß

Vor Zeiten gab es einmal drei Bären und die lebten in einem Schloß in einem großen Wald. Einer von ihnen war ein großer dicker Bär, und einer war ein mittlerer Bär, und einer war ein kleiner Bär. Im selben Wald gab es auch einen Fuchs, Kratzefuß hieß der, und er lebte ganz allein. Kratzefuß hatte vor den Bären sehr große Angst, trotzdem wollte er alles über sie wissen. Und als er eines Tages durch den Wald ging, sah er, daß er ganz nahe an dem Bärenschloß war, und er überlegte, ob er nicht vielleicht hineingelangen könnte. Er sah sich nach allen Seiten um und konnte niemanden erblicken. So ging er sehr leise näher, bis er schließlich zum Schloßtor kam. Er versuchte es zu öffnen. Ja! Das Tor war nicht verschlossen, und er

öffnete es gerade nur ein wenig, steckte seine Nase hinein und schaute und konnte niemanden erblicken. Da öffnete er es ein wenig weiter, schob eine Pfote hindurch, und dann noch eine Pfote und noch eine und noch eine, und da war er ganz drin im Bärenschloß. Er sah, daß er in einem großen Saal war, und in dem standen drei Sessel: ein großer, ein mittlerer und ein kleiner Sessel. Und er dachte, er würde sich gern niedersetzen und ausruhen und sich umsehen, also setzte er sich in den großen Sessel. Aber den fand er so hart und unbequem, daß ihm die Knochen weh taten, und gleich sprang er herunter und setzte sich in den mittleren Sessel, und da drehte er sich hin und her und rundherum, aber es wurde nicht bequemer für ihn. Da ging er nun zu dem kleinen Sessel und setzte sich da hinein, und der war so weich und warm und bequem, daß Kratzefuß sich ganz wohl fühlte. Aber auf einmal brach er unter ihm auseinander, und er konnte die Teile nicht mehr zusammenbekommen! Da stand er auf und begann sich wieder umzusehen, und da sah er auf einem Tisch drei Schüsseln stehen, davon war die eine groß, eine mittel, und eine war eine ganz kleine Schüssel. Kratzefuß war sehr durstig, und er begann aus der großen Schüssel zu trinken. Aber er kostete nur eben die Milch in der großen Schüssel, sie war so sauer und eklig, daß er davon keinen Tropfen mehr kosten mochte. Dann versuchte er es bei der mittleren Schüssel und trank ein wenig davon. Er versuchte zwei oder drei Schlucke, aber es schmeckte nicht gut, und so ließ er es sein und ging zu der kleinen Schüssel, und die Milch in der kleinen Schüssel war so süß und so fein, daß er immer weitertrank, bis er alles ausgetrunken hatte.
Dann dachte Kratzefuß, er würde gern nach oben gehen. Und er lauschte und konnte niemanden hören. So ging er die Treppe hinauf, und da fand er ein großes Zimmer, in dem standen drei Betten. Das eine war ein großes Bett, und eines war ein mittleres Bett, und eines war ein kleines weißes Bett. Und er kletterte in das große Bett hinauf, aber das war so hart und klumpig und unbequem, daß er gleich wieder heruntersprang und es mit dem mittleren Bett versuchte. Das war schon besser,

aber er konnte es sich darin nicht bequem machen. Nachdem er sich eine kleine Weile darin herumgedreht hatte, stand er wieder auf und ging zu dem kleinen Bett, und das war so weich und so warm und so fein, daß er sogleich fest einschlief.

Und nach einer Zeit kamen nun die Bären nach Hause, und als sie in den Saal kamen, ging der große Bär zu seinem Sessel und sagte: »Wer hat in meinem Sessel gesessen?«, und der mittlere Bär sagte: »Wer hat in meinem Sessel gesessen?«, und der kleine Bär sagte: »Wer hat in meinem Sessel gesessen und hat ihn zerbrochen?« Und dann gingen sie und wollten ihre Milch trinken, und der große Bär sagte: »Wer hat von meiner Milch getrunken?«, und der mittlere Bär sagte: »Wer hat von meiner Milch getrunken?«, und der kleine Bär sagte: »Wer hat von meiner Milch getrunken und hat sie ganz ausgetrunken?«

Dann gingen sie hinauf und ins Schlafzimmer, und der große Bär sagte: »Wer hat in meinem Bett geschlafen?«, und der mittlere Bär sagte: »Wer hat in meinem Bett geschlafen?«, und der kleine Bär sagte: »Wer hat in meinem Bett geschlafen? – Und seht her, da ist er!«

Da kamen nun die Bären und überlegten, was sie mit ihm machen sollten. Und der große Bär sagte: »Wir wollen ihn aufhängen!«, und dann sagte der mittlere Bär: »Wir wollen ihn ertränken!«, und dann sagte der kleine Bär: »Wir wollen ihn aus dem Fenster werfen!«

Und da schleppten ihn die Bären zum Fenster, und der große Bär nahm zwei Beine auf der einen Seite, und der mittlere Bär nahm zwei Beine auf der anderen Seite, und sie schwenkten ihn vor und zurück, vor und zurück und zum Fenster hinaus.

Der arme Kratzefuß war sehr erschrocken und dachte, jeder Knochen in seinem Leib müßte zerbrochen sein. Aber er stand auf und schüttelte zuerst das eine Bein – nein, das war nicht gebrochen, und dann noch eines, und das war auch nicht gebrochen, und dann noch eines und noch eines, und dann wedelte er mit dem Schwanz und merkte, daß kein Knochen gebrochen war. Da sauste er nun heim, so schnell er konnte, und niemals wieder ging er in die Nähe des Bärenschlosses.

34. Der König der Vögel

Der Adler rief die Vögel aller Arten zusammen, damit sie ihren König erwählten; sie kamen überein, daß der gewählt werden sollte, der am höchsten fliegen könne.
Die Krähe flog so hoch, daß sie ausrief:

»Krah, krah, krah
über alles ich sah.«

Die Lerche flog fast bis zum Himmelstor und sang da ein liebliches Triumphlied.
Aber während diese Proben weitergingen, schlüpfte die kleine blaue Meise unter das Gefieder des Adlers und verbarg sich dort. Als der Adler an die Reihe kam, schwang er sich viel höher auf als irgendeiner der anderen, und er blieb eine Zeit an der gleichen Stelle und schaute stolz herunter. Schließlich war er ziemlich erschöpft von der langen Anstrengung und mußte sich wieder an den Flug zurück machen – und in diesem Augenblick flog die kleine blaue Meise heraus und stieg noch höher auf, als es der Adler geschafft hatte, und dabei sang sie ihr keckes Lied:

»Tit, tit
höher nit,
Tit, tit,
höher nit.«

Alle Vögel konnten daher nicht anders als anzuerkennen, daß die kleine blaue Meise ihr König sein müsse.

35. Der Kiebitz und die Holztaube

Die einfachen Leute im Norden von Yorkshire glauben, daß früher einmal die Holztaube ihre Eier auf den Boden gelegt hat und der Kiebitz sein Nest in der Höhe baute, und daß dann zu irgendeiner Zeit diese Vögel gütlich übereinkamen, die Plätze ihrer Nester auszutauschen. Daraufhin drückt nun der Kiebitz seine Enttäuschung über den Handel so aus:

»Kiwitt, kiwitt,
ich verkauft' mein Nest und es reut mich itzt.«

Die Holztaube hingegen freut sich, daß die mutwilligen Buben sie nun nicht erreichen können:

»Gurru, komm nun
du Bursche klein
mit der Rute dein,
kannst mir nichts tun!«

36. Die Ringeltaube

Bald nach der Erschaffung der Welt versammelten sich alle Vögel, damit sie lernen, wie sie ihre Nester bauen müssen, und weil die Elster sehr klug und geschickt war, wurde sie ausgewählt, es die andern zu lehren. Den fleißigeren Vögeln, wie dem Zaunkönig, der Schwanzmeise oder dem Buchfink, zeigte sie, wie man ganze Nester in der Gestalt einer Kokosnuß machte, mit einem kleinen Loch an einer Seite. Andere, die nicht so tüchtig waren, lehrte sie Halbnester zu bauen, die etwa wie eine Teetasse geformt waren. Als sie nun eine große Vielzahl von Vögeln nach ihren Fähigkeiten angeleitet hatte, kam die Reihe an die Ringeltaube. Die war ein sehr sorgloser und fauler Vogel, und es lag ihr nichts an der Sache. Und während die Elster ihr zeigte, wie sie die Zweiglein und alles andere stecken und legen sollte, rief die Ringeltaube immerzu aus: »Was, kreuz und quer! Wozu! Wozu! Kreuz und quer! Wozu! Wozu!« Schließlich war die Elster so verärgert über diese Dummheit und Trägheit, daß sie fortflog. Und da die Ringeltaube keine Unterweisung mehr bekommen hat, baut sie bis auf den heutigen Tag die schlechtesten Nester unter allem Federgetier: sie bestehen nur aus kreuz und quer gelegten Zweigen.

37. Warum die Nase eines Hundes und der Ellbogen einer Frau immer kalt sind

In der Zeit der Sintflut bekam die Arche ein kleines Leck, und Noah, der vergessen hatte, Zimmermannswerkzeug an Bord zu bringen, war am Ende seiner Weisheit und wußte nicht was tun. Sein treuer Hund war ihm zu der Stelle gefolgt, an der das Leck war, und stand da und sah zu, wie das Wasser hereinströmte. In seiner Not ergriff Noah den Hund und stopfte seine Nase in das Leck.

Das hielt das Wasser auf, aber nach kurzem erkannte Noah, daß der Hund sterben müßte, wenn er noch länger in dieser Stellung bliebe. Inzwischen war Noahs Frau dazugekommen und stand neben ihm und beobachtete, was da vor sich ging. Da ließ Noah den Hund frei, nahm seine Frau am Arm und stopfte ihren Ellbogen in das Loch.

So wurde die Gefahr abgewendet, aber die Nase eines Hundes und der Ellbogen einer Frau werden immer kalt sein, solange die Welt besteht.

38. Der erste Maulwurf in Cornwall

Alice of the Combe war das einzige Kind ihrer Mutter und von edler Abstammung. Sie lebte in den Hügeln von Morwenna, in der Nähe der Severn See. Sie war groß, blauäugig und sehr schön, aber sie war auch stolz. Ganze Tage verbrachte sie damit, kostbare Gewänder, Edelsteine und Gold auszuwählen.

Sie wies viele Freier ab, denn sie hatte ihr Herz nur einem Mann zugewandt – das war Sir Beville von Stowe, ein Granville und einer der bekanntesten und treuesten Anhänger der Stuarts.

Schließlich sollte Sir Beville einen Ball und ein Bankett geben. Alice verbrachte dafür viele Stunden vor ihrem Spiegel, und als alles zurechtgemacht war, ging sie in den Saal hinunter, wo ihre Mutter am Spinnrad saß und dabei wie immer für den Erfolg ihrer Tochter betete. Denn sie sehnte sich danach, Alice verheiratet zu sehen und ihre Kinder auf dem Schoß zu halten. Alices Gewand war aus kostbarem dunklem Samt, in ihrem dunklen Haar glitzerten Edelsteine, und an der Hand trug sie einen großen strahlenden Ring. Aber sie war sich der Macht ihrer eigenen Schönheit so sicher, daß sie meinte, sie brauche die Gebete ihrer Mutter nicht. »Ich habe keine Gebete nötig«, sagte sie verächtlich. Bei diesen Worten aber war die Luft auf einmal erfüllt von einem Schwall wilder Musik und einem Lichtblitz, das Mädchen schrie auf vor Schreck und war verschwunden. Kein Suchen half, viele Tage lang war kein Zeichen und keine Spur von ihr zu finden, bis eines Abends ein Gärtner, als er sich auf seinen Spaten stützte, einen kleinen Erdhaufen zu seinen Füßen bemerkte, und auf der lockeren Oberfläche schimmerte gerade der Ring, den Alice getragen hatte.

Die sorgfältige Untersuchung enthüllte ihnen eine kleine, zierliche Inschrift an der Innenseite, sie war in alter kornischer Sprache:

»Beryan erde
Oyn und perde!«

Der Pfarrer von Morwenna, ein gelehrter, grauhaariger Mann, übersetzte dies:

»Verborgen sollen werden
Augen und Stolz in der Erden!«

Als er diese Worte sagte, ließ ein kleines Geräusch zu seinen Füßen alle auf den Boden blicken, und da stand ein kleines dunkles Geschöpf, wie Lady Alice in weichen Samt gekleidet. Aber es sah nichts, die blauen Augen waren für immer versiegelt, und wegen ihres Stolzes war sie zu einem Maulwurf geworden – dem ersten, der je in Cornwall gefunden wurde.

39. *Die Eule war eines Bäckers Tochter*

In einen Bäckerladen kam einmal eine Fee, die war als arme, zerlumpte alte Frau verkleidet, und sie bat um ein Stück Brotteig. Die Tochter des Bäckers gab ihr ein winzigkleines Stück, und die alte Frau bat darum, daß ihr erlaubt werde, es mit dem Brot in den Ofen zu tun.

Als sie aber das Brot herausnahm, sah das Mädchen, daß der Teig zum größten Laib im Ofen aufgegangen war. Daher wollte sie es der alten Frau nicht geben. Sie gab ihr aber schließlich ein anderes Teigstück, das war halb so groß wie das erste, und es sollte mit dem zweiten Schub in den Ofen kommen. Es ging aber sogar noch mehr auf als das erste, und so konnte die alte Frau auch das nicht bekommen. Nun bat sie aber um ein ganz winziges Stückchen Teig, und das Mädchen gab ihr ein bißchen, das war kaum größer als dein Daumen, und sie tat es mit dem dritten Schub hinein. Und als es herauskam, war es größer als die anderen davor. Das dumme, geizige Mädchen bekam es schließlich mit der Angst zu tun und schaute mit großen runden Augen auf die alte Frau, die ihren Umhang abgeworfen hatte und hochaufgerichtet und strahlend dastand.

»Wie, wo, wo ...«, stammelte das Mädchen.

»Woo – woo soll alles sein, was du jemals wieder sagst«, sprach die Fee. »Die Welt hat schon zu lang deine Selbstsucht und deinen Geiz ertragen.« Sie schlug mit ihrem Stab nach dem Mädchen, und das wurde zu einer Eule und flog mit hoohoo hinaus in die Nacht.

»Herr, wir wissen, was wir sind, aber wir wissen nicht, was wir sein können.«

40. *Die drei Wünsche*

Vor Zeiten, und es ist gewiß schon lange her, da lebte ein armer Holzfäller in einem großen Wald, und jeden Tag seines Lebens ging er hinaus und fällte Holz. Eines Tages machte er sich also auf, und die Frau füllte ihm den Ranzen und hing ihm die Flasche über den Rücken, damit er im Wald etwas zu essen und zu trinken habe. Er hatte sich eine mächtige alte Eiche angemerkt und meinte, die würde manch ein gutes Brett abgeben. Und als er zu ihr hingekommen war, nahm er die Axt in die Hand und schwang sie so über seinem Kopf, als ob er vorhätte, den Baum mit einem Schlag zu fällen. Aber er hatte noch keinmal zugeschlagen, als er ein ganz jämmerliches Bitten und Betteln hörte, und da stand vor ihm eine Fee und bat und beschwor ihn, doch den Baum zu verschonen. Er war ganz benommen vor Staunen und Furcht, wie ihr euch denken könnt, und vermochte nicht den Mund aufzumachen und ein Wort herauszubringen. Aber schließlich fand er die Sprache wieder und sagte: »Nun, dann will ich tun, was Ihr wünscht.«

»Du hast dir mehr genützt, als du weißt«, antwortete die Fee. »Und ich will mich nicht undankbar zeigen und erfülle euch eure nächsten drei Wünsche, wie immer sie auch sein mögen.«

Und damit war die Fee verschwunden, und der Holzfäller schwang sich seinen Ranzen über die Schulter und band die Flasche an der Seite fest und machte sich auf den Heimweg.

Aber der Weg war lang, und der arme Mann war richtig benommen von der wundersamen Sache, die ihm zugestoßen war, und als er heimkam, da hatte er nichts in seinem Schädel als den Wunsch, sich hinzusetzen und auszuruhen. Wer weiß, vielleicht war auch das ein Streich der Fee? Gleichviel, er setzte sich am flackernden Feuer nieder, und als er saß, da wurde er immer hungriger, obgleich es noch eine lange Zeit bis zum Essen war.

»Hast du nichts zum Essen da, Alte?« sagte er zu seiner Frau.

»Nein, erst in ein paar Stunden«, sagte sie.

»Ach«, stöhnte der Holzfäller, »ich wollte, ich hätte einen ordentlichen Kranz Blutwürste vor mir.«

Kaum hatte er das Wort ausgesprochen, da kam klapp-klapp, ritsch-ratsch, nichts anderes den Kamin herunter als ein Kranz herrlichste Blutwürste, so fein wie sie eines Menschen Herz nur begehren konnte.

Der Holzfäller starrte sie an, aber sein Weib starrte dreimal so sehr. »Was ist denn jetzt das?« sagt sie.
Da fiel dem Holzfäller alles wieder ein, was sich am Vormittag zugetragen hatte, und er erzählte die ganze Geschichte der Reihe nach von Anfang bis Ende, und als er erzählte, wurde das Gesicht seines Weibes immer finsterer und finsterer, und als er fertig war, da fuhr sie auf ihn los: »Nichts als ein Narr bist du, Jan, nichts als ein Narr, und wahrhaftig, ich wollte, die Blutwürste wären an deiner Nase.«
Und bevor einer Hans Dampf sagen konnte, saß der Mann da, und seine Nase war um einen feinen Kranz Blutwürste länger.
Er zog, aber die Würste blieben, und sie zog, aber die Würste blieben, und beide zogen, bis sie fast die Nase abrissen, aber die Würste blieben und blieben.
»Was soll nun geschehen?« sagte er.
»Das ist ja wohl klar«, sagte sie und schaute ihn habgierig an.
Da merkte der Holzfäller, er müsse schnell wünschen, wenn er wünschte, und er tat es auch und wünschte, die Blutwürste sollten von der Nase loskommen. Na, da lagen sie in einer Schüssel auf dem Tisch, und wenn auch der Mann und das Weib nicht in einer goldenen Kutsche fuhren oder in Seide und Samt gekleidet waren, nun, so hatten sie doch wenigstens einen Kranz Blutwürste zum Abendessen, so fein, wie eines Menschen Herz sie nur begehren konnte.

41. Der faule Jack

Es war einmal ein Bursche, der hieß Jack, und der lebte mit seiner Mutter zusammen in trübseligen Umständen. Sie waren sehr arm, und die alte Frau verdiente sich durch Spinnen, was sie brauchte, aber Jack war so faul, daß er nichts tat, als bei warmem Wetter in der Sonne braten und im Winter im Herdwinkel sitzen. Seine Mutter konnte ihn nicht dazu überreden, irgend etwas für sie zu tun. Schließlich blieb ihr nichts anderes übrig, als ihm zu sagen, wenn er nicht anfange, für seine Grütze zu arbeiten, werde sie ihn hinauswerfen, und da könnte er sehen, wo er bliebe.

Diese Drohung brachte Jack endlich auf die Beine, und er ging und verdingte sich für einen Tag um einen Penny an einen Nachbarbauern. Aber als er heimging, mußte er über einen Bach, und weil er noch nie vorher eigenes Geld besessen hatte, verlor er den Penny im Bach.

»Du dummer Kerl«, sagte seine Mutter, »du hättest ihn in deine Tasche stecken sollen.« – »Beim nächsten Mal will ich es tun«, antwortete Jack.

Am nächsten Tag ging Jack wieder aus und verdingte sich an einen Kuh-Halter, und der gab ihm einen Krug Milch für die Arbeit des Tages. Jack nahm den Krug und tat ihn in die große Tasche seiner Jacke. Und lange ehe er heimkam, war alles verschüttet. »Meine Güte!« sagte die alte Frau, »du hättest ihn auf dem Kopf tragen sollen.« – »Ich will es beim nächsten Mal tun«, antwortete Jack.

Am folgenden Tag verdingte sich Jack wieder an einen Bauern, der willigte ein, ihm weichen Sahnekäse für seinen Dienst zu geben. Am Abend nahm Jack den Käse, tat ihn auf seinen Kopf und ging damit heim. Als er nach Hause kam, war der Käse nicht mehr zu brauchen, ein Teil war verloren und ein Teil in seinen Haaren verschmiert. »Du dummer Tölpel«, sagte seine Mutter, »du hättest ihn ganz vorsichtig in den Händen tragen sollen.« – »Ich will es beim nächsten Mal tun«, antwortete Jack.

Am Tag danach ging Jack wieder aus und verdingte sich an einen Bäcker, der ihm für die Arbeit nichts anderes geben wollte als einen großen Kater. Jack nahm den Kater und trug ihn sehr vorsichtig in den Händen, aber nach kurzer Zeit kratzte ihn der Maunzer so, daß Jack nicht anders konnte, als ihn laufen zu lassen. Als er heimkam, sagte seine Mutter zu ihm: »Du törichter Bursche, du hättest ihn an einen Strick binden sollen und hinter dir herziehen.« – »Ich will es beim nächsten Mal tun«, sagte Jack.

Am nächsten Tag verdingte sich Jack an einen Metzger, der

seine Mühe mit der hübschen Gabe einer Hammelschulter belohnte. Jack nahm die Hammelschulter, band sie an einen Strick und zog sie hinter sich her durch den Schmutz. Bis er nach Hause kam, war daher das Fleisch ganz und gar verdorben. Diesmal verlor seine Mutter aber wirklich ihre Geduld mit ihm, denn der nächste Tag war Sonntag, und sie mußte sich nun mit Kohl zum Mittagessen zufrieden geben. »Du vernagelter Trottel«, sagte sie zu ihrem Sohn, »du hättest es über der Schulter tragen sollen.« – »Ich will es beim nächsten Mal tun«, antwortete Jack.

Am Montag ging Jack wieder und verdingte sich an einen Esel-Halter, der ihm einen Esel für die Arbeit gab. Obwohl Jack sehr stark war, hatte er doch einige Mühe, den Esel über die Schulter zu ziehen, aber schließlich brachte er es doch zuwege und begann langsam mit seinem Lohn heimzugehen.

Nun geschah es, daß sein Weg ihn dort vorbeiführte, wo ein reicher Mann mit seiner einzigen Tochter lebte. Sie war ein schönes Mädchen, aber zum Unglück taub und stumm. Sie hatte in ihrem Leben noch nie gelacht, und die Ärzte sagten, sie würde nie gesund werden, wenn sie nicht einer zum Lachen brächte. Viele hatten es ohne Erfolg versucht, und zuletzt hatte ihr Vater sie in der Verzweiflung dem ersten Mann zur Heirat versprochen, der sie zum Lachen bringen würde. Diese junge Dame schaute zufällig aus dem Fenster, als Jack vorbeikam mit dem Esel auf seiner Schulter, der die Beine in die Luft streckte. Und der Anblick war so komisch und so sonderbar, daß sie in ein riesengroßes Gelächter ausbrach und auch sogleich zu sprechen und zu hören vermochte. Ihr Vater war vor Freude außer sich und erfüllte sein Versprechen, er verheiratete sie mit Jack, und so wurde der ein reicher Herr. Sie lebten in einem großen Haus, und Jacks Mutter lebte bei ihnen in Glück und Freude, bis sie starb.

42. Der Müller und der Professor

Da kam einst ein berühmter ausländischer Professor nach England, und bevor er kam, machte er bekannt, er wolle die Studenten aus allen Hochschulen in England prüfen. Nach einiger Zeit hatte er alle außer Cambridge besucht, und er war nun auf dem Weg dorthin und wollte öffentlich die ganze Universität prüfen. In Cambridge wurde der Empfang des Professors mit großer Geschäftigkeit vorbereitet, und groß war auch die Angst der Studenten, die sich vor dem Augenblick fürchteten, in dem sie vor einem, der für seine Gelehrsamkeit so berühmt war, zeigen sollten, was sie an Wissen erworben hatten. Als die Stunde seiner Ankunft näher kam, wuchsen ihre Ängste, und zuletzt beschlossen sie, Mittel und Wege zu finden, um die drohende Prüfung abzuwenden. Zu diesem Zweck verkleideten sich einige der Studenten als gewöhnliche Arbeiter und verteilten sich in Grüppchen von zweien oder dreien in passendem Abstand voneinander entlang der Straße, auf der der Professor erwartet wurde.

Er war in seiner Kutsche bis auf eine Entfernung von ein paar Meilen an Cambridge herangekommen, als er die erste Gruppe dieser Arbeiter traf. Der Kutscher hielt die Pferde an und fragte die Leute, wie weit es noch sei. Der Professor war erstaunt, als er sie auf lateinisch antworten hörte. Er setzte seinen Weg fort, und als er etwa eine halbe Meile gefahren war, traf er auf eine zweite Gruppe von Arbeitern, die sich an der Straße zu schaffen machten. Der Kutscher fragte sie so ähnlich wie die ersten. Noch mehr überrascht war der Professor, als er hörte, wie sie griechisch antworteten. ›Ach‹, dachte er, ›das müssen tüchtige Gelehrte sein in Cambridge, wenn sogar die gewöhnlichen Arbeiter auf der Straße Latein und Griechisch sprechen. Es wird nicht genügen, sie auf die gleiche Art wie andere Leute zu prüfen.‹ Und während des ganzen restlichen Weges sann er darüber nach, welche Prüfungsweise er anwenden solle. Und gerade als sie den Stadtrand erreichten, kam er zu dem Entschluß, sie durch Zeichen zu prüfen. Sobald er aus seiner Kutsche ausgestiegen war, verlor er also keine Zeit und machte unverzüglich diese neuartige Prüfungsmethode bekannt.

Nun hatten die Studenten niemals mit einem solchen Ergebnis ihrer Kriegslist gerechnet, und wie man sich wohl denken kann, waren sie arg enttäuscht. Besonders war da ein Student, der sehr fleißig studiert hatte, und jedermann erwartete von ihm, daß er den Preis bei der Prüfung erhalten würde. Und weil nun aber auch der faulste Student der Universität mit der gleichen Wahrscheinlichkeit wie er selbst die Zeichen des Professors erraten konnte, war er darüber sehr mutlos. Der Tag der Prüfung war da, aber er ging nicht hin und spazierte statt dessen traurig und bekümmert am Flußufer entlang. Es war in der Nähe der Mühle, und zufällig sah ihn der Müller, der war ein lustiger Bursche, und gewöhnlich sprach er mit diesem Studenten, wenn der auf seinen Spaziergängen an der Mühle vorbeikam. Nun fragte er ihn, was mit ihm los sei. Da erzählte ihm der Student alles und auch, daß der große Professor durch Zeichen prüfen wolle und daß er nun Angst habe, er werde die Prüfung nicht bestehen.

»Oh, wenn das alles ist«, sagte der Müller, »dann seid darüber nicht bekümmert. Habt Ihr nie davon gehört, daß manchmal ein Narr den Gelehrten Weisheit lehren kann? Laßt mich nur Euere Kleider anziehen, Euer Barett und den Talar, und ich werde für Euch zu der Prüfung gehen. Und wenn ich Erfolg habe, sollt Ihr die Ehre davontragen, und wenn ich nicht bestehe, will ich ihnen sagen, wer ich bin.«

»Aber jeder weiß, daß ich nur ein Auge habe«, sagte der Student. »Macht Euch keine Sorgen«, sagte der Müller, »ich kann mir leicht einen schwarzen Flicken über eines meiner Augen binden.« So tauschten sie also die Kleider, und der Müller ging zu der Prüfung des Professors in Barett und Talar des Studenten und mit einer schwarzen Binde über dem Auge.

Nun, gerade als der Müller den Hörsaal betrat, hatte der Professor alle andern Studenten geprüft, und keiner hatte die Bedeutung seiner Zeichen erraten oder seine Fragen beantworten

können. Der Müller stand also auf, und der Professor steckte seine Hand in die Manteltasche, zog einen Apfel heraus und hielt ihm den hin. Der Müller steckte ebenfalls seine Hand in die Tasche und zog einen trockenen Brotkanten heraus, den hielt er ebenfalls dem Professor hin. Der Professor steckte den Apfel in die Tasche und zeigte mit einem Finger auf den Müller: der Müller zeigte mit zwei Fingern auf ihn zurück. Der Professor zeigte mit drei Fingern: und der Müller hielt ihm seine geballte Faust hin. »Richtig!« sagte der Professor, und er sprach den Preis dem Müller zu. Der Müller beeilte sich, die gute Nachricht seinem Freunde, dem Studenten, zu bringen, der in der Mühle wartete. Der Student zog wieder seine eigenen Kleider an und eilte zurück, um sich den Preis verleihen zu lassen. Als er im Hörsaal ankam, stand der Professor da und erklärte den versammelten Studenten die Bedeutung der Zeichen, die er und der Student, der den Preis gewann, verwendet hatten.
»Zunächst«, sagte er, »hielt ich einen Apfel hin und bezeichnete damit den Fall der Menschheit durch Adams Sünde, und er hob sehr richtig ein Stück Brot hoch, das bedeutete, durch Christus, also durch das Brot des Lebens, wurde die Menschheit erneuert. Dann streckte ich einen Finger aus, das bedeutete, ein Gott ist in der Dreifaltigkeit; er streckte zwei Finger aus, und meinte, es sind zwei; ich streckte drei Finger aus, das hieß, es sind drei; und er hielt die geballte Faust hin, das bedeutete, die drei sind eins.«
Nun, den Studenten, der den Preis gewonnen hatte, machte es ganz irre, darüber nachzudenken, wie der Müller dies alles wissen konnte, und sobald die Feier vorüber war, in der man den Namen des erfolgreichen Kandidaten öffentlich bekanntgegeben hatte, eilte er zur Mühle und erzählte dem Müller alles, was der Professor gesagt hatte. »Ach«, sagte der Müller, »ich will Euch sagen, wie alles war. Als ich hereinkam, schaute der Professor ordentlich grimmig drein, und er griff mit der Hand in die Tasche und tastete eine Weile herum, schließlich zog er einen Apfel heraus und hielt ihn hoch, als wolle er damit nach mir werfen. Da griff ich mit der Hand in meine

Tasche, aber ich konnte nichts anderes finden als einen alten trockenen Kanten Brot. Also hielt ich den auf die gleiche Weise hoch und meinte damit, ich würde den Kanten nach ihm werfen, wenn er den Apfel würfe. Dann schaute er noch grimmiger drein und streckte einen Finger nach mir aus, so als wolle er sagen, daß er mein eines Auge ausstechen werde. Und da streckte ich zwei Finger aus und meinte, wenn er mein eines Auge ausstäche, würde ich seine beiden ausstechen. Und dann streckte er drei Finger aus, als wolle er mir das Gesicht zerkratzen, und ich ballte meine Faust und schüttelte sie gegen ihn und meinte damit, wenn er es täte, würde ich ihn niederschlagen. Und dann sagte er, ich hätte den Preis verdient.«

43. Jack Hornby

Während der Herrschaft von König Artus lebte in Cornwall, in der Nähe von Land's End, ein reicher Bauer. Er hatte einen einzigen Sohn, der wurde allgemein Jack Hornby genannt. Er hatte einen raschen und hellen Verstand, und er war dafür bekannt, daß er noch nie bei einem Handel den kürzeren gezogen hatte.

Eines Tages, Jack war nicht mehr als sieben Jahre alt, schickte ihn sein Vater auf die Weide, um nach den Ochsen zu sehen. Während er sie hütete, kam der Gutsherr über die Weide, und weil Jack dafür bekannt war, ein kluger Junge zu sein, begann er ihm Fragen zu stellen. Die erste war: »Wie viele Gebote gibt es?« Jack sagte ihm, es gäbe neun. Der Herr verbesserte ihn und sagte, es wären zehn. »O nein«, sagte Jack, »da habt Ihr nicht recht: es ist wahr, daß es zehn gab, aber Ihr habt eines davon gebrochen, als Ihr meines Vaters Kuh stahlt, als Abgabe an Euch.« Der Gutsherr war von dieser Antwort so betroffen, daß er versprach, die Kuh des armen Mannes zurückzugeben.

»Nun«, sprach Jack, »bin ich an der Reihe, eine Frage zu stellen. Könnt Ihr mir sagen, wie viele Stöckchen auf ein Krähennest kommen?«

»Ja«, sagt er, »es kommen so viele darauf, wie es für die Größe des Nestes nötig ist.«
»Oh«, sagte Jack, »Ihr habt wieder verloren. Keines kommt darauf, denn sie werden alle getragen!«
Jack Hornby wurde nie wieder von dem Gutsherrn mit Fragen belästigt.

44. Die Prinzessin von Canterbury

Da lebte einst in der Grafschaft Cumberland ein Edelmann, der hatte drei Söhne. Zwei von ihnen waren hübsche und kluge Jünglinge, aber der dritte war ein Narr von Geburt an. Er hieß Jack und befaßte sich gewöhnlich mit den Schafen. Gekleidet war er in ein vielfarbiges Gewand, und er hatte einen Spitzhut auf mit einer Troddel darauf, wie es sich für sein Wesen schickte. Nun hatte der König von Canterbury eine schöne Tochter, die übertraf alle durch ihren Verstand und ihre große Klugheit, und der König ließ bekanntmachen, wer immer drei Fragen beantworten könnte, die die Prinzessin ihm stellt, der würde sie zur Ehe erhalten und nach des Königs Hinscheiden Erbe des Throns sein. Kurz nachdem dies bekanntgemacht worden war, erreichte die Nachricht davon auch die Söhne des Edelmannes, und die beiden klugen beschlossen, einen Versuch zu wagen. Aber sie waren in arger Verlegenheit, wie sie ihren dummen Bruder abhalten sollten, mit ihnen zu gehen. Auf keine Weise konnten sie ihn loswerden und waren schließlich gezwungen, sich von Jack begleiten zu lassen.
Sie waren noch nicht weit gekommen, da schrie Jack vor Lachen und sagte: »Ich hab ein Ei gefunden.« – »Steck es in die Tasche«, sagten die Brüder. Eine Weile danach brach er wieder in Gelächter aus, weil er einen krummen Haselstock gefunden hatte. Den steckte er auch in die Tasche. Und ein drittes Mal lachte er wieder außerordentlich, weil er eine Nuß gefunden hatte. Auch die wurde zu seinen andern Schätzen gesteckt.
Als sie beim Palast angelangt waren, erklärten sie, was sie hier

vorhatten, und darauf wurden sie sogleich eingelassen. Und man führte sie in einen Raum, in dem die Prinzessin mit ihrem Gefolge saß. Jack legte niemals Wert auf Förmlichkeit und grölte los:
»Da haben wir aber eine Herde von schönen Damen!«
»Ja«, sagte die Prinzessin, »wir sind schöne Damen, denn wir tragen Feuer im Busen.«
»Tut Ihr das?« sagte Jack, »dann bratet mir ein Ei«, und er zog das Ei aus der Tasche.
»Wie willst du es wieder herausbekommen?« sagte die Prinzessin.
»Mit einem Hakenstock«, antwortete Jack und brachte den Haselzweig hervor.
»Woher kommt der?« sagte die Prinzessin.
»Von einer Nuß«, antwortete Jack und holte die Nuß aus der Tasche. »Ich habe drei Fragen beantwortet, und jetzt will ich die Dame haben.«
»Nein, nein«, sagte der König, »nicht so schnell. Du mußt noch eine Probe bestehen. Du mußt in einer Woche hierherkommen und eine ganze Nacht bei meiner Tochter, der Prinzessin, wachen. Wenn du es fertigbringst, die ganze Nacht wach zu bleiben, sollst du sie am nächsten Tag heiraten.«
»Aber wenn ich es nicht kann?« sagte Jack.
»Dann ist dein Kopf ab«, sagte der König. »Aber du mußt es nicht versuchen, wenn du nicht willst.«
Nun, Jack ging für eine Woche nach Hause zurück und dachte darüber nach, ob er versuchen sollte, die Prinzessin zu gewinnen. Zuletzt faßte er einen Entschluß. »Gut«, sagte Jack, »ich will mein Glück versuchen. Also entweder gibt's die Königstochter oder einen Schäfer ohne Kopf!«
Und er nahm seine Flasche und den Beutel und wanderte zum Schloß. Auf seinem Weg dorthin mußte er einen Fluß überqueren. Er zog seine Schuhe und Strümpfe aus, und als er hindurchwatete, spürte er, wie einige hübsche Fische gegen seine Füße stießen. Da fing er ein paar und steckte sie in die Tasche. Als er den Palast erreichte, klopfte er laut mit seinem Schäfer-

stab an das Tor. Und als er den Grund seines Besuchs genannt hatte, wurde er unverzüglich in die Halle geführt, wo die Prinzessin wohlvorbereitet saß, um ihre Freier zu empfangen. Er mußte sich in einen überaus prächtigen Sessel setzen, schwere Weine und Leckereien wurden ihm vorgesetzt und alle Arten von köstlichen Fleischspeisen. Jack war solche Kost nicht gewöhnt, er aß und trank reichlich, und so war er noch vor Mitternacht fast eingedöst.

»Oh, Schäfer«, sagte die Dame, »ich habe dich beim Einnicken ertappt!«

»Nein, liebe Gesellin, ich war eifrig beim Fischen.«

»Beim Fischen?« sagte die Prinzessin in höchstem Erstaunen, »nein, Schäfer, es gibt keinen Fischteich in der Halle hier.«

»Das hat nichts zu sagen, ich habe in meiner Tasche gefischt, und ich habe grade was gefangen.«

»Na so was«, sagte sie, »laß mich sehen.«

Verschmitzt zog der Schäfer den Fisch aus der Tasche, gab vor, ihn gefangen zu haben, zeigte ihn ihr, und sie erklärte, es sei der schönste, den sie je gesehen habe.

Etwa eine Stunde später sagte sie: »Schäfer, meinst du, du könntest noch einen für mich fangen?«

Er antwortete: »Vielleicht kann ich das, wenn ich einen Köder an meinen Haken gesteckt habe«, und nach einer kleinen Weile brachte er einen zweiten hervor, der war noch schöner als der erste, und die Prinzessin war so entzückt, daß sie ihm erlaubte, schlafen zu gehen, und sie versprach, ihn bei ihrem Vater zu entschuldigen.

Am Morgen erzählte die Prinzessin dem König zu seiner großen Verwunderung, daß Jack nicht geköpft werden müsse, denn er sei die ganze Nacht in der Halle beim Fischen gewesen. Aber als er hörte, wie Jack solche schönen Fische in der Tasche gefangen habe, bat er ihn, einen in seiner eigenen Tasche zu fangen.

Jack war dazu bereit, bat den König sich hinzulegen und gab vor, in seiner Tasche zu fischen. Er hatte bereits einen weiteren Fisch in der Hand verborgen, versetzte dem König heimlich

einen Nadelstich, hielt den Fisch hoch und zeigte ihn dem König.
Seiner Majestät schmeckte die Unternehmung nicht besonders, aber er billigte das Wunder, und die Prinzessin und Jack wurden noch am selben Tag vermählt und lebten viele Jahre in Glück und Wohlstand.

45. Ein Quart Verstand

In dieser Gegend war einmal, und es ist noch gar nicht so lange her, ein Dummkopf, und der wollte sich ein Quart Verstand kaufen, denn durch seine Torheit geriet er immer wieder in die Klemme, und jedermann lachte ihn aus. Die Leute erzählten ihm, er könne alles, was er haben wolle, von der weisen Frau bekommen, die oben auf dem Hügel wohnte und mit Heiltränken handelte, mit Pflanzen und Zaubersprüchen und derlei Dingen, und sie konnte dir alles sagen, was dir und deinen Leuten zustoßen würde. Er sagte das also seiner Mutter und fragte sie, ob er die weise Frau aufsuchen und ein Quart Verstand kaufen solle.
»Das solltest du tun«, sagte sie, »du hast's blutnotwendig, mein Sohn. Und wenn ich sterben sollte, wer würde sich dann um so einen armen Dummkopf wie dich kümmern, der so wenig für sich selber sorgen kann wie ein ungeborenes Kind! Aber achte auf dein Benehmen und sprich anständig, denn solche weisen Leute sind von feiner Art und nehmen leicht etwas krumm.«
Er ging also nach dem Tee fort. Und da war sie und saß beim Feuer und rührte in einem großen Topf.
»'n Abend, Frau«, sagte er, »schöner Abend heute.«
»Ja«, sagt sie und rührt weiter.
»Regnen wird's vielleicht«, sagt er und trippelt von einem Fuß auf den andern.
»Vielleicht«, sagt sie.
»Und kann sein, 's wird nicht«, sagt er und schaut durchs Fenster hinaus.

»Kann sein«, sagt sie.
Und er kratzte sich am Kopf und drehte seinen Hut herum.
»Also«, sagt er, »übers Wetter fällt mir nichts andres ein, aber wart mal das Getreide kommt gut.«
»Gut«, sagt sie.
»Und – und – das Vieh wird fetter«, sagt er.
»Das wird's«, sagt sie.
»Und – und –«, sagt er und bleibt stecken – »ich meine, jetzt gehen wir ans Geschäft, wenn wir mit dem höflichen Zeug fertig sind. Habt Ihr irgendwelchen Verstand zu verkaufen?«
»Das kommt darauf an«, sagt sie, »ob du Königsverstand brauchst oder Soldatenverstand oder Schulmeisterverstand, die führ ich nicht.«
»Ach wo«, sagt er, »einfach gewöhnlichen Verstand – wie er für jeden Dummkopf taugt, so wie ihn jeder hier hat, wie's halt hier gerade üblich ist.«
»Aha«, sagt die weise Frau, »das könnte ich schaffen, wenn du selbst mithelfen willst.«
»Wie soll 'n das gehen, Frau?« sagt er.
»Einfach so«, sagt sie und schaut in den Topf. »Bring mir das Herz von dem Ding, das du am liebsten magst, und dann sage ich dir, woher du dein Quart Verstand bekommst.«
»Aber«, sagt er und kratzt sich am Kopf, »wie soll ich das machen?«
»Das kann ich dir nicht sagen«, sagt sie, »finde es selbst heraus, mein Junge, wenn du nicht deiner Lebtag ein Dummkopf bleiben willst. Aber du wirst mir ein Rätsel erraten müssen, damit ich sehen kann, ob du das richtige Ding gebracht hast und ob du deinen Verstand bei dir hast. Und jetzt muß ich mich um etwas anderes kümmern«, sagt sie, »also guten Abend«, und sie trug den Topf mit sich hinein in die hintere Kammer.
Der Dummkopf ging also fort und zu seiner Mutter und erzählte ihr, was die weise Frau gesagt hatte.
»Ich denke, ich muß das Schwein töten«, sagt er, »denn fetten Speck mag ich lieber als alles andere.«
»Dann tu's, mein Junge«, sagte seine Mutter, »denn es wird

bestimmt eine besondere und feine Sache für dich sein, wenn du dir ein Quart Verstand kaufen kannst und dann imstande bist, für dich selbst zu sorgen.«

Er tötete also sein Schwein, und am nächsten Tag ging er hin zur Hütte der weisen Frau. Und da saß sie und las in einem großen Buch.

»Guten Abend, Frau«, sagt er, »ich hab Euch das Herz von dem Ding gebracht, das ich am liebsten mag, und ich hab es in Papier eingewickelt auf den Tisch gelegt.«

»Ah so?« sagt sie und schaut ihn durch ihre Brille an. »Dann sag mir nun, was läuft ohne Füße?«

Er kratzte sich am Kopf und dachte nach und dachte nach, aber er konnte es nicht sagen.

»Geh deiner Wege«, sagt sie, »du hast mir noch nicht das richtige Ding gebracht. Ich habe heute keinen Verstand für dich.«

Und sie schlug das Buch zu und drehte ihm den Rücken zu.

So ging der Dummkopf fort, um es seiner Mutter zu erzählen. Aber als er in der Nähe des Hauses war, kamen Leute herausgelaufen und erzählten ihm, daß seine Mutter im Sterben lag.

Und als er hineinkam, sah ihn seine Mutter nur an und lächelte, als wollte sie sagen, sie könne ihn beruhigt verlassen, weil er nun genug Verstand habe, um für sich selbst zu sorgen. Und dann starb sie.

Da setzte er sich nieder, und je mehr er darüber nachdachte, desto übler war ihm zumute. Es fiel ihm ein, wie sie ihn gepflegt hatte, als er ein kleiner Kerl war, und wie sie ihm bei den Aufgaben geholfen und ihm sein Essen gekocht hatte, und wie sie seine Kleider geflickt und seine Dummheit ertragen hatte; er wurde immer trauriger und trauriger und fing an zu schluchzen und zu heulen.

»Oh, Mutter, Mutter!« sagt er, »wer wird jetzt für mich sorgen! Du hättest mich nicht allein lassen sollen, denn ich hatte dich lieber als alles andere!«

Und als er das sagte, fielen ihm die Worte der weisen Frau ein.

»Heijei!« sagt er, »soll ich Mutters Herz zu ihr bringen?«

»Nein, das kann ich nicht machen«, sagt er. »Was soll ich

machen? Was soll ich machen, damit ich dieses Quart Verstand bekomme, wo ich jetzt allein bin auf der Welt?« So dachte er nach und dachte nach und dachte nach, und am nächsten Tag ging er und lieh sich einen Sack aus, wickelte seine Mutter hinein und trug das Bündel auf der Schulter hinauf zur Hütte der weisen Frau.

»'n Abend, Frau«, sagt er, »ich denke, ich hab Euch diesmal bestimmt das richtige Ding gebracht«, und patsch! ließ er den Sack auf die Türschwelle herunterplumpsen.

»Vielleicht«, sagt die weise Frau, »aber rate mir jetzt dies: was ist gelb und schimmernd, aber kein Gold?«

Und er kratzte sich am Kopf und dachte nach und dachte nach, aber er konnte es nicht sagen.

»Du hast nicht das Richtige erwischt, mein Junge«, sagt sie. »Ich hab den Verdacht, du bist ein noch größerer Dummkopf, als ich meinte!«, und sie machte ihm die Tür vor der Nase zu.

»Jetzt schau an!« sagt er und setzt sich am Straßenrand nieder und flennt.

»Ich hab die beiden einzigen Dinge verloren, die mir lieb waren, und was finde ich sonst, mit dem ich mir ein Quart Verstand kaufen kann!« Und er heulte drauflos, daß ihm die Tränen in den Mund liefen. Da kam ein Mädchen daher, das wohnte in der Nähe, und die schaute ihn an.

»Was ist denn mit dir los, Dummer?« sagt sie.

»Uuh, ich hab mein Schwein getötet und meine Mutter verloren, und ich bin selber nichts als ein Dummkopf«, sagt er und schluchzt.

»Das ist schlimm«, sagt sie, »und hast du keinen, der für dich sorgt?«

»Nein«, sagt er, »und ich kann mir kein Quart Verstand kaufen, weil nichts mehr da ist, das ich am liebsten mag!«

»Was redest du da!« sagt sie.

Und sie setzt sich neben ihn hin, und er erzählte ihr alles von der weisen Frau und dem Schwein und von seiner Mutter und den Rätseln, und daß er allein sei auf der Welt.

»Nun«, sagt sie, »es würde mir nichts ausmachen, selbst für dich zu sorgen.«
»Könntest du das?« sagt er.
»O ja«, sagt sie, »die Leute sagen, Dummköpfe geben gute Ehemänner ab, und ich denke, ich nehme dich, wenn du willst.«
»Kannst du kochen?« sagt er.
»Ja, das kann ich«, sagt sie.
»Und schrubben?« sagt er.
»Freilich«, sagt sie.
»Und meine Kleider flicken?« sagt er.
»Das kann ich«, sagt sie.
»Ich denke, dann taugst du so gut wie irgendeiner«, sagt er, »aber was soll ich jetzt wegen der weisen Frau machen?«
»Ach, wart ein wenig«, sagt sie, »vielleicht findet sich etwas, und es macht auch nichts aus, wenn du ein Dummkopf bist, solang du mich hast und ich für dich sorge.«
»Das ist wahr«, sagt er, und sie machten sich auf und heirateten. Und sie hielt sein Haus so sauber und ordentlich und kochte ihm sein Essen so gut, daß er nachts einmal zu ihr sagte: »Mädchen, ich mein, dich mag ich eigentlich am allerliebsten von allem.«
»Das hört sich gut an«, sagt sie, »und was nun?«
»Meinst du, ich muß dich jetzt töten und dein Herz hinauftragen zu der weisen Frau für das Quart Verstand?«
»Bei Gott, nein!« sagt sie und schaut entsetzt drein, »das will ich nicht haben. Aber sieh mal, du hast doch das Herz deiner Mutter nicht herausgeschnitten, nicht wahr?«
»Nein, aber wenn ich es gemacht hätte, dann hätte ich vielleicht mein Quart Verstand bekommen«, sagt er.
»Kein bißchen davon«, sagt sie, »nimm du mich mit, wie ich bin, das Herz und alles zusammen, und ich wette, ich helfe dir die Rätsel erraten.«
»Kannst du das?« sagt er ungläubig, »ich denke, die sind zu schwer für Weibervolk.«
»Nun«, sagt sie, »wir wollen mal sehen. Sag mir das erste.«
»Was läuft ohne Füße?« sagt er.

»Nun, das Wasser!« sagt sie.
»Stimmt«, sagt er und kratzt sich am Kopf.
»Und was ist gelb und schimmernd, aber kein Gold?«
»Nun, die Sonne!« sagt sie.
»Meiner Treu, stimmt!« sagt er. »Komm, wir gehen gleich hinauf zu der weisen Frau«, und sie gingen hin. Und als sie den Pfad heraufkamen, saß sie vor der Tür und flocht Stroh.
»Guten Abend, Frau«, sagt er.
»Guten Abend, Dummkopf«, sagt sie.
»Ich denke, ich hab Euch schließlich doch das richtige Ding gebracht«, sagt er.
Die weise Frau sah die beiden an und wischte über ihre Brillengläser.
»Kannst du mir sagen, was das ist: zuerst hat es keine Beine, dann zwei Beine und mit vier Beinen hört es auf?«
Und der Dummkopf kratzte sich am Kopf und dachte nach und dachte nach, aber er konnte es nicht sagen.
Und das Mädchen flüsterte ihm ins Ohr:
»Das ist eine Kaulquappe.«
»Kann sein«, sagt er dann, »es könnte eine Kaulquappe sein, Frau.«
Die weise Frau nickte mit dem Kopf.
»Das ist richtig«, sagt sie, »und du hast bereits dein Quart Verstand bekommen.«
»Wo ist er?« sagt er, schaut sich um und langt in die Taschen.
»Im Kopf von deiner Frau«, sagt sie. »Das einzige Heilmittel für einen Dummkopf ist eine tüchtige Frau, die für ihn sorgt, und das hast du bekommen, und jetzt Guten Abend!« Und damit nickte sie ihnen zu, und auf und ins Haus.
So gingen sie zusammen nach Hause, und niemals wieder wollte er ein Quart Verstand kaufen, denn seine Frau hatte genug für beide.

46. Die drei Törichten

Es waren einmal ein Bauer und sein Weib, die hatten eine Tochter, um die freite ein Herr. An jedem Abend pflegte er zu kommen und sie zu besuchen, und er blieb immer zum Abendessen auf dem Hof. Die Tochter wurde dann immer in den Keller geschickt, damit sie Bier aus dem Faß zapfe. So war sie eines Abends hinuntergegangen, um das Bier zu zapfen, und zufällig schaute sie hinauf zur Decke, während sie den Hahn aufdrehte, und da sah sie hinter einem der Balken einen Schlegel stecken. Er mußte da schon seit langer, langer Zeit gesteckt haben, aber irgendwie hatte sie es niemals vorher bemerkt, und nun begann sie darüber nachzudenken. Und sie dachte, es sei sehr gefährlich, den Schlegel hier zu haben, und sie sagte zu sich selbst: »Angenommen, er und ich heiraten, und wir haben einen Sohn, und der wächst heran und wird ein Mann, und er kommt in den Keller, um Bier zu zapfen, so wie ich es jetzt tue, und der Schlegel fällt ihm auf den Kopf und tötet ihn, was wäre das für eine entsetzliche Sache!« Und sie stellte die Kerze und den Krug ab, setzte sich nieder und fing an zu weinen.

Nun, oben fingen sie an sich zu wundern, warum sie so lange beim Bierzapfen war, und ihre Mutter ging hinunter, um nach ihr zu sehen, und fand sie auf der Bank sitzend, und sie weinte und das Bier lief über den Boden. »Nanu, was ist denn nur los?« sagte die Mutter. »O Mutter!« sagt sie, »sieh den schrecklichen Schlegel an! Angenommen wir heiraten, und wir haben einen Sohn, und er wächst heran und kommt in den Keller, um Bier zu zapfen, und der Schlegel fällt ihm auf den Kopf und tötet ihn, was wäre das für eine entsetzliche Sache!«

»Ach du mein Liebes, was wäre das für eine entsetzliche Sache!« sagte die Mutter, und sie setzte sich neben ihrer Tochter nieder und fing auch an zu weinen. Dann nach einer Weile begann der Vater sich zu wundern, warum sie nicht zurückkamen, und er ging in den Keller, um selbst nach ihnen zu sehen. Und da saßen die beiden und weinten, und das Bier lief über den ganzen Boden. »Was ist denn nur los?« sagt er. »Ach«, sagt die

Mutter, »sieh den schrecklichen Schlegel an. Einmal angenommen, unsere Tochter und ihr Liebster heiraten und haben einen Sohn, und er wächst heran und kommt in den Keller, um Bier zu zapfen, und der Schlegel fällt ihm auf den Kopf und tötet ihn, was wäre das für eine entsetzliche Sache!«
»Ach du meine liebe Güte! Das wäre es wirklich!« sagte der Vater, und er setzte sich nieder und fing an zu weinen.
Nun wurde es der Herr müde, in der Küche allein bleiben zu müssen, und er ging zuletzt auch in den Keller hinunter, um zu sehen, was sie da täten. Und da saßen alle nebeneinander und weinten, und das Bier lief über den ganzen Boden. Und er ging hin und drehte den Hahn ab. Dann sagte er: »Was in aller Welt macht ihr drei hier? Ihr sitzt da und weint und laßt das Bier über den ganzen Boden laufen?«
»Oh!« sagt der Vater, »seht den schrecklichen Schlegel an! Angenommen, Ihr und unsere Tochter heiratet, und ihr habt einen Sohn und der wächst heran und kommt in den Keller, um Bier zu zapfen, und der Schlegel fällt ihm auf den Kopf und tötet ihn!« Und dann fingen sie alle an noch ärger zu weinen als vorher. Aber der Herr brach in Lachen aus, faßte hinauf und zog den Schlegel heraus. Und dann sagte er: »Ich bin viele Meilen weit gereist, und nie vorher habe ich drei so törichte Leute getroffen wie euch. Und nun werde ich wieder auf Reisen gehen, und wenn ich drei größere Toren finde als euch drei, dann will ich zurückkehren und eure Tochter heiraten.« So sagte er ihnen Lebwohl und machte sich auf die Reise, und er verließ sie alle, während sie darüber weinten, daß das Mädchen seinen Liebsten verloren hatte.
Nun, er machte sich auf und reiste weit und kam zuletzt zur Hütte einer Frau. Auf dem Dach der Hütte wuchs Gras. Und die Frau versuchte ihre Kuh dazu zu bringen, über eine Leiter zu dem Gras zu gehen, und das arme Vieh wollte nicht. Da fragte der Herr die Frau, was sie da mache. »Na, seht doch«, sagte sie, »seht all das schöne Gras. Ich bin dabei, die Kuh auf das Dach zu kriegen, damit sie das Gras frißt. Sie wird da ganz sicher sein, denn ich werde einen Strick um ihren Hals

binden und ihn durch den Kamin herunterlassen und ihn an mein Handgelenk binden, während ich im Haus bin, so daß sie nicht herunterfallen kann, ohne daß ich es merke.«
»O du armselige Törin!« sagte der Herr, »du solltest das Gras abschneiden und es der Kuh herunterwerfen!« Aber die Frau meinte, es sei leichter, die Kuh über die Leiter hinaufzukriegen als das Gras herunter, und so schob sie die Kuh und redete auf sie ein und brachte sie auch hinauf. Sie band ihr einen Strick um den Hals, ließ den durch den Kamin herunter und machte ihn an ihrem eigenen Handgelenk fest. Und der Herr ging seiner Wege. Aber er war noch nicht weit gegangen, da purzelte die Kuh vom Dach und hing an dem Strick, der um ihren Hals gebunden war, und der erwürgte sie. Und das Gewicht der Kuh, die an ihr Handgelenk gebunden war, zog die Frau in den Kamin hinauf, und sie blieb halberwege stecken und erstickte im Ruß.
Na, das war die eine große Törin.
Und der Herr ging weiter und weiter, und er ging zu einem Gasthaus, um dort die Nacht über zu bleiben, und das Gasthaus war so überfüllt, daß sie ihn in ein Zweibettzimmer tun mußten, und in dem anderen Bett sollte ein anderer Reisender schlafen. Der andere Mann war ein sehr angenehmer Bursche, und sie kamen sehr freundschaftlich miteinander aus. Aber am Morgen, als sie beide aufstanden, war der Herr überrascht, als er sah, wie der andere seine Hosen an die Griffe der Kommode hing und quer durch das Zimmer lief und versuchte, in die Hosen hineinzuspringen. Und er versuchte es immer und immer wieder, und es gelang ihm nicht. Der Herr wunderte sich, warum er das denn nur machte. Schließlich hielt er inne und wischte sich das Gesicht mit dem Taschentuch ab. »Du meine Güte«, sagt er, »ich glaube wirklich, Hosen sind die ungeschickteste Art von Kleidung, die es je gegeben hat. Ich kann mir nicht vorstellen, wer diese Dinger erfunden haben kann. Jeden Morgen brauche ich den größten Teil einer Stunde, um in die meinen hineinzukommen, und mir wird dabei so heiß! Wie werdet Ihr mit den Euren fertig?«

Da brach der Herr in Lachen aus und zeigte ihm, wie man sie anzieht, und der war ihm sehr dankbar dafür und sagte, er wäre nie daraufgekommen, es auf diese Weise zu machen.
Das war also ein zweiter großer Tor.
Dann reiste der Herr weiter. Und er kam zu einem Dorf, und außerhalb des Dorfes war da ein Teich und um den Teich herum stand eine Menschenmenge. Und die hatten alle Harken und Besen und Mistgabeln und fuhren damit in dem Teich hin und her. Der Herr fragte, was los sei. »Na, genug ist los!« sagten sie. »Der Mond ist in den Teich gepurzelt, und wir können und können ihn nicht wieder herauskriegen!« Da brach der Herr in Lachen aus und sagte ihnen, sie sollten zum Himmel aufschauen, und im Wasser sei nur das Spiegelbild des Mondes. Sie aber wollten nicht auf ihn hören und beschimpften ihn erbärmlich, und da machte er, daß er so schnell wie möglich wegkam.
So war also eine ganze Menge von Toren törichter als die drei Törichten zu Haus. Da kehrte der Herr nach Hause zurück und heiratete die Tochter des Bauern, und wenn sie nicht allezeit glücklich und in Frieden gelebt haben, so hat das nichts zu tun mit dir oder mir.

47. *Die weisen Narren von Gotham*

Die Überlieferung sagt, das Kuckucksgebüsch in der Nähe von Gotham sei gepflanzt oder gesetzt worden zur Erinnerung an einen Streich, den die Einwohner von Gotham König Johann gespielt haben. So wird die Geschichte erzählt:
König Johann kam auf dem Weg nach Nottingham durch diesen Ort und wollte über die Wiesen gehen. Er wurde von den Dorfleuten daran gehindert, denn sie befürchteten, der Grund, über den ein König ging, müsse danach für alle Zeiten ein öffentlicher Weg bleiben. Der König war erzürnt über ihr Vorgehen und sandte kurz danach von seinem Hof aus einige seiner Dienstleute, damit sie die Ursache dieser Unhöflichkeit und

schlechten Behandlung erforschten, auf daß er die Dorfleute durch Geldbußen oder eine andere ihm angemessen dünkende Buße bestrafen könne. Die Dorfleute erfuhren, daß des Königs Leute auf dem Weg zu ihnen waren, und dachten nach über ein Mittel, wie sie Seiner Majestät Mißfallen von sich abwenden könnten.

Als die Boten in Gotham ankamen, fanden sie einige der Einwohner dabei, wie sie sich nach Kräften abmühten, einen Aal im Tümpel zu ertränken. Andere waren eifrig dabei, Karren auf eine große Scheune zu zerren, damit das Holz vor der Sonne beschattet werde. Wieder andere ließen ihre Käse einen Hügel hinunterrollen, damit sie den Weg nach Nottingham zum Markt fänden. Und einige waren dabei, einen Kuckuck einzuzäunen, der sich auf einen alten Busch gesetzt hatte, der dort stand, wo nun das neue Gebüsch ist. Kurzum, sie waren alle mit diesem oder jenem närrischen Tun beschäftigt, und so wurden des Königs Dienstleute davon überzeugt, daß es ein Dorf von Narren war. Und von daher kommt die alte Redewendung »Die weisen Männer« oder »die Narren von Gotham«.

48. Die Weisen von Gotham

Wie einer Schafe kaufte

Es waren einmal zwei Männer von Gotham, und einer von ihnen ging nach Nottingham zum Markt, um Schafe zu kaufen, und der andere kam vom Markt, und die beiden trafen auf der Brücke von Nottingham zusammen.

»Wohin gehst du?« sagte der eine, der von Nottingham kam.

»Herrje«, sagte der andere, der nach Nottingham ging, »ich gehe Schafe kaufen.«

»Schafe kaufen?« sagte der erste, »und auf welchem Weg willst du sie heimbringen?«

»Herrje«, sagte der andere, »ich werde sie über diese Brücke heimbringen.«
»Bei Robin Hood«, sagte der, der von Nottingham kam, »das sollst du nicht!«
»Bei der Jungfer Marian«, sagte der, der zum Markt ging, »das werde ich aber.«
»Das wirst du nicht«, sagte der eine.
»Das werde ich«, sagte der andere.
Dann stießen sie ihre Krummstäbe gegen den Boden, einer dem andern gegenüber, als wären da hundert Schafe zwischen ihnen.
»Halt ein«, sagte der eine, »paß auf, sonst springen meine Schafe über die Brücke hinunter.«
»Das kümmert mich nicht«, sagte der andere, »sie sollen hier nicht durchkommen.«
»Das sollen sie doch«, sagte der andre.
Dann sagte der erste: »Und wenn du dich weiter so aufführst, stopf ich dir meine Faust ins Maul.«
»Wirst du das?« sagte der andere.
Nun, während sie so beim Streiten waren, kam ein anderer Mann von Gotham vom Markt daher, der hatte einen Sack Mehl auf dem Pferd. Als er sah und hörte, wie seine Nachbarn sich um Schafe zankten, obwohl gar keine bei ihnen waren, sagte er:
»He, ihr Narren! Werdet ihr je gescheit werden? Helft mir und legt mir den Sack auf die Schultern.«
Das taten sie, und er ging zum Brückenrand, machte den Sack auf und schüttete all sein Mehl in den Fluß hinunter.
»Na, Nachbarn«, sagte er, »wieviel Mehl ist in meinem Sack hier?«
»Herrje«, sagten sie, »da ist gar keines drin.«
»Nun, meiner Treu«, sagte er, »gerade soviel, wie Verstand in euren beiden Köpfen ist, wenn ihr ein Gezänk anfangt über etwas, das ihr gar nicht habt.«
Urteilt selbst, welcher der Klügste war unter diesen drei Leuten.

Wie sie einen Kuckuck umzäunten

Einmal wollten die Männer von Gotham den Kuckuck festhalten, damit er das ganze Jahr über singe, und sie legten in der Mitte ihrer Stadt eine kreisrunde Hecke an und besorgten einen Kuckuck und setzten ihn hinein und sagten zu ihm: »Sing hier nun das ganze Jahr über, sonst bekommst du weder Fleisch noch Wasser.«

Sobald der Kuckuck sah, daß er in der Hecke war, flog er davon. »Verdammt soll er sein«, sagten sie. »Wir haben unsere Hecke nicht hoch genug gemacht.«

Wie einer Käse aussandte

Da war in Gotham ein Mann, der ging zum Markt nach Nottingham, um Käse zu verkaufen. Und als er den Hügel zur Brücke von Nottingham hinunterging, fiel ihm ein Käse aus dem Ranzen und rollte den Hügel hinab. »Aha, alter Knabe«, sagte der Kerl aus Gotham, »kannst du allein zum Markt laufen? Ich will dir einen nach dem andern hinterherschicken.« Dann legte er seinen Ranzen ab und nahm die Käse heraus und ließ sie den Hügel hinabrollen. Einige rollten in den einen Busch und einige in einen anderen.

»Ich verlange von euch allen, daß ihr mich beim Marktplatz trefft!« Und als der Kerl zum Markt kam, um seine Käse zu treffen, wartete er da, bis der Markt fast vorüber war. Dann ging er hierhin und dorthin und fragte bei seinen Freunden und Nachbarn an und bei anderen Leuten auch, ob sie gesehen hätten, daß seine Käse zum Markt gekommen seien.

»Wer sollte sie herbringen?« sagte einer von den Marktleuten.

»Herrje, sie sich selbst«, sagte der Kerl. »Sie kennen den Weg gut genug.«

Er sagte: »Verdammt sollen sie sein. Als ich sie so schnell laufen sah, habe ich befürchtet, daß sie über den Markt hinauslaufen würden. Ich bin jetzt ganz überzeugt, daß sie nun schon fast in York sein müssen.«

Daraufhin mietete er sofort ein Pferd, um nach York zu reiten und seine Käse zu suchen, wo sie nicht waren, aber bis zum heutigen Tag kann ihm niemand etwas von seinen Käsen sagen.

Wie sie einen Aal ertränkten

Als der Karfreitag herankam, steckten die Männer von Gotham ihre Köpfe zusammen und berieten, was sie mit ihren Salzheringen machen sollten, mit ihren Räucherheringen, den Sprotten und dem anderen Salzfisch. Einer beriet sich mit dem anderen, und sie kamen überein, daß diese Fische in den Teich geworfen werden sollten (er war in der Mitte des Ortes), damit sie sich im nächsten Jahr fortpflanzten. Und jeder, der Salzfisch übrig hatte, warf ihn in den Tümpel.

»Ich habe viele Salzheringe«, sagte einer.

»Ich habe viele Sprotten«, sagte ein andrer.

»Ich habe viele Räucherheringe«, sagte wieder einer.

»Ich habe viel Salzfisch. Wir wollen sie alle in den Teich oder Tümpel geben, dann können wir im nächsten Jahr herrschaftlich leben.«

Zu Anfang des nächsten Jahres begaben sich die Männer zu dem Teich, um ihre Fische zu bekommen, aber nichts war da als ein großer Aal. »Ach«, sagten sie alle, »zum Teufel mit diesem Aal, denn er hat alle unsere Fische aufgefressen.«

»Was sollen wir mit ihm machen?« sagte einer zum andern.

»Ihn töten«, sagte einer.

»Hackt ihn in Stücke«, sagte ein anderer. »Nicht doch«, sagte wieder einer, »wir wollen ihn ertränken.«

»So soll es sein«, sagten alle. Und sie gingen zu einem anderen Tümpel und warfen den Aal hinein. »Da lieg und sieh zu, wo du bleibst, denn von uns bekommst du keine Hilfe«, und sie ließen den Aal da, damit er ertrinke.

Wie sie die Abgaben zahlten

Einmal hatten die Männer von Gotham vergessen, ihrem Grundherrn die Abgaben zu bezahlen. Einer sagte zum andern: »Morgen ist unser Zahltag, und wie werden wir's anstellen, daß wir das Geld zu unserm Herrn schicken?«

Der eine sagte: »Ich habe heute einen Hasen gefangen, und der soll es hintragen, denn er ist schnell zu Fuß.«

»So soll es sein«, sagten alle, »er bekommt einen Brief und einen Geldbeutel, in den wir unser Geld stecken, und wir weisen ihm den richtigen Weg.«

Als nun die Briefe geschrieben waren und das Geld im Beutel steckte, banden sie alles dem Hasen um den Hals und sagten: »Zuerst gehst du nach Lancaster, dann mußt du nach Loughborough, und Newarke ist unser Grundherr, ihm empfiehlst du uns, und da seien unsere Abgaben.«

Sobald der Hase ihnen aus den Händen war, sauste er den Feldweg entlang. Einige schrien: »Du mußt zuerst nach Lancaster gehen!«

»Laßt ihn in Ruhe«, sagte ein anderer, »er weiß einen kürzeren Weg als der Klügste von uns. Laßt ihn gehen.«

Ein zweiter sagte: »Es ist eine verschlagene Häsin, laßt sie in Ruhe, sie will sich nicht an die Landstraße halten, weil sie die Hunde fürchtet.«

Wie sie zählten

Zu einer gewissen Zeit gingen einmal zwölf Männer von Gotham zum Fischen, und einige gingen im Wasser und einige auf trockenem Grund. Und als sie zurückkamen, sagte einer von ihnen: »Heute haben wir mit dem Waten viel gewagt; geb's Gott, daß keiner, der mit uns von daheim gekommen war, ertrunken ist.«

»Herrje«, sagte einer, »laßt uns nachsehen. Unser zwölf zogen aus«, und dann zählte jeder von ihnen elf, und der zwölfte zählte sich niemals selbst mit.

»O weh!« sagte einer zum andern, »einer von uns ist ertrunken.« Sie gingen zu dem Bach zurück, an dem sie gefischt hatten, und suchten bachauf und bachab nach dem, der ertrunken war, und sie jammerten sehr. Ein Höfling kam vorbeigeritten, und der fragte sie, was sie suchten und weshalb sie so klagten. »Ach«, sagten sie, »wir kamen heute zu diesem Bach, um zu fischen, und da waren wir zwölf, und nun ist einer ertrunken.«

»Nun denn«, sagte der Höfling, »zählt mir vor, wie viele ihr seid«, und einer zählte elf und zählte sich selbst nicht. »Nun«, sagte der Höfling, »was gebt ihr mir, wenn ich den zwölften Mann finde?«

»Herr«, sagten sie, »alles Geld, das wir haben.«

»Gebt mir das Geld«, sagte der Höfling. Und er fing mit dem ersten an und gab ihm einen Hieb über die Schultern, daß er aufstöhnte, und sagte: »Da ist einer«, und dann bediente er alle, daß sie stöhnten. Aber als er zu dem letzten kam, versetzte er ihm einen kräftigen Streich und sagte: »Hier ist der zwölfte Mann.«

»Gott segne Eure Güte«, sagte die ganze Gesellschaft, »Ihr habt unsern Nachbarn gefunden.«

49. Der Schneider und seine Gesellen

Da war einmal ein Dorfschneider, der hatte zwei Gesellen, und er pflegte sie bis elf Uhr in der Nacht arbeiten zu lassen. Eines Tages mußte der Schneider in die Stadt gehen, um Tuch zu kaufen, und er kam spät am Abend zurück und mußte auf dem Heimweg durch einen einsamen Wald. Die Gesellen wußten, er würde durch den Wald nach Hause gehen, und als es dunkel war, gingen sie hin und stiegen auf einen Baum neben dem Fußweg, von dem sie wußten, daß da ihr Meister kommen würde. Nach kurzer Zeit hörten sie den Schneider kommen, und einer von ihnen rief aus: »Abraham!« Der Schneider antwortete: »Ja, Herr«, und dachte, Gott hätte zu ihm gesprochen. Einer von den Gesellen im Baum sagte:

»Läßt bis elf du die Burschen am Arbeiten hangen,
sollst du selbst ins Himmelreich niemals gelangen.«

Als der Schneider fort war, liefen die Burschen schnell auf einem kürzeren Weg heim, und als ihr Meister das Haus erreichte, waren sie bei der Arbeit. Sobald er die Tür aufgemacht hatte, sagte er zu ihnen: »Legt die Arbeit beiseite, Burschen, legt die Arbeit beiseite«, und danach ließ er sie nie wieder so lange arbeiten.

50. Adams Sohn

Eines Tages war ein Mann beim Arbeiten. Es war sehr heiß und er grub. Ab und zu hielt er inne, um auszuruhen und sein Gesicht abzuwischen, und er war sehr ärgerlich, wenn er daran dachte, daß er nur wegen Adams Sünde so schwer arbeiten müsse. Er beklagte sich also bitterlich und sagte einige böse Worte über Adam.

Zufällig hörte ihn sein Meister, und der fragte ihn: »Warum beschuldigst du Adam? Du hättest es geradeso gemacht wie er, wenn du an seiner Stelle gewesen wärst.«

»Nein, das hätte ich nicht«, sagte der Mann. »Ich hätte es besser verstanden.«

»Nun, ich werde dich auf die Probe stellen«, sagt sein Meister, »komm zum Mittagessen zu mir.«

Es wurde Mittagszeit, der Mann kam, und sein Meister führte ihn in ein Zimmer, wo eine Tafel mit allerlei feinen Sachen gedeckt war. Und er sagte: »So, nun kannst du von allen Gerichten auf dieser Tafel essen, soviel du willst, aber die zugedeckte Schüssel in der Mitte darfst du nicht berühren, bis ich zurückkomme.« Und damit ging der Meister aus dem Zimmer und ließ den Mann da ganz allein.

Der Mann setzte sich also nieder und bediente sich und aß etwas von diesem Gericht und etwas von jenem, und er fühlte sich sehr wohl. Aber nach einer Weile, als sein Meister nicht zurückkam, fing er an, nach der zugedeckten Schüssel zu sehen,

und er fragte sich, was wohl darin sei. Und er dachte mehr und mehr darüber nach und sagte zu sich: »Es muß etwas besonders Feines sein. Warum sollte ich es nicht einfach ansehen? Ich werde es nicht berühren. Es kann nichts Böses sein, wenn ich nur einen Blick daraufwerfe.« Er konnte sich also zuletzt nicht mehr zurückhalten und hob den Deckel ein klein wenig hoch; aber er konnte nichts sehen. Da hob er ihn ein wenig mehr, und da sprang eine Maus heraus. Der Mann versuchte sie zu fangen, aber sie lief weg und sprang vom Tisch, und er lief hinterdrein. Sie lief zuerst in die eine Ecke und dann, als er gerade dachte, er hätte sie, in eine andere und unter den Tisch und im ganzen Zimmer umher. Und der Mann machte so einen Krach, als er sprang und zuschlug und hinter der Maus herlief und sie zu fangen versuchte, daß schließlich sein Meister hereinkam.
»Aha!« sagte er, »daß du nie mehr Adam beschuldigst, mein Lieber!«

51. Der begrabene Mond

Es ist lange her, in der Zeit meiner Großmutter, da bestand das Car-Land ganz aus Sümpfen, aus großen Tümpeln mit schwarzem Wasser und aus schleichenden Rinnsalen mit grünem Wasser und aus matschigen Schlammbuckeln, die aufspritzten, wenn man darauftrat.
Nun, Großmutter pflegte davon zu sprechen, wie lange vor ihrer Zeit Frau Mond selbst einmal tot war und in den Sümpfen begraben, und so, wie sie es mir erzählte, will ich euch alles darüber erzählen.
Zu jener Zeit schien Frau Mond und schien, gerade wie sie es heute tut, und wenn sie schien, erhellte sie die Moortümpel, so daß einer umhergehen konnte geradeso sicher wie am Tage.
Aber wenn Frau Mond nicht schien, dann kamen all die Wesen hervor, die in der Dunkelheit wohnen, und sie trieben sich umher, um zu suchen, wo sie Böses tun können und Leid zufügen. Sumpfgeister und kriechende Scheusale, alle kamen heraus, wenn Frau Mond nicht schien.

Nun, Frau Mond hörte davon, und da sie freundlich und gut ist – und gewiß ist sie das, wenn sie doch für uns in der Nacht scheint, anstatt ihre natürliche Rast zu halten –, war sie mächtig besorgt. »Ich will selbst nachsehen, ja, das will ich«, sagte sie, »vielleicht ist es nicht so schlimm, wie es die Leute machen.«
Und wirklich, am Ende des Monats schritt sie herunter, eingehüllt in einen schwarzen Mantel und mit einer schwarzen Kapuze über ihrem gelben schimmernden Haar. Geradenwegs ging sie zum Rand des Sumpfes und sah sich um. Hier Wasser und da Wasser; wehende Büschel und zitternde Schlammbuckel und große schwarze Baumstümpfe, die sich wanden und krümmten. Vor ihr war alles dunkel – dunkel, bis auf das Glitzern der Sterne in den Tümpeln und das Licht, das von ihren eigenen weißen Füßen ausging, die sich unter dem schwarzen Mantel hervorstahlen.
Frau Mond zog ihren Mantel fester zusammen und zitterte, aber sie wollte nicht zurückgehen, ohne alles gesehen zu haben, was da zu sehen war. So ging sie weiter, so leicht wie der Sommerwind schritt sie von Grasbüschel zu Grasbüschel, hindurch zwischen den gierig gurgelnden Wasserlöchern. Gerade als sie sich einem großen schwarzen Tümpel näherte, glitt ihr Fuß aus, und sie taumelte beinahe hinein. Mit beiden Händen griff sie nach einem Baumstumpf in der Nähe, um sich so festzuhalten, aber als sie ihn berührte, wand er sich wie ein Paar Handschellen um ihre Handgelenke, und er packte sie so, daß sie sich nicht bewegen konnte. Sie zog und wand sich und rang mit ihm, aber es half nichts. Sie war gefesselt, und sie mußte es bleiben.
Als sie so zitternd in der Dunkelheit stand und sich fragte, ob jemand zu Hilfe kommen werde, hörte sie plötzlich etwas in der Ferne rufen, rufen und rufen und dann mit einem Schluchzer verstummen, bis die Marschen erfüllt waren von diesem jammervollen Schreien. Dann hörte sie, wie sich Schritte abmühten, sie ließen den Schlamm aufspritzen und glitten auf den Büscheln aus, und durch die Dunkelheit sah sie ein weißes Gesicht mit großen angstvollen Augen.

Es war ein Mann, der sich in den Sümpfen verlaufen hatte. Verwirrt von Furcht kämpfte er sich vorwärts auf dieses flimmernde Licht zu, das nach Hilfe und Sicherheit aussah. Aber als die arme Frau Mond sah, daß er immer näher und näher zu dem tiefen Wasserloch kam und immer weiter weg vom Pfad, da wurde sie so böse und so zornig, daß sie sich abmühte und rang und zerrte, fester als je zuvor. Und obgleich sie nicht loskommen konnte, wand und drehte sie sich, bis ihre schwarze Kapuze herunterfiel von ihrem schimmernden gelben Haar, und das schöne Licht, das davon ausging, trieb die Dunkelheit hinweg.

Oh, und wie da der Mann vor Freude aufschrie, als er das Licht wieder sah. Und sofort flohen alle bösen Wesen zurück in die finsteren Winkel, denn sie können das Licht nicht ertragen. So konnte er sehen, wo er war und wo der Pfad war und wie er aus den Sümpfen herauskommen konnte. Und er war in solcher Eile, von dem Quickschlamm und von den Sumpfgeistern und den Wesen, die hier wohnen, wegzukommen, daß er kaum auf das tapfere Licht sah, das von dem schönen schimmernden gelben Haar ausging und sich ergoß über den schwarzen Mantel und niederfiel auf das Wasser zu seinen Füßen. Und Frau Mond selbst war so eifrig darauf aus, ihn zu retten, und so voller Freude, daß er wieder auf dem richtigen Pfad war; sie vergaß ganz, daß sie selbst doch Hilfe brauchte und daß sie festgehalten wurde von dem schwarzen Baumstumpf.

So war er weg; erschöpft und keuchend stolperte er dahin und schluchzte vor Freude, er floh um sein Leben aus den schrecklichen Sümpfen. Da überkam es Frau Mond, daß sie mächtig gern mit ihm gehen würde. Und so zerrte sie und rang wie wahnsinnig, bis sie erschöpft von der Mühe am Fuß des Stumpfes auf ihre Knie niederfiel. Und als sie da lag und um Atem rang, fiel ihr die schwarze Kapuze nach vorn über den Kopf. Da ging das gesegnete Licht aus, und die Dunkelheit kam zurück und mit ihr all ihre bösen Wesen, und sie kamen mit schrillem Geschrei. Sie drängten sich um sie her, höhnten und

schnappten und schlugen. Sie kreischten vor Wut und Bosheit und fluchten und knurrten, denn sie kannten sie als ihren alten Feind, der sie in die Winkel zurücktrieb und davon abhielt, ihre üblen Werke zu tun.
»Fürchte dich!« gellte es von den Hexenwichten, »wieder hast du uns in diesem Jahr unsere Hexereien verdorben!«
»Und uns hast du in den Winkeln brüten lassen!« heulten die Sumpfgeister.
Und alle Wesen stimmten ein mit lautem »Ho ho!«, so daß selbst die Grasbüschel erzitterten und die Wasser gurgelten. Und von neuem fingen sie an.
»Wir wollen sie vergiften – sie vergiften!« kreischten die Hexen. Und »Ho ho!« heulten die Wesen wieder.
»Wir wollen sie ersticken – sie ersticken!« zischelten die kriechenden Scheusale und wanden sich um ihre Knie.
Und »Ho ho!« höhnten alle anderen.
Und wieder brüllten sie alle vor Haß und Bosheit. Und die arme Frau Mond duckte sich und wünschte, sie wäre tot und es wäre alles vorbei.
Und sie stritten und zankten sich darüber, was sie mit ihr tun sollten, bis ein fahles grünes Licht am Himmel aufstieg, und es nahte die Dämmerung. Und als sie das sahen, bekamen sie Angst, sie hätten nicht mehr genug Zeit, ihre böse Absicht auszuführen, und sie ergriffen sie mit gräßlichen knochigen Fingern und legten sie tief ins Wasser am Fuß des Baumstumpfes. Und die Sumpfgeister holten einen sonderbaren großen Stein und wälzten ihn über sie, um sie am Aufstehen zu hindern. Und sie befahlen zwei Irrlichtern, sie sollten abwechselnd Wache halten auf dem schwarzen Stumpf und darauf achten, daß sie sicher und still liegenbleibe und nicht hervorkommen könne, um ihr Treiben zu stören.
Und da lag die arme Frau Mond tot und begraben im Sumpf, bis irgend jemand sie befreien würde; und wer wüßte schon, wo man nach ihr suchen müßte.
Nun, die Tage vergingen, und es kam die Zeit des Neumondes, und die Leute steckten Pfennige in ihre Taschen und Stroh-

halme auf die Mützen, damit sie dafür bereit sind, und sie schauten nach Frau Mond aus, denn sie war den Leuten in den Marschen ein guter Freund, und sie waren immer mächtig froh, wenn die dunkle Zeit vorüber war und die Pfade wieder sicher waren, und wenn die bösen Wesen durch das gesegnete Licht zurückgetrieben wurden in die Dunkelheit und in die Wasserlöcher.

Aber es verging Tag um Tag, und kein Neumond kam. Und die Nächte blieben dunkel, und die bösen Wesen waren schlimmer denn je. Und es vergingen immer mehr Tage, und Frau Mond erschien nicht. Natürlich waren die armen Leute voll seltsamer Furcht und verwirrt, und viele von ihnen gingen zur Weisen Frau, die in der alten Mühle wohnte, und fragten, ob sie nicht herausbringen könnte, wohin Frau Mond verschwunden war.

»Nun«, sagte sie, nachdem sie in den Brautopf geschaut hatte und in den Spiegel und in das Buch, »es ist ganz verrückt, aber was ihr zugestoßen ist, kann ich nicht richtig sagen. Wenn ihr irgend etwas erfahrt, kommt und sagt es mir.«

So gingen sie wieder ihrer Wege. Und als die Tage verstrichen und kein Mond erscheinen wollte, da sprachen sie natürlich darüber – na, auf mein Wort – ich will meinen, daß sie da drüber sprachen! Ihre Zungen regten sich zu Haus und im Wirtshaus und auf dem Hof. Und eines Tages, als sie im Wirtshaus auf der langen Bank saßen, da geschah es, daß ein Mann vom andern Ende des Marschlandes dasaß, rauchte und zuhörte. Und ganz plötzlich richtete der sich auf und schlug sich aufs Knie. »Meiner Treu!« sagt er, »das hätte ich einfach vergessen, aber ich schätze, ich weiß, wo Frau Mond ist!« Und er erzählte ihnen davon, wie er sich in den Sümpfen verirrt hatte und wie ein Licht aufgeschienen war, als er schon beinahe tot war vor Angst, und wie er den Pfad gefunden hatte und sicher nach Hause gekommen war.

Da gingen sie alle fort zu der Weisen Frau und erzählten ihr davon, und sie schaute lange in den Topf und wieder in das Buch, und dann nickte sie mit dem Kopf.

»Es ist immer noch düster, Kinder, es ist düster!« sagt sie. »Und ich kann's nicht richtig sehen, aber tut, wie ich euch sage, und ihr werdet es selbst herausfinden. Geht alle, gerade ehe die Nacht anbricht, nehmt einen Stein in den Mund und eine Haselrute in die Hand und sprecht kein Wort, bis ihr wieder sicher zu Hause seid. Dann geht los und fürchtet euch nicht, geht weit bis in die Mitte des Sumpflandes, bis ihr einen Sarg findet, eine Kerze und ein Kreuz. Dann seid ihr nicht weit von euerm Mond. Seht zu, vielleicht findet ihr sie.«

So kam die nächste Nacht in der dunklen Zeit, und sie gingen alle zusammen hinaus, jeder mit einem Stein im Mund und einer Haselrute in der Hand, und wie man sich denken kann, war ihnen sehr bang und gruselig zumute. Und sie stolperten und tappten die Pfade entlang bis in die Mitte des Sumpflandes; sie sahen nichts, obwohl sie hörten, wie es um sie seufzte und unruhig hin- und herglitt, und fühlten, wie kalte feuchte Finger sie berührten. Aber dann auf einmal ... Sie schauten immer aus nach dem Sarg, der Kerze und dem Kreuz, und dabei kamen sie immer näher an den Tümpel neben dem großen Baumstumpf, wo Frau Mond begraben lag. Und dann auf einmal hielten sie an, sie bebten und waren verstört und voll Grauen, denn da war ein großer Stein, halb im Wasser drin, halb draußen, und – um alles in der Welt – er sah aus wie ein seltsamer hoher Sarg! Und zu seinen Häupten war der schwarze Stumpf, der breitete seine Arme aus wie ein finsteres, grausiges Kreuz, und darauf flackerte ein dünnes Licht wie eine verlöschende Kerze. Und sie knieten alle nieder in den Schlamm und sagten das Vaterunser, zuerst vorwärts wegen des Kreuzes und dann rückwärts, um die Geister abzuhalten; aber sie sagten es, ohne es auszusprechen, denn sie wußten, die bösen Wesen würden sie fassen, wenn sie nicht das machten, was ihnen die Weise Frau gesagt hatte.

Dann kamen sie näher und packten den großen Stein und schoben ihn weg, und wie sie dann später erzählten, sahen sie da einen winzigen Augenblick lang ein seltsames und schönes Gesicht, das schaute sie aus dem schwarzen Wasser heraus so in einer Art Freude an. Aber das Licht kam so rasch und so weiß und strahlend, daß sie verwirrt davon zurücktraten, und schon im nächsten Augenblick, als sie wieder richtig sehen konnten, stand der volle Mond am Himmel, strahlend und schön und freundlich wie immer, und er schien lächelnd herunter auf sie und machte die Sümpfe und Pfade taghell und drang selbst in die Winkel, als ob er die Dunkelheit und die Sumpfgeister, wenn er könnte, ganz und gar vertreiben wollte.

52. Der Katzenkönig

Vor vielen Jahren, lange ehe das Jagen in Schottland so zur Mode geworden war, wie es das jetzt ist, verbrachten zwei junge Männer den Herbst weit im Norden. Sie wohnten in einer Jagdhütte, die weit entfernt war von den anderen Häusern, und eine alte Frau kochte für sie. Ihr Kater und die Hunde der jungen Männer bildeten den ganzen übrigen Haushalt.

Eines Nachmittags sagte der ältere der beiden jungen Männer, er wolle nicht ausgehen, und der jüngere ging allein, er hatte vor, dem Pfad ihrer Jagd vom Tag vorher zu folgen und nach verlorengegangenen Vögeln auszuschauen. Er hatte die Absicht, vor dem Sonnenuntergang nach Hause zurückzukommen. Er kam jedoch nicht zurück, und der ältere wurde sehr unruhig, als er so wachte und bis lange nach ihrer üblichen Essenszeit vergebens wartete. Zuletzt kehrte der junge Mann zurück, er war naß und erschöpft, und er erklärte auch seine ungewöhnliche Verspätung nicht, bis sie nach dem Essen vor dem Feuer saßen, ihre Pfeifen im Mund und die Hunde zu ihren Füßen. Der schwarze Kater der alten Frau saß ernsthaft mit halbgeschlossenen Augen zwischen ihnen auf dem Herdstein. Da begann der junge Mann so:

»Du mußt dich gewundert haben, warum ich so spät dran war. Ich habe heute ein seltsames Abenteuer gehabt. Ich weiß kaum, was ich davon halten soll. Wie ich dir gesagt hatte, ging ich

unserem gestrigen Weg entlang. Gerade als ich dabei war, nach Hause umzukehren, fiel ein Bergnebel ein, und ich verlor vollständig meinen Weg. Lange Zeit wanderte ich umher und wußte nicht, wo ich war, bis ich schließlich ein Licht sah und darauf zuhielt, weil ich hoffte Hilfe zu bekommen. Als ich nahe kam, verschwand es, und ich sah, daß ich vor einem mächtigen alten Eichbaum stand. Ich kletterte in die Äste hinauf, um so besser nach dem Licht ausschauen zu können, und da! – es war unter mir, innen in dem hohlen Stamm des Baumes. Es war, sähe ich in eine Kirche hinunter, in der eben ein Begräbnis stattfand. Ich hörte Singen und sah einen Sarg, der war von Fackeln umgeben, die alle getragen wurden von – aber ich weiß, du wirst es mir nicht glauben, wenn ich es sage!«
Sein Freund bat ihn eifrig weiterzuerzählen und legte seine Pfeife nieder, um besser zuzuhören. Die Hunde schliefen friedlich, aber der Kater saß aufrecht da und hörte offensichtlich geradeso aufmerksam zu wie der Mann, und unwillkürlich richteten beide jungen Männer ihre Augen auf ihn.
»Ja«, fuhr der Jüngere fort, »es ist wirklich wahr. Der Sarg wie die Fackeln wurden von Katzen getragen, und auf dem Sarg waren eine Krone und ein Szepter abgebildet!« Weiter kam er nicht; der Kater fuhr auf und kreischte: »Beim Jupiter! Der alte Peter ist tot! Und ich bin der König der Katzen!« Und er schoß den Kamin hinauf und ward nie mehr gesehen.

53. Yallery Brown

Vor langer Zeit – und es war eine sehr gute Zeit, obwohl es nicht zu meiner Zeit noch zu deiner Zeit war, noch zur Zeit irgendeines anderen –, da arbeitete ein junger Bursche von etwa achtzehn Jahren auf dem Hof Hall. Tom Tiver, so hieß er, ging eines Sonntags über das Westfeld, es war eine schöne Julinacht, warm und ruhig, und die Luft war erfüllt von feinen Lauten, als ob Bäume und Gras mit sich selbst schwatzten. Und auf einmal ertönte ein wenig vor ihm das kläglichste

Jammern, das er je gehört hatte, ein Schluchzen, es schluchzte wie ein Kind, das vor Angst fast vergeht. Es brach mit einem Stöhnen ab, und dann stieg es wieder an zu einer langen wimmernden Klage, daß ihm beim Zuhören ganz elend wurde. Er begann überall nach dem armen Geschöpf zu suchen. ›Das muß Sally Brattons Kind sein‹, dachte er bei sich. ›Sie war immer schon ein leichtfertiges Ding und hat sich nie nach ihm umgesehen. Wahrscheinlich stolziert sie wieder in den Gassen herum und hat das Kleine glatt vergessen.‹ Aber obwohl er schaute und schaute, konnte er nichts sehen. Und plötzlich wurde das Wimmern lauter und stärker in der Stille, und er meinte, er könne irgendwelche Worte heraushören. Er lauschte mit aller Macht, und die Worte des jammervollen Geschöpfes mischten sich mit Schluchzern:

»Oh! Der Stein, der große schwere Stein! Oh! Der Stein über mir!«

Er wunderte sich natürlich, wo der Stein sein könnte, und wieder schaute er, und da war am Fuße der Hecke ein großer flacher Stein, der war im Morast fast versunken und war verborgen in verfilztem Gras und Unkraut. Von diesen Steinen hieß einer »Die Tische der Fremden«. Nun also, bei diesem Stein ließ er sich auf seine Knie nieder und lauschte aufs neue. Deutlicher als vorher kam die dünne schluchzende Stimme, aber sie war müde und erschöpft vom Weinen:

»Oh! Oh! Der Stein, der Stein über mir!«

Er hatte keine Lust, sich mit dem Ding einzulassen, aber das Wimmern des Kleinen ertrug er nicht, und so zerrte er wie wild an dem Stein, bis er spürte, daß er sich aus dem Morast hob, und auf einmal löste er sich mit einem Schmatzen aus der feuchten Erde und aus dem Gewirr von Gras und Ranken. Und in dem Loch lag da ein winziges Ding auf seinem Rücken, das blinzelte auf zum Mond und zu ihm. Es war nicht größer als ein einjähriges Kind, aber es hatte lange verfilzte Haare und einen Bart, und damit war sein Körper rund herum eingewikkelt, so daß seine Kleider nicht zu sehen waren. Und das Haar war ganz gelb und schimmerte seidig wie bei einem Kind, aber das Gesicht war alt und sah aus, als sei es Hunderte von Jahren her, seit es jung und glatt gewesen war. Es war einfach nur ein Haufen Runzeln mit zwei glänzenden schwarzen Augen mittendrin, und alles war eingefaßt in eine Menge von schimmerndem gelbem Haar. Und die Haut hatte eine Farbe wie frisch gepflügte Erde im Frühling – so braun, wie etwas nur braun sein kann, und seine bloßen Hände und Füße waren so braun wie das Gesicht. Das Weinen hatte aufgehört, aber die Tränen waren noch auf seinen Wangen, und das winzige Ding schaute wie verwirrt in den Mondschein und in die Nachtluft.

Die Augen des Wesens gewöhnten sich an das Mondlicht, und plötzlich schaute es Tom ins Gesicht, keck wie nur was. »Tom«, sagt es, »du bist ein guter Junge!« So gelassen, wie du es dir nur vorstellen kannst, sagt es: »Tom, du bist ein guter Junge!«, und seine Stimme war sanft und hoch und piepsig, als ob ein kleiner Vogel zwitscherte.

Tom langte an seinen Hut und begann zu überlegen, was er sagen sollte.

»Pah!« sagt wieder das Wesen, »du brauchst dich vor mir nicht zu fürchten. Du hast mir einen besseren Dienst erwiesen, als du glaubst, und ich will für dich genauso viel tun.« Tom vermochte noch nicht zu sprechen, aber er dachte sich: ›Herr im Himmel! Das ist doch sicher ein Nachtmahr!‹

»Nein!« sagt es blitzschnell, »ich bin kein Nachtmahr, aber du tust gut daran, mich nicht zu fragen, was ich bin. Auf jeden Fall bin ich ein guter Freund von dir.«

Tom schlotterten die Knie, denn sicherlich konnte kein gewöhnliches Wesen wissen, was er sich gedacht hatte, aber es schaute so freundlich drein und sprach so lieblich, daß er Mut faßte und ein wenig zittrig herausbrachte: »Dürfte ich nach Euer Ehren Namen fragen?«

»Hm«, sagt es und zupfte an seinem Bart. »Was das anbelangt –« und es überlegte ein wenig. »Nun also«, fuhr es schließlich fort, »du kannst mich Yallery Brown[1] nennen. So

[1] Wörtlich etwa: Gelbling Braun.

bin ich, du siehst's, und für einen Namen taugt es so gut wie irgendwas anderes. Yallery Brown, Tom, Yallery Brown ist dein Freund, mein Junge.«

»Dank Euch, Meister«, sagt Tom recht demütig.

»Und nun habe ich es heute nacht eilig«, sagt er, »aber sag mir rasch, was soll ich für dich tun? Willst du eine Frau haben? Ich kann dir das hübscheste Mädchen der Stadt geben. Willst du reich sein? Ich gebe dir Gold, soviel du tragen kannst. Oder willst du Hilfe bei deiner Arbeit? Sag es nur.«

Tom kratzte sich am Kopf. »Nun, was eine Frau betrifft, so hab ich keine Sehnsucht danach. Das sind nur lästige Wesen, und zu Hause habe ich genug Weibervolk, das mir meine Fetzen flickt. Und was das Gold betrifft, damit mag es so bleiben wie es ist. Aber wegen der Arbeit, nun, ich kann Arbeit nicht ausstehen, und wenn Ihr mir dabei helfen wolltet, werde ich Euch danken – «

»Halt«, sagt er, schnell wie der Blitz, »ich werde dir helfen und damit gut, aber wenn du jemals das zu mir sagst – wenn du mir jemals dankst, dann, verstehst du, siehst du mich niemals wieder. Merk dir das jetzt: ich brauche keinen Dank, ich will keinen Dank.« Und er stampfte mit seinem winzigen Fuß auf den Boden und sah so bösartig aus wie ein wütender Stier.

»Merk dir das jetzt, du großer Klotz«, fuhr er fort und beruhigte sich ein wenig, »und wenn du jemals Hilfe brauchst oder in der Klemme steckst, dann ruf nach mir und sag einfach: ›Yallery Brown, komm aus der Erde, ich brauche dich!‹, und sofort werde ich bei dir sein. Und jetzt«, sagte er und pflückte ein Löwenzahnlaternchen ab, »wünsch ich dir gute Nacht«, und er pustete darauf, daß Tom alles in Augen und Ohren flog. Als Tom wieder etwas sehen konnte, war das winzige Wesen weg, und wäre da nicht immer noch der Stein gewesen und das Loch zu seinen Füßen, dann hätte er gedacht, er müßte geträumt haben.

Nun gut, Tom ging nach Hause und zu Bett, und am Morgen hatte er alles fast vergessen. Aber als er an die Arbeit ging, da war keine zu tun! Es war bereits alles getan, die Pferde waren versorgt, die Ställe saubergemacht, alles war an Ort und Stelle, und es blieb ihm nichts zu tun, als sich hinzusetzen und die Hände in die Taschen zu stecken. Und so ging es weiter, Tag für Tag, alle Arbeit tat Yallery Brown, und der tat sie noch dazu besser, als Tom selbst es vermocht hätte. Und wenn sein Herr ihm mehr zu tun gab, dann setzte er sich nieder, und die Arbeit geschah von selbst: die Sengeisen oder der Besen oder was auch immer machten sich daran, und ohne daß eine Hand dabei war, wurden sie im Nu mit allem fertig. Er sah Yallery Brown niemals bei Tageslicht; nur in der Dämmerung sah er ihn umherhüpfen wie ein Irrlicht ohne sein Laternchen.

Am Anfang war es großartig für Tom, er hatte nichts zu tun und wurde dafür gut bezahlt. Aber nach und nach wandte sich alles ins Gegenteil. Wenn Toms Arbeit getan war, so war die der andern Burschen ungetan, wenn seine Eimer voll waren, so waren ihre umgestürzt, waren seine Geräte geschärft, so waren ihre stumpf und verbogen. Waren seine Pferde sauber wie Gänseblümchen, so waren ihre mit Mist bespritzt, und so fort, es war tagaus, tagein das gleiche. Und die Burschen sahen, wie Yallery Brown in den Nächten umherflitzte, und sie sahen, wie die Dinge bei Tag ohne eines Menschen Hand arbeiteten, und sie sahen, daß Toms Arbeit für ihn getan wurde und die ihre für sie verdorben. Da fingen sie natürlich an, ihn schief anzusehen, sie wollten weder mit ihm sprechen noch in seiner Nähe sein, und sie trugen dem Herrn allerlei Geschichten über ihn zu, und so wurde es immer schlimmer.

Denn Tom brachte es nicht zuwege, etwas selbst zu tun: der Besen blieb ihm nicht in der Hand, der Pflug lief ihm davon, die Hacke ließ sich nicht fassen. Er meinte, er könnte seine Arbeit schließlich doch allein tun, damit Yallery Brown ihn und seine Nachbarn in Ruhe ließe. Aber es war nicht möglich – es war um den Tod nicht möglich. Er konnte nur dabeisitzen und zusehen und mußte sich die kalte Schulter zeigen lassen, und die ganze Zeit tat das unheimliche Wesen seine Arbeit und kam den andern bei der ihrigen in die Quere.

Zuletzt war es so schlimm geworden, daß der Herr Tom den Laufpaß gab, und hätte er es nicht getan, hätten alle übrigen Burschen dem Herrn den Dienst aufgekündigt, denn sie hatten geschworen, sie blieben nicht mit Tom zusammen auf einem Hof.
Nun, freilich war es Tom jämmerlich zumute, es war ein sehr guter Dienstplatz und er hatte auch einen guten Lohn, und er war ganz schön wütend auf Yallery Brown, der ihn in so eine schlimme Lage gebracht hatte. Tom schüttelte deshalb seine Faust über dem Kopf und rief so laut er nur konnte: »Yallery Brown, komm aus der Erde, du Schurke, ich brauch dich!«
Ihr werdet es nicht glauben, aber kaum hatte er die Worte herausgebracht, da spürte er schon, wie etwas ihn von hinten ins Bein zwickte, daß er vor Schmerz hochsprang. Und als er herunterschaute, da war das winzige Ding mit seinem schimmernden Haar und dem runzligen Gesicht und den boshaft glitzernden schwarzen Augen.
Tom hatte eine richtige Wut, und er hätte gern mit dem Fuß nach ihm gehackt, aber es wäre dabei nichts herausgekommen, denn es war gar nicht genug da für einen Fußtritt. Tom sagte aber: »Schaut mal, Meister, ich will Euch danken, Ihr sollt mich nun nach all dem in Ruhe lassen, hört Ihr? Ich mag gar keine Hilfe von Euch, und ich will mit Euch nichts mehr zu schaffen haben – versteht Ihr.«
Das schreckliche Wesen brach in ein schrilles Lachen aus und zeigte mit seinem braunen Finger auf Tom. »Ho, ho, Tom!« sagt es. »Du hast mir gedankt, mein Junge, und ich sagte dir, du solltest es nicht, du solltest es nicht!«
»Ich will Eure Hilfe nicht, ich sag's Euch«, brüllte Tom ihn an, »ich will nur, daß ich Euch nie mehr wiedersehe und daß ich nichts mehr mit Euch zu tun habe – Ihr könnt gehen.«
Das Wesen lachte nur und kreischte und höhnte, solange Tom fortfuhr zu schimpfen, aber sobald ihm die Luft ausging –:
»Tom, mein Junge«, sagte es grinsend, »ich will dir was erzählen, Tom. Wahr und wahrhaftig werde ich dir nie wieder helfen, und soviel du rufen magst, du wirst mich nach diesem

Tag nie mehr sehen. Aber ich habe nie gesagt, daß ich dich verlassen werde, Tom, und das werde ich auch nie, mein Junge! Unter dem Stein war ich gut und sicher untergebracht und konnte nichts Böses tun, aber du selbst hast mich herausgelassen, und du kannst mich nicht wieder zurückschaffen! Wärest du klug gewesen, hätte ich dein Freund sein und für dich die Arbeit tun können, weil du aber nicht mehr bist als einer, der als Dummkopf geboren wurde, verschaffe ich dir auch nicht mehr als das Glück eines Dummkopfes. Und wenn nun alles verquer geht und gegen dich ist, dann wirst du daran denken, daß Yallery Brown es getan hat, wenn du ihn auch vielleicht nicht siehst. Behalte meine Worte, hörst du?«

Und er begann zu singen, er tanzte um Tom herum, und wie ein Kind sah er aus mit seinem gelben Haar, aber älter denn je war sein grinsendes verrunzeltes bißchen Gesicht:

»Tu was du willst,
nie tust du es recht;
tu was du kannst,
nie bringst du's zu was;
denn Übel und Unglück und Yallery Brown
hast selbst unterm Stein du herausgehaun.«

Tom konnte sich nie richtig erinnern, was er dann gesagt hatte. Es war alles nur Fluchen und Verwünschen und er war so verwirrt vor Schreck, daß er nur dastand und von Kopf bis Fuß zitterte und auf das entsetzliche Wesen herunterstarrte. Und wäre es lange so weitergegangen, wäre Tom ohnmächtig hingestürzt. Aber nach und nach erhob sich das gelbe schimmernde Haar in die Luft, schlang sich um das Wesen, bis er wirklich und wahrhaftig aussah wie eine große aufgebauschte Löwenzahnblüte, und die trieb fort im Wind, hinweg über die Mauer und aus dem Blick, und mit ihr verklang das Quäken der boshaften Stimme und das höhnische Lachen.

Und ihr fragt, ob sich die Verwünschungen erfüllten? Auf mein Wort, und ob, so gewiß wie der Tod! Tom arbeitete hier und er arbeitete dort und er legte seine Hand an dieses und an jenes, aber immer ging es verquer, und es war alles Yallery Browns Werk. Und die Kinder starben, und die Ernte verdarb – das Vieh wurde nicht fett, und nichts geriet, wo er war. Und so lange, bis er tot und begraben war, und vielleicht auch noch danach, hatte Yallery Browns Haß auf ihn kein Ende, tagein und tagaus hörte er ihn immer sagen:

»Tu was du willst,
nie tust du es recht;
tu was du kannst,
nie bringst du's zu was;
denn Übel und Unglück und Yallery Brown
hast selbst unterm Stein du herausgehaun.«

54. Der Boggart

Im Haus eines ehrlichen Bauern in Yorkshire, George Gilbertson hieß er, hatte sich ein Boggart niedergelassen. Er verursachte hier viel Ärger, besonders da er die Kinder auf vielerlei Art quälte. Manchmal wurde ihnen ihr Butterbrot weggeschnappt, oder ihre Milchnäpfe mit eingebrocktem Brot wurden von einer unsichtbaren Hand umgekippt, der Boggart ließ sich nämlich nie selbst sehen. Ein andermal wurden die Vorhänge ihrer Betten hin und her geschüttelt, oder eine schwere Last legte sich auf sie und erstickte sie fast. Oft mußten die Eltern zu Hilfe eilen, wenn sie die Kinder schreien hörten. Es gab da eine Art Verschlag, der wurde durch eine hölzerne Unterteilung an der Küchentreppe gebildet. Und weil aus einem der Dielenbretter, aus denen der Verschlag gebaut war, ein Knorren herausgeschlagen worden war, blieb da ein Astloch. Eines Tages steckte der jüngste Sohn des Bauern einen Schuhlöffel, mit dem er sich vergnügte, dort hinein. Sogleich aber wurde der Schuhlöffel wieder herausgeworfen und traf den Jungen am Kopf. Natürlich war das der Boggart, und es wurde nun bei ihnen eine Lieblingsunterhaltung, den Schuh-

löffel in das Loch zu stecken und ihn zurückschießen zu lassen; mit dem Boggart ein Spiel treiben, nannten sie es.
Auf die Dauer erwies sich der Boggart als eine solche Plage, daß der Bauer und seine Frau beschlossen, das Haus aufzugeben und es ihm ganz allein zu überlassen. Sie führten es auch aus, und der Bauer und seine Familie folgten den letzten Möbelfuhren nach, als ein Nachbar, er hieß John Marshall, herankam: »Nun, Georgey«, sagte er, »du verläßt also zu guter Letzt das alte Haus?« – »Ach, Jonny, mein Junge, ich bin dazu gezwungen, denn dieser verdammte Boggart plagt uns so, daß wir Tag und Nacht keine Ruhe haben. Wenn mein armes Weib da dran denken muß, wie bösartig er gegen die Kinder ist, bringt es sie schier um, und so, siehst du, müssen wir uns davonmachen.«
Kaum hatte er diese Worte ausgesprochen, da rief eine Stimme aus einem tiefen, aufrecht stehenden Butterfaß heraus: »Ja, ja, Georgey, du siehst, wir machen uns davon!«
»Zum Teufel mit dir«, schrie der arme Bauer, »hätte ich gewußt, daß du dabeisein würdest, ich hätte keinen Pflock von der Stelle genommen. Nein, nein, Mally, es hat keinen Zweck«, und er wandte sich seiner Frau zu, »wir können ebensogut ins alte Haus zurückkehren, als uns in einem andern plagen zu lassen, das nicht so bequem ist.«

55. Hedley Kow

Da war einmal eine alte Frau, die verdiente sich ihren armseligen Lebensunterhalt, indem sie für die Bauersfrauen rund um das Dorf, in dem sie lebte, Botengänge und dergleichen machte. Es war nicht viel, was sie damit verdiente, aber mit einem Teller Fleisch in einem Haus und einer Tasse Tee in einem anderen schaffte sie es, so irgendwie durchzukommen, und immer schaute sie so fröhlich drein, als ob es ihr in dieser Welt an nichts fehlte.
Nun, als sie an einem Sommerabend heimwärts trottete, stieß sie auf einen großen schwarzen Topf, der am Wegrand lag.

Sie blieb stehen, um ihn anzuschauen, und sagte: »Also das da wäre genau das Richtige für mich, wenn ich etwas hineintun möchte! Aber wer kann das hier liegengelassen haben?« Und sie sah sich rings um und meinte, der, dem der Topf gehörte, könnte nicht weit weg sein. Aber sie konnte niemanden sehen.

»Vielleicht hat er ein Loch«, sagte sie nachdenklich, »ei ja, das wird's sein, weshalb sie ihn hier liegengelassen haben, Schätzchen. Aber dann müßte er gut dazu taugen, darin eine Blume ans Fenster zu stellen. Ich mein, ich nehm ihn mit nach Hause, für alle Fälle.« Und sie krümmte ihren alten steifen Rücken und hob den Topfdeckel auf, um hineinzusehen.

»Lieber Himmel!« rief sie und tat einen Satz auf die andere Seite des Weges, »wenn der nicht randvoll mit Goldstücken ist!«

Für eine Zeitlang konnte sie gar nichts anderes machen, sie ging nur immerfort um ihren Schatz herum und staunte das gelbe Gold an und wunderte sich über ihr großes Glück und sagte jeden zweiten Augenblick zu sich selbst: »Na, ich komme mir aber jetzt wirklich reich und großartig vor!« Aber sie begann alsbald zu überlegen, wie sie den Topf mit sich nach Hause nehmen könnte, und sie sah keinen anderen Weg, als das eine Ende ihres Halstuches an ihm festzubinden und ihn so hinter sich die Straße entlangzuziehen.

»Es ist sicher bald dunkel«, sagte sie zu sich, »und die Leute werden nicht sehen, was ich mir heimbringe, und so habe ich die ganze Nacht für mich zum Nachdenken, was ich damit machen werde. Ich könnte ein großes Haus und all so was kaufen und wie die Königin selbst leben, und ich müßte den ganzen Tag keinen Handgriff tun, nur neben dem Feuer sitzen mit einer Tasse Tee. Oder vielleicht werde ich ihn dem Pfarrer geben, damit er ihn für mich aufbewahrt, und ich hole mir nur dann etwas, wenn ich etwas brauche; oder vielleicht werde ich ihn einfach am Gartenende in einem Loch vergraben und nur ein bißchen auf den Kaminsims legen, zwischen die porzellanene Teekanne und die Löffel – so als Verzierung. Ach, ich

komme mir so großartig vor, ich kenne mich selbst nicht mehr richtig!«
Mittlerweile war sie vom Nachziehen einer so schweren Last schon ziemlich müde geworden, und so blieb sie stehen, um einen Augenblick auszuruhen, und drehte sich um, um sich zu vergewissern, daß ihr Schatz in Sicherheit war.
Aber als sie ihn anschaute, war das keineswegs ein Topf mit Gold, sondern ein großer Klumpen schimmerndes Silber.
Sie starrte ihn an, rieb sich die Augen und starrte ihn wieder an, aber sie konnte ihn nicht dazu bringen, nach irgend etwas anderem auszusehen als nach einem großen Klumpen schimmerndem Silber! »Ich hätte schwören können, daß es ein Topf mit Gold war«, sagte sie schließlich, »aber da muß ich wohl geträumt haben. Ei ja, der Tausch ist noch besser; es wird viel weniger Mühe machen, sich darum zu kümmern, und man kann es nicht so leicht stehlen. Es hätte 'ne Menge Ärger gegeben, diese Goldstücke dort zu verwahren – ach ja, gut, daß ich sie los bin, und mit meinem hübschen Silberklumpen bin ich so reich, wie ich nur reich sein kann!«
Und sie machte sich wieder auf den Weg nach Hause und dachte sich voller Fröhlichkeit aus, was sie alles für großartige Dinge mit ihrem Geld machen würde. Es dauerte aber nicht sehr lange, da war sie wieder müde geworden und hielt aufs neue an, um einen Augenblick oder zwei auszuruhen.
Wieder drehte sie sich um und schaute nach ihrem Schatz, und sobald sie ihre Augen darauf richtete, schrie sie auf vor Verwunderung. »Du meine Güte!« sagte sie, »jetzt ist's ein Klumpen Eisen! Na, das übertrifft alles, das ist wirklich gerade das Rechte für mich! Ich kann es verkaufen so einfach wie nur etwas und krieg einen Haufen Penny-Stücke dafür. Ei ja, Schätzchen, und das ist so viel handlicher als 'ne Menge von dem Gold und Silber, das mich in der Nacht nicht hätte schlafen lassen, weil ich immer gedacht hätte, die Nachbarn wollten mir's rauben – aber das ist eine richtig feine Sache, die man bei sich zu Hause haben kann, kannst nie wissen, ob du's nicht brauchen wirst, und verkaufen kann man's – ei ja, einfach für

'ne Menge. Von wegen reich, ich werd mich im Geld wälzen!«

Und sie trottete wieder weiter und kicherte dabei über ihr Glück in sich hinein, bis sie dann einen Blick über die Schulter warf, »nur um sicher zu sein, daß das Ding immer noch da war«, wie sie zu sich sagte.

»I du mein!« schrie sie, sobald sie es sah, »na, wenn das nicht verschwunden und zu einem großen Stein geworden ist! Aber, wie konnte er gewußt haben, daß ich gerade so etwas schrecklich nötig brauche, um meine Tür damit offenhalten zu können? Ei, wenn das nicht ein guter Tausch ist! Schätzchen, das ist eine feine Sache, wenn man soviel Glück hat!«

Und in aller Eile, weil sie sehen wollte, wie der Stein im Eck an ihrer Tür aussehen würde, trottete sie den Hügel hinab und blieb unten stehen, neben ihrem eigenen kleinen Gatter.

Als sie es aufgeklinkt hatte, drehte sie sich um und wollte ihr Halstuch von dem Stein lösen, der diesmal unverändert und friedlich neben ihr auf dem Pfad zu liegen schien. Es war immer noch hell genug, und sie konnte den Stein ziemlich klar sehen, als sie ihren steifen Rücken über ihn beugte, um das Ende des Tuches loszumachen; da aber, ganz plötzlich, schien er einen Sprung zu machen und einen Quieker, und in einem Augenblick wuchs er zur Größe eines großen Pferdes; dann warf es vier schmächtige Beine von sich und schüttelte zwei lange Ohren heraus, brachte einen Schwanz hervor und rannte davon, indem es mit den Beinen in die Luft ausschlug und lachte wie ein ungezogener, spottender Lausebengel.

Die alte Frau starrte dem Ding nach, bis es fast nicht mehr zu sehen war.

»Na aber«, sagte sie schließlich, »ich bin doch wirklich der glücklichste Mensch hier herum! Stell dir vor, da sehe ich Hedley Kow so ganz allein für mich und gehe noch so frei mit ihm um! Ich kann dir sagen, ich komme mir ja so großartig vor –«

Und sie ging in ihre Hütte und setzte sich ans Feuer, um über ihr großes Glück nachzudenken.

56. Tritty Trot

Es gab da eine böse alte Kröte von Kerl drüben hinter dem Cleeve Hügel, Jacky Smutch hieß er, und wenn er nicht dabei war, nannten ihn die Leute einen Schwarzen Hexer. Man wußte, er kam zusammen mit der alten Frau Leakey, der Gespensterhexe von Minehead, das war fünfundzwanzig Meilen die Küste entlang, und mit der alten Mutter Shipton von Williton, das war eine Meile weg. In Williton und droben in Cleeve lebten die Leute in Furcht davor, aber in Watchet machte es keinem was aus. Watchet wurde als ein glücklicher Ort angesehen. Man sieht von da aus an klaren Tagen Inseln, die sind bekannt als die Grünen Verwunschenen Auen, wegen der Elfen, die da wohnen. Manchmal sind sie deutlich zu sehen und manchmal tauchen sie unter, so sagen die Seeleute. Keiner geht dort an Land. Da war mal einer von einem Ostindienschiff auf der Heimfahrt nach Bristol, so erzählt man, der wollte dorthin um frisches Wasser und wußte nichts über die Inseln. Sie landen und füllten sich die Fässer, aber dabei erfüllte irgendwas sie selbst mit Furcht, und sie setzten schnell die Segel für Bristol. Als sie einen Blick zurückwarfen, waren da gar keine Inseln.

Nein, diese Inseln können kommen und verschwinden, und *sie*, die Elfen, ebenfalls.

In Laugharne, was mir mein Sohn, der Seemann von Wales, erzählt, gehen *sie* zum Markt, und in Watchet auch.

Sie hatten Watchet gern und Watchet hatte *sie* gern, was Williton auch immer darüber sagte. (Die waren eifersüchtig auf das Glück, das *sie* brachten.) Na, *sie* sprachen niemals, sondern *sie* lächelten nur lieblich, und *sie* bezahlten mit welken Blättern und vergilbtem Moos und mit Pilzen. Die von Williton mochten lachen, aber sie waren schnell genug da und zahlten sogar in Watchet für solchen Gartenabfall und für die Pilze. Und Watchet gedieh – so wie Obstgärten weit weg, der Küste entlang, wie Kilve und Steart. O ja, Watchet gelang alles gut, und es war wohlbehütet vor Jacky Smutch und seinem Pack.

Von Dunster war eine Frau hergekommen und wohnte da, die war die Enkelin von einem Seemann, der hatte, wie sie sagen, eine Meerfrau aus dem Netz gerettet und hatte seitdem beim Fischen immer Glück. Jacky Smutch mußte also seine bösen Anschläge für sich behalten, aber ohne Zweifel wußte die Frau aus Dunster davon – jedenfalls konnte er nie ein Kind aus Watchet stehlen, damit er sich seine Seele zum Sklaven machen könne.

Mutter Shipton machte sich davon in die Brendon-Berge, und der Geist der alten Frau Leakey ging fort, Countisbury zu, und Minehead und Williton hatten hübsch Ruhe vor ihren Hexereien.

Und dann stahl Jacky Smutch ein Elfenkind, und alles Glück verließ Watchet. Während seine Mutter fest beim Einkaufen am Markt war, machte sich das kleine Ding davon und krabbelte den Strand hinunter und den Hügel hinauf, und es wurde von einem armen alten Bettelweib aufgelesen, das gegen den Cleeve Hügel hin ging. Sie fütterte das Kind mit ihrer letzten Brotkruste und wickelte es in ihr zerfleddertes Tuch. Und ohne Zweifel hatte sie ehrlich vor, seine Eltern zu finden, aber ihr armes altes Herz setzte aus, und es war Jacky Smutch, der das Kind dann fand, und er nahm es heimlich fort in seine eigene Hütte und überließ es den Männern von Cleeve, die Tote zu begraben. Danach gingen *sie* nicht mehr zum Markt, und die Severn See wurde wild und war voll finstrer Gefahr, und die Mütter von Watchet behielten ihre Kinder im Haus, sie hängten ihnen Gänseblümchen in Ketten um oder steckten sie ihnen ins Knopfloch und banden Sträuße an die Wiegen, und sie schickten nach der Frau aus Dunster.

Sie wußte alles darüber, aber sie sprach nicht. Seht, Dunster hat einen Namen als ein Ort mit besonderen Gaben, und die Frau von Dunster geht also fort an den Strand, zur schäumenden und brüllenden Brandung. Und sie tut die richtigen Dinge und steht da, ihre Röcke treiben hin und her mit dem Gischt und dem Schwall der Kiesel, und sie ruft siebenmal. Da steigt aus einer großen Woge der Kopf der Elfenmutter auf: »Einer von euch hat mein Kind gestohlen«, klagt sie durch den Wind und das Brüllen der Wogen. »Nie mehr können wir wieder nach Watchet kommen.«

»Daran soll's nicht liegen«, ruft die Frau aus Dunster, »ich verspreche, daß ich's dir wieder hole.« Die Wogen bedeckten die Elfenmutter und umbrausten die Frau aus Dunster bis zur Hüfte, aber sie klettert durchnäßt und todmüde hinauf und sicher heraus aus der Brandung zum Cleeve Hügel zu. Die Mütter von Watchet beobachteten, wie sie hinaufging, und die Severn See zerschmetterte die Hafenmauer fast zu Brocken. Sie aber ging in all diesem Sturm weiter hinauf bis zum Gipfel des Cleeve Hügels, und sie machte die Beschwörung und rief wieder siebenmal. Und da war neben ihr auf dem Rasen der Alte Tom, das Geisterpony von den Westhügeln, mit seiner wilden Mähne und dem Schwanz, der im Sturm wehte, und obgleich es wie aus Eimern schüttete, spritzte nicht ein Wassertropfen darauf.

»Alter Tom«, sagt die Frau aus Dunster, und sie nannte ihn ganz laut beim Namen, »ich rufe dich beim Namen und verlange deine Hilfe für eine Arbeit von genau zehn Minuten«.

Der Alte Tom wirft den Kopf hoch, daß die Stirnlocke wild fliegt und seine grünen Augen glühen, aber er kommt mit zu Jacky Smutchs Hütte und ist dabei ruhig wie ein altes Mutterschaf.

Sie fanden ihn dabei, das arme Wurm zu necken – es war zu unsicher, mehr als zwei, drei Schritte weit zu tapsen, es krabbelte dann, um zur Tür hinauszugelangen, und Jacky ließ es so weit kommen und zog es dann wieder ganz zurück und lachte sich dabei krank.

Das kleine Ding weinte nicht – das können *sie* nicht – und es sprach noch nicht, aber immer wieder krabbelte es und tapste und tritt-trottete weiter und ließ sich zu Boden, um die Tür zu erreichen.

Da sah Jacky Smutch den Alten Tom, und er fiel zu einem winselnden Bündel zusammen. Die Frau aus Dunster aber streckte ihre Arme aus und sagt: »Komm her, Tritty-Trot.

Halt dich fest an der Mähne vom Alten Tom und zieh dich auf seinen Rücken hinauf, bis du sicher sitzt. Er bringt dich zu deiner lieben Mutter zurück.«

Keinen von ihnen berührte sie mit menschlichen Händen, auch wenn sie das Kleine ohne Gefahr beim Namen genannt hatte.

Sie blieb einfach stehen und schaute, wie der Alte Tom seinen wilden Kopf senkte und wieder hob und wie das Kleine zupackt und sicher und fest aufsitzt. Dann dreht sich der Alte Tom mit dem Kleinen um, und er holt mit seinen beiden Hinterfüßen auf die andere Art aus und tritt Jacky Smutch zur Tür hinaus, über die Watchet Bucht und hinter Lundy in die Severn See rein, wo die Meerfrauen auf ihn warteten. Ein ordentlicher, guter Exmoor-Pony-Tritt war das.

»Drei Minuten, Alter Tom«, sagt die Frau aus Dunster, »sieben sind noch übrig für das, was ich brauche.« Der Alte Tom stob den Cleeve Hügel hinunter, durch Watchet durch nach St. Audries, dort waren die Wogen für das Kleine sanfter. Und auf dem Weg traf er auf Mutter Shipton und Frau Leakey, die sich an Doniford vorbeischleichen wollten. Er gab jeder im Vorbeisausen eine Kostprobe von seinen Hinterbeinen, die ließ sie durch den Wind davonwirbeln. Mutter Shipton kam in Monksilver runter und blieb dort, aber Minehead hat Frau Leakeys Gespenst seit diesem Tag nicht mehr gesehen.

»Fünf Minuten noch, Tom!« ruft die Frau aus Dunster. Der Alte Tom taucht von der Klippe in die wütende See, und nach Exmoor-Pony-Art drüber, drunter und durch, so kommt er zu den Inseln und läßt Tritty-Trot dort in die Arme seiner lieben Mutter, und dann wieder fort zurück über die schwarze wütende See, drüber, drunter und durch nach Exmoor-Pony-Art, und alles in drei Minuten. Und einmal fein herumgerollt und Gras gerupft und schon ist er fort und wieder daheim in der Wildkoppel von Dunster, als die Kirchenglocke von Watchet zehn schlägt. Und die Frau aus Dunster geht selbst auch nach Hause.

57. *Die gefangenen Elfen*

Da waren einst in dem kleinen Dorf Hoghton zwei faule Taugenichtse, die es auf irgendeine Weise fertigbrachten, ihr Leben zu verbringen, ohne den Tag vom Morgen bis zum tauigen Abend am Webstuhl zu sitzen. Während ihre achtbaren Nachbarn fest bei der Arbeit waren, konnte man sie gewöhnlich im Eingang der kleinen Kneipe herumlungern sehen oder beim Dominospielen in der altmodischen Herberge. Und so manches Mal waren ihre kräftigen Stimmen bei hellem Tageslicht zu hören, wie sie das herzhafte Wildererliedchen vor sich hinträllerten:

»Das Herz mir lacht in der Mondscheinnacht«.

Man wußte, daß sie Grund hatten, die Gefühle mitzuempfinden, die diese alte Ballade ausdrückte. Jedem von ihnen folgte ein zottiger, verdächtig aussehender Spürhund, und wenn die vier über den Platz schlenderten, dann schüttelten die ordentlichen Leute den Kopf und prophezeiten einem so ungeregelten Lebenswandel jede Art von unerquicklichem Abschluß. Soweit es die Hunde betraf, bewahrheiteten sich die unguten Voraussagen, denn vom Wildern in Gesellschaft ihrer Herren wandten sich die schlauen Köter einem Treiben auf eigene Rechnung zu, und als sie hinter dem Wild her waren, wurden beide von Wildhütern erschossen, und die waren nur zu froh über die Gelegenheit, die Umgebung von solcher mißgeleiteter Klugheit zu befreien.

Die beiden Männer selbst entkamen nur knapp, und bald nach diesem unerfreulichen Begebnis wurden ihnen ihre Fangnetze genommen. Sie waren zu arm, sich andere zu kaufen, und wenn sie umhergegangen wären, sich derartige Gegenstände auszuleihen, wäre es gleichbedeutend gewesen damit, daß sie ihre Freunde beschuldigen, Wilderergebräuche zu pflegen. Also blieb ihnen nichts anderes übrig, als Säcke zu benutzen, wenn sie den Feldern des Gutsherrn einen Besuch abstatteten.

Eines Nachts kletterten sie über den Zaun und machten sich auf den Weg zu einem gut besetzten Kaninchenbau. Sie steckten ein einsames Frettchen hinein und machten schnell die Säcke über den Ausgängen des Baus fest. In gespannter Erwartung des Auszugs mußten sie nicht lange ausharren, da gab es auch schon ein wildes Getümmel, sie packten hastig die Säcke fest um die Öffnung, und ohne erst den Fang aus dem Loch zu untersuchen, krochen sie durch die Hecke und machten sich in scharfem Trab auf den Heimweg. Eine ganze Weile lang merkten sie nicht, welcher Art ihre Ladung war, und sie beglückwünschten sich zu dem Erfolg, der ihren Fleiß gekrönt hatte. Da ertönte plötzlich ein Ruf von einem der Gefangenen: »Dick, wo bist du?« Die Wilderer standen vor Schreck wie versteinert, und fast im gleichen Augenblick quiekte eine Stimme aus dem andern Sack:

»Bin im Sack,
huckepack,
reit hinauf Hoghton Brow.«

Die entsetzten Männer ließen sogleich ihre Packen fallen und flohen in größter Eile. Zurück ließen sie die Säcke, die voller Elfen waren, die hatten sie durch das eindringende Frettchen aus ihren Wohnungen vertrieben. Am nächsten Morgen wagten sich jedoch die beiden Wilderer zu der Stelle, an der sie die übernatürlichen Stimmen gehört hatten. Die Säcke waren sauber gefaltet und lagen an der Wegseite, und die Männer hoben sie sehr sachte auf, so als erwarteten sie eine andere geheimnisvolle Äußerung, und sie schlichen sich damit davon.
Nicht nötig zu sagen, daß diese Säcke später zu keinem Zweck verwendet wurden, der aufregender war als die Beförderung von Kartoffeln von dem zuvor vernachlässigten kleinen Gartenfleckchen. Das Abenteuer hatte die Männer so ziemlich geheilt von jedem Verlangen, Kaninchen »aufzuklauben«.
Jedoch wurden wie die meisten plötzlichen Bekehrungen auch die der beiden Wilddiebe in schwerarbeitende Weber von den Bewohnern dieses Dorfes aus der guten alten Zeit mit Mißtrauen betrachtet, und um sich zu rechtfertigen, sahen sich die ehemaligen Tagediebe gezwungen, die Geschichte von den ge-

fangenen Elfen zu erzählen. Die wundersame Erzählung wurde bald überall verkündet. Und an manchem Sommerabend danach, wenn die beiden Bekehrten in ihrer Webstube fest an der Arbeit saßen und vielleicht fast unbewußt das alte Liedchen summten:

»Das Herz mir lacht in der Mondscheinnacht«,

dann streckte sich der Haarschopf eines Jungenkopfes durch das von Geißblatt fast bedeckte Fensterloch. Und der grinsende Bursche, der geduldig gewartet hatte, bis der Weber das Lied beginnen und so die Gelegenheit bieten würde für die so oft wiederholte schlagfertige Antwort, rief: »Nein, das Herz lacht dir nicht, ›Dick, wo bist du?‹ «

58. Der Wechselbalg

Eine Frau hatte ein kleines Kind, das wuchs nie. Es war immer hungrig und nie zufrieden, Jahr für Jahr lag es nur in der Wiege, es lief nicht, und nichts schien ihm zu helfen. Sein Gesicht war haarig und sah seltsam aus. Eines Tages kam der ältere Sohn der Frau, ein Soldat, vom Krieg nach Hause, und er war überrascht, seinen Bruder immer noch in der Wiege zu sehen. Als er aber hineinschaute, sagte er: »Das ist nicht mein Bruder, Mutter.« – »Er ist es aber«, sagte die Mutter.
»Das werden wir sehen«, sagte er. Dann nahm er zuerst ein frisches Ei, blies es aus und füllte die Schale mit Hopfen und Malz. Dann fing er an, über dem Feuer zu brauen. Daraufhin kam ein Lachen aus der Wiege. »Ich bin alt, so alt, so uralt«, sagte der Wechselbalg, »aber noch nie zuvor habe ich gesehen, daß ein Soldat in einer Eierschale Bier braut.« Dann stieß er einen entsetzlichen Schrei aus, denn der Soldat ging mit der Peitsche auf ihn los, und er jagte ihn rund um die Stube herum, ihn, der nie vorher seine Wiege verlassen hatte! Zuletzt verschwand er zur Tür hinaus, und als der Soldat hinter ihm

herging, traf er auf der Türschwelle seinen lang verlorenen Bruder. Der war ein Mann von vierundzwanzig Jahren und war schön und kräftig. Die Elfen hatten ihn in einem schönen Palast unter den Felsen aufgezogen und ihn mit dem Besten von allem genährt! Er sagte, nie wieder würde er so gut dran sein, aber er mußte nach Hause kommen, als seine Mutter ihn rief.

59. Betty Schlampstrumpf und Monster-Jan

Im Oberland, den »High countries«, wie die Pfarrsprengel von Morvah, Zennor und Towednack genannt werden, hat man lange Zeit folgendes überliefert: Die Kleinen Leute holen oft die Kinder von schmutzigen, faulen Frauen, die sich viel herumtreiben, säubern sie sorgfältig und bringen sie wieder zurück – und dann sind sie natürlich um vieles schöner, weil sie von den Elfen im Morgentau gewaschen wurden. Diese Vorstellung hat offensichtlich viele Jahrhunderte bestanden, und wie viele alte Überlieferungen ist sie in jeder Generation umgeformt und den Bedingungen der Zeit angepaßt worden. Das folgende ist in seinen Hauptzügen nur leicht abgewandelt, es wird berichtet nach einer Geschichte, die eine alte Frau in Morvah etwas vergröbert und viel ausgedehnter erzählt hat.
Betty Schlampstrumpf, eine Frau von den Hügeln, verlor vor ein paar Monaten beinahe ihr kleines Kind. Schlampstrumpf war zwar ein Spottname, aber alle kannten sie nur unter diesem und keinem anderen Namen. Sie hatte ihn bekommen, weil sie um ihre Beine und Füße immer so unordentlich war. Sie konnte sich kein Loch in ihrem Strumpf stopfen – die faule Schlampe konnte sich nicht mal einen stricken. Damit man die Löcher an ihren Fersen nicht sah, zog sich Betty die Beinlinge ihrer Strümpfe immer unter den Fuß, solange der obere Rand noch unter das Strumpfband reichte, und oft machte sie das Strumpfband schon mitten am Bein fest, wenn der Strumpf nicht mehr lang genug war.
Betty war in Towednack aufgewachsen, nicht weit entfernt

von der Wheal-Reeth-Grube, wo der Alte, ihr Vater, arbeitete. Er beackerte auch ein paar Morgen Land, und je nach seiner Schicht arbeiteten er und seine Tochter darauf. Die Alten pflegten zu sagen, sie ließen das arme unschuldige Kind nicht in der Grube arbeiten, sie hätten Angst, die großen groben Heiden von Lelant könnten Gewalt über sie bekommen. Also behielten sie sie zu Hause, und der Alte pflegte damit zu prahlen, wie tüchtig seine Betty sei beim Ginsterschneiden und Torfstechen. Anstatt abends zu Hause zu bleiben, sauste sie von Gasse zu Gasse zu den Betversammlungen. Denn sie war »von Kind an eine Bekennerseele« gewesen. Betty war ein Einzelkind, und die Alten hatten ein wenig Geld gespart und hofften, einer, der »was Besseres« sei, würde sie heiraten. In den Hügeln wohnte ein Mann, Monster-Jan hieß der, den verführte das bißchen Geld, und er beschloß, es darauf anzulegen, daß er Betty bekäme. Jan wurde eine bekehrte Seele – er traf mit Betty in derselben Betgruppe zusammen und sagte von sich selbst, ihm seien »die Mittel der Gnade so lieb und teuer«.
So ging es einige Zeit dahin, und dann stellte sich heraus, daß Betty »Pech gehabt hatte«. Nun hatten es die Alten sehr eilig, ihre Tochter zu verheiraten, und versprachen Jan so viel Geld, daß er sich ein Porzellanservice und eine Menge schönes irdenes Geschirr kaufen könnte, aber Monster-Jan verlangte mehr als das und wollte lieber den Rückzug antreten. Er verließ die Betgemeinde, damit er nicht ausgewiesen würde. Er sagte, das Ganze wäre ihm herzlich zuwider, und er erzählte allerlei seltsame Geschichten über das, was die da machten, und bald war er ein so schlechter Mensch wie zuvor. Die Zeit schritt voran, und Bettys Mutter sah, daß sie sich keine Möglichkeit entgehen lassen durfte, aus Betty eine ehrbare Frau zu machen. Bettys Mutter war selbst eine erbärmlich schmutzige Frau, und, wie die Leute sagten, trank sie nur zu gern einen Tropfen. Nun ging sie nach Penzance und kaufte ein neues Bett, ein richtiges Himmelbett, einen Küchenschrank, leuchtend bleiblau und dunkelbraun bemalt, eine Achttage-Uhr in bemaltem Mahagoni-Gehäuse, eine Menge schönes irdenes Geschirr und einen

gläsernen Milchkrug. Als diese Dinge alle in einer Hütte aufgestellt waren, gefielen sie Jan recht wohl. Er hing seine »große Zwiebel von einer Uhr« in der Mitte des Küchenschrankes auf, um zu sehen, wie sich das ausnimmt. Als er damit zufrieden war, sagte er zu der alten Frau, er würde Betty auf der Stelle heiraten, wenn sie ihnen ihre große, hübsche, blanke Wärmpfanne gäbe, so daß sie sie der Tür gegenüber aufhängen könnten. Das war schnell geschehen, und Monster-Jan und Betty Schlampstrumpf heirateten.

Nach kurzer Zeit war in Jans Hütte die Stimme eines Babys zu hören, aber das arme Kind hatte keine Wiege, nur eine Grubenkirbe, einen Korb, aus Stroh und Ranken geflochten. Und zusätzlich zu den üblichen Ursachen ihrer Nachlässigkeit kam noch eine hinzu: Betty fing zu trinken an. Eine ungeschlachte, eklige Trulle von einem Weib zog da umher und gab vor, Häkelarbeiten zu verkaufen, in Wirklichkeit aber verkaufte sie Gin, den sie in einer Flasche unter dreckigen Lumpen verborgen hatte; die bezeichnete sie als »die schönsten gehäkelten Kragen und Manschetten, die all die Damen in den Städten und auf dem Land an Sonn- und hohen Feiertagen tragen«. Dieses Weib schloß enge Freundschaft mit Jans Frau. Das Ergebnis war – es wurde alles nur noch schlimmer. Jan war unzufrieden und ging in die Grube, und aus der Grube kam er immer mürrisch zurück.

Eines Tages sollte Betty Brot backen – sie hatte das noch nie vorher getan, da immer ihre Mutter dieses Geschäft besorgt hatte. Jan hatte seine Uhr im Schrank hängen lassen, damit Betty wisse, wie spät es ist. Bis Mittag ging alles gut. Und gerade als das Brot so weit war, daß es in den Ofen kommen sollte, kam die Häkel-Frau herein. Betty bekam zuerst ein Gläschen Gin, dann ließ sie sich ihre Zukunft deuten, und weil ihr Glück ohne Ende und die hübschesten Kinder im ganzen Land versprochen wurden und Jan der größte Erfolg in den Tribut-Gruben, wurde der Kessel aufgesetzt und Schweinefleisch für die Wahrsagerin gebraten.

Während all dieser Zeit war der Teig vergessen, und er wurde sauer und schwer. Als das Weib fortging, wurde schließlich der Klumpen Sauerteig in den Ofen geschoben. Das vernachlässigte Kind quengelte, und da Jan bald zum Abendessen heimkommen würde, hatte Betty es sehr eilig, mit allem fertig zu werden. Um das Kind ruhig zu halten, gab sie ihm Jans Uhr, und sie machte sie auf, damit sie ihm noch besser gefalle und »damit das liebe Kindchen sehen konnte, wie sich die netten kleinen Räder herumdrehen«. Nach kurzer Zeit war die »Maschine« in der Asche gelandet und ging natürlich nicht mehr. Schließlich wollte Betty wissen, wie spät es ist; da fand sie die Uhr mit Schmutzklumpen verstopft. Um das Ding wieder in Ordnung zu bringen, wusch sie es im Schaff mit dem Spülwasser aus, das sie seit zwei oder drei Tagen nicht gewechselt hatte, es war voller Gräten von Salzsardinen und voller Kartoffelschalen. So gut sie konnte, bemühte sie sich, die Uhr zu reinigen, denn nun fürchtete sie sich schrecklich vor Jan, und so weit sie dazu konnte, wischte sie all die kleinen Räder mit der Ecke des Küchentuchs ab, aber das verdammte Ding wollte nicht gehen. Sie mußte das Brot nach Gutdünken backen, und es war daher schwarz wie Kohle und hart wie Stein, als sie es herausholte.

Jan kam nach Hause. Und ihr könnt euch selbst seine Wut vorstellen, als er alles so vorfand und dazu seine Uhr, die nicht mehr ging. Betty verschwor sich hoch und heilig, sie hätte das Ding nicht in die Hände genommen. Am andern Morgen stand Jan zeitig auf, um in die Grube zu gehen. Er nahm das verbrannte Brot und versuchte es mit einem Messer zu zerschneiden, aber es war vergeblich, ebensogut hätte er versuchen können, einen Stein zu zerschneiden. Er nahm darauf die Axt, aber die schlug Funken darauf, sagte Monster-Jan, und machte nicht die kleinste Kerbe in der Kruste. Der arme Kerl mußte ohne Frühstück zur Arbeit gehen und sich für das Mittagessen auf einen Anteil an den Fleischfladen eines seiner Kameraden verlassen.

Am Freitag, dem Tag darauf, war Zahltag, und nachdem Jan seinen Lohn bekommen hatte, ging er nach St. Ives um Brot und nahm die kostbare Uhr mit sich, damit sie in Ordnung gebracht werde. Der Uhrmacher fand bald heraus, woran es lag: hier war ein bißchen Fischgräte, da ein Stückchen Kartoffelschale, in einem Radzahn hing eine Faser vom Küchentuch, in einem andern ein Strohteilchen, und alles war voll Asche.

Nun war die Katze aus dem Sack, und in dieser Nacht betrank sich Jan bis zur Sinnlosigkeit, ging heim und brachte seine Frau beinahe um. Und von dieser Zeit an war Jan jeden Tag betrunken, und Betty war es, sooft sie Gin erwischen konnte. Das arme Kind blieb den halben Tag sich selbst und dem Daumenlutschen überlassen und wälzte und rollte sich auf den verkommenen Lumpen in dem alten Korb umher, und keiner kümmerte sich darum.

Eines Tages war Betty zum Herumtreiben aufgelegt und ging von einem Haus zum andern, wo sie nur immer eine Frau finden konnte, die müßig genug war, um mit ihr zu schwatzen. Betty blieb bis zum Dunkelwerden fort – Jan hatte die letzte Tagschicht –, und das arme Kind wurde ganz allein gelassen.

Als sie heimkam, wunderte sie sich, daß sie das Kind nicht hörte, aber sie dachte, es hätte sich in den Schlaf geweint, und war nicht weiter besorgt. Als sie die Kerze angezündet hatte, schaute sie schließlich in den Korb, und da war kein Kind. Betty suchte alles ab, draußen und drinnen, sie suchte an jeder nur möglichen Stelle, aber nirgends war eine Spur von dem Kind. Das ernüchterte Betty doch ziemlich, und sie erinnerte sich, daß sie die Tür hatte aufschließen müssen, um in die Hütte zu kommen.

Während sie noch voller Angst war und vor der Begegnung mit ihrem Mann zitterte, kam Jan von der Grube heim. Natürlich wurde ihm gesagt, daß sein »jämmerliches bißchen von einem Kind verlorengegangen sei.« Er glaubte kein Wort von dem, was Betty ihm erzählte, sondern lief umher und rief alle Nachbarn heraus, und sie schlossen sich ihm bei der Suche an. Sie verbrachten die Nacht damit, daß sie jeden Fleck im Dorf und um das Haus herum untersuchten – aber es war alles umsonst.

Nach Tagesanbruch kamen sie alle zu einer gründlichen und ernsthaften Beratung zusammen. Da kam die Katze ins Haus gelaufen, den Schwanz steil aufgerichtet, und miaute kläglich. Hin und her lief sie und um einen Torfstich herum und schrie unaufhörlich, als wolle sie, daß die Leute ihr folgten. Nach langer Zeit dachte einer daran, der Katze nachzugehen, und da lag in der Mitte des Torfstichs auf einem schönen, grünen, weichen Grasfleck das schlafende Baby, »appetitlich wie ein Nüßlein«, sorgsam war es in einige trockene alte Kleidungsstücke gewickelt, und alle seine Tücher waren sauber und trocken. Als sie das Kind auswickelten, fanden sie es überall bedeckt mit leuchtend bunten Blumen, so wie wir sie um ein kleines Kind im Sarg legen. Es hatte ein Veilchensträußchen in seinen niedlichen Händchen, und über sein Körperchen waren Goldlack und Himmelsschlüssel gestreut und Balsaminen und Minze. Der Torf rund herum war hoch aufgeschichtet, so daß kein kalter Windhauch das Kind streifen konnte. Alle stellten fest, daß das Kind nie vorher so hübsch ausgesehen hatte. Es ist ganz klar, sagten die alten Frauen, daß die Kleinen Leute das Kind geholt und von Kopf bis Fuß gewaschen hatten. Und die Arbeit, das Baby sauberzumachen, mußte sehr langwierig gewesen sein, und da war die Sonne aufgegangen, bevor sie damit fertig wurden. So hatten sie das Kind an die Stelle gelegt, wo es gefunden wurde, und hatten vorgehabt, es in der nächsten Nacht wegzunehmen.

Man hörte nie wieder, daß sie gekommen seien, das Baby zu holen, aber alle sagten, diese Begebenheit habe bewirkt, daß Betty Schlampstrumpf und Monster-Jan sich sehr änderten. Die Hütte wurde in Ordnung gehalten, und das Kind war sauber. Sein Vater und seine Mutter tranken weniger und lebten danach glücklicher für alle Zeit.

60. Die Abenteuer der Cherry von Zennor

Dies kann man als eine andere Fassung der Geschichte vom Feenwitwer ansehen:

Der alte Honey lebte mit seiner Frau und der Familie in einer kleinen Kate von zwei Räumen und einem Alkoven auf der Klippenseite von Trereen bei Zennor. Das alte Paar hatte zehn Kinder, die alle an diesem Ort aufgezogen wurden. Sie lebten so gut sie konnten von dem, was ein paar Morgen Land hervorbrachten, die zu armselig waren, um auch nur eine Ziege bei guter Laune zu halten. Die Haufen von Schneckengehäusen um die Hütte herum ließ einen glauben, daß ihre Hauptnahrung Napf- und Strandschnecken waren. Sie hatten jedoch an den meisten Tagen Fisch und Kartoffeln und ab und zu an einem Sonntag Schweinefleisch und Brühe. Zu Weihnachten und zu Ostern hatten sie weißes Brot. Im ganzen Pfarrsprengel gab es keine gesündere oder hübschere Familie als die vom alten Honey. Wir haben es jedoch nur mit einem von ihnen zu tun, mit seiner Tochter Cherry. Cherry konnte laufen so schnell wie ein Hase, und sie steckte immer voller Scherz und Übermut.

Immer wenn der Bursche des Müllers auf den Hof kam, sein Pferd an den Ginsterstadel band und hereinschaute, ob einer sein Korn zur Mühle schicken wolle, dann sprang Cherry auf das Pferd und galoppierte fort zu den Klippen. Wenn der Müllerbursche dann hinterherjagte und sie über den Rand dieser Felsenküste nicht weiterreiten konnte, wendete sie sich den Steinmälern zu, und der schnellste Hund hätte sie nicht eingeholt, geschweige denn der Müllerbursche.

Als Cherry halbwüchsig war, wurde sie bald unzufrieden, denn Jahr für Jahr hatte ihre Mutter ihr ein neues Kleid versprochen, damit sie so schmuck einhergehen könne wie die andern, »zu dritt auf einem Pferd auf den Morvah Jahrmarkt«. So gewiß die Zeit herankam, so gewiß fehlte das Geld, und Cherry hatte also nichts Anständiges anzuziehen. Sie konnte weder zum Jahrmarkt noch zur Kirche, noch zu den Betversammlungen gehen.

Cherry war sechzehn. Eine von ihren Spielgefährtinnen hatte ein neues Kleid, das war mit Bändern schmuck besetzt, und sie erzählte Cherry, wie sie in Nancledry bei der Predigt gewesen war und wie sie immer so viele Liebhaber hätte, die sie heimbrächten. Dies versetzte die leichtfertige Cherry in ein Fieber des Verlangens. Sie erklärte ihrer Mutter, daß sie fortgehen wolle in die Täler, um sich einen Dienst zu suchen, damit sie solche Kleider haben könnte wie die andern Mädchen.
Ihre Mutter wollte, sie solle nach Towednack gehen, damit sie sie ab und zu an einem Sonntag sehen könnte.
»Nein, nein«, sagte Cherry, »niemals will ich in eine Gemeinde, wo die Kuh den Glockenstrick fressen mußte und wo sie jeden Tag Fisch und Kartoffeln haben und am Sonntag Aal-Pastete zur Abwechslung.«
Eines schönen Morgens band Cherry ein paar Sachen in ein Bündel zusammen und machte sich fertig zum Aufbruch. Sie versprach ihrem Vater, sie wolle einen Dienst annehmen, der möglichst nahe sei, und bei der frühesten Gelegenheit wolle sie nach Hause kommen. Der alte Mann sagte, sie sei verhext, und legte ihr ans Herz, sie solle aufpassen, daß sie weder von Seeleuten noch von Piraten fortgeschleppt werde, und dann erlaubte er ihr fortzugehen.
Cherry schlug den Weg ein, der nach Ludgvan und Gulval führte. Als sie die Kamine von Trereen aus den Augen verloren hatte, verließ sie der Mut, und sie war drauf und dran, wieder nach Hause zu gehen. Aber sie ging weiter.
Schließlich kam sie zu den vier Kreuzwegen an den Lady Downs. Sie setzte sich auf einem Stein am Wegrand nieder und weinte, als sie an ihr Zuhause dachte, das sie vielleicht niemals wiedersehen würde.
Endlich hörte sie zu weinen auf und beschloß, heimzugehen und das Beste daraus zu machen.
Als sie ihre Augen gewischt hatte und ihren Kopf hob, war sie überrascht, einen Herrn auf sich zukommen zu sehen – denn sie konnte sich nicht vorstellen, woher er kam, ein paar Augenblicke vorher war noch niemand auf der Höhe zu sehen gewesen.

Der Herr wünschte ihr einen Guten Morgen, erkundigte sich nach dem Weg nach Towednack und fragte Cherry, wohin sie gehe.

Cherry erzählte dem Herrn, daß sie an diesem Morgen von zu Hause fortgegangen war, um sich nach einem Dienst umzusehen, aber daß der Mut sie nun verlassen habe, und sie wolle über die Hügel wieder zurückgehen nach Zennor.

»Ich hätte niemals erwartet, ein solches Glück zu haben«, sagte der Herr. »Ich bin heute morgen von zu Hause fortgegangen, um ein nettes, sauberes Mädchen zu suchen, das mir haushalten könnte, und da treffe ich dich.«

Er erzählte Cherry dann, daß er seit kurzem Witwer sei und daß er einen lieben kleinen Jungen habe, den Cherry betreuen solle. Cherry sei genau das Mädchen, das ihm recht wäre. Sie sei hübsch und reinlich. Er konnte sehen, daß ihre Kleider so geflickt waren, daß man nicht mehr erkennen konnte, welches das ursprüngliche Stück gewesen war, aber sie war lieblich wie eine Rose, und alles Wasser der See hätte sie nicht sauberer machen können.

Die arme Cherry sagte zu allem »Ja, Herr«, sie verstand jedoch nicht den vierten Teil von dem, was der Herr gesagt hatte. Ihre Mutter hatte sie angewiesen, »Ja, Herr« zum Pfarrer zu sagen oder zu einem jeden Herrn, wenn sie ihn nicht verstünde. Der Herr sagte ihr, er wohne drunten in den Tälern, nicht weit weg, und sie werde sehr wenig zu tun haben, sie müsse nur die Kuh melken und sich um das Kind kümmern. Also willigte Cherry ein, mit ihm zu gehen.

Sie gingen fort, und er sprach so freundlich, daß Cherry nicht merkte, wie die Zeit verstrich, und ganz vergaß, wie weit sie gegangen war.

Endlich waren sie in einem Heckenweg, der war von Bäumen so überschattet, daß der Weg vom Sonnenlicht nur eben noch gesprenkelt war. So weit sie sehen konnte, gab es nur Bäume und Blumen. Heckenrosen und Geißblatt verströmten ihren Duft, und die rotesten reifen Äpfel hingen an den Bäumen über dem Heckenweg.

Dann kamen sie an fließendes Wasser, klar wie Kristall, das lief über den Weg. Es war aber sehr dunkel, und Cherry hielt an, um zu sehen, wie sie den Fluß überqueren könnte. Der Herr legte den Arm um ihre Mitte und trug sie darüber, so daß ihre Füße nicht naß wurden.

Der Weg wurde dunkler und dunkler und enger und enger, und es schien, daß sie immer rascher den Hügel abwärts gingen. Cherry hielt sich am Arm des Herrn ganz fest und dachte sich, da er zu ihr so freundlich gewesen war, würde sie mit ihm bis ans Ende der Welt gehen.

Nachdem sie ein wenig weitergegangen waren, öffnete der Herr ein Gatter, das in einen schönen Garten führte, und sagte: »Meine liebe Cherry, dies ist der Ort, an dem wir wohnen.«

Cherry wollte kaum ihren Augen trauen. Nie zuvor hatte sie etwas gesehen, das diesem Ort an Schönheit gleichkam. Blumen in allen Farben waren um sie herum, Früchte aller Art hingen über ihr, und die Vögel hatten einen lieblicheren Gesang, als sie jemals gehört hatte, sie brachen aus in einen Freudenchor. Cherry hatte die Großmutter von verzauberten Orten erzählen hören. Ob dies einer davon sein konnte? Nein. Der Herr war so groß wie der Pfarrer, und jetzt kam ein kleiner Junge den Gartenweg heruntergelaufen und rief: »Papa, Papa!«

Nach seiner Größe schien das Kind etwa zwei oder drei Jahre alt zu sein, aber er hatte einen eigenartigen Anschein von Alter an sich. Seine Augen waren strahlend und durchdringend, und er hatte einen listigen Ausdruck. »Er konnte mit dem Blick jeden unterkriegen«, wie Cherry sagte.

Bevor Cherry mit dem Kind sprechen konnte, erschien eine sehr alte, knochentrockene, häßliche Frau, die ergriff das Kind beim Arm, zog es hinter sich her ins Haus und brummte und zankte dabei. Aber bevor sie ihren Blicken entschwand, schaute die alte Hexe Cherry so an, daß es ihr durch und durch ging, »wie ein Bohrer«.

Da der Herr sah, daß Cherry etwas verwirrt war, erklärte er, die Alte sei die Großmutter seiner verstorbenen Frau. Sie würde bei ihnen bleiben, bis Cherry ihre Arbeit kenne, und nicht länger, denn sie sei alt und übellaunig und müsse fort. Nachdem sie ihre Augen an dem Garten geweidet hatte, wurde Cherry ins Haus geführt, und das war noch schöner. Blumen aller Art wuchsen überall, und überall war es, als schiene die Sonne, und doch sah sie die Sonne nicht.

Tante Prudentia – das war der Name der alten Frau – deckte in einem Nu einen Tisch mit einer großen Vielzahl von feinen Sachen, und Cherry aß herzhaft zu Abend. Sie wurde nun zu Bett geschickt, in eine Kammer zuoberst im Hause, und auch das Kind sollte dort schlafen. Prudentia wies Cherry an, ihre Augen geschlossen zu lassen, ob sie schlafe oder nicht, sonst könnte sie vielleicht Dinge sehen, die ihr nicht gefallen würden. Während der ganzen Nacht dürfe sie nicht mit dem Kind sprechen. Sie müsse bei Tagesanbruch aufstehen und dann den Jungen zu einer Quelle im Garten führen. Dort solle sie ihn waschen und seine Augen mit einer Salbe salben, die sie in einer Kristalldose in einer Felsspalte finden würde, aber auf keinen Fall dürfe sie ihre eigenen Augen damit berühren. Danach solle Cherry die Kuh rufen, einen Eimer voll Milch melken und davon eine Schüssel voll frischer Milch für das Frühstück des Jungen schöpfen. Cherry kam vor Neugierde fast um. Einige Male fing sie an, das Kind auszufragen, aber es brachte sie immer zum Schweigen, indem es sagte: »Ich sag's Tante Prudentia.«

Wie ihr gesagt worden war, stand Cherry am Morgen zeitig auf. Der kleine Junge führte das Mädchen zu der Quelle, die floß kristallklar aus einem Granitfelsen, der mit Efeu und schönen Moosen bedeckt war. Cherry wusch das Kind, wie es sich gehörte, und salbte so auch seine Augen. Sie sah keine Kuh, aber ihr kleiner Pflegling sagte, sie müsse die Kuh rufen.

»Wittwittwitt«, rief Cherry, geradeso, wie sie die Kühe zu Hause zu rufen pflegte, und sieh, da kam eine wunderschöne große Kuh zwischen den Bäumen hervor und stellte sich an das Ufer neben Cherry.

Kaum hatte Cherry die Hände an die Zitzen der Kuh gelegt, da flossen schon vier Milchströme hernieder und füllten bald

den Eimer. Dann schöpfte sie Milch in die Schüssel des Jungen, und er trank sie. Nachdem dies getan war, ging die Kuh ruhig fort, und Cherry kehrte zum Haus zurück, um sich ihre tägliche Arbeit zeigen zu lassen.
Prudentia, die alte Frau, gab Cherry ein reichliches Frühstück und ließ sie dann wissen, sie müsse in der Küche bleiben und da ihrer Arbeit nachgehen: Milch abkochen, buttern und all die Holzteller und Schüsseln mit Wasser und Sand saubermachen. Cherry wurde ermahnt, nicht neugierig zu sein. Sie durfte nicht in irgendeinen andern Teil des Hauses gehen und sie durfte nicht versuchen, irgendwelche verschlossenen Türen zu öffnen.
Als am zweiten Tag ihre gewöhnliche Arbeit getan war, verlangte ihr Herr von Cherry, sie solle ihm im Garten helfen beim Pflücken von Äpfeln und Birnen und beim Jäten von Lauch und Zwiebeln.
Cherry war froh, der alten Frau aus den Augen zu kommen. Tante Prudentia schaute immer mit einem Auge auf ihr Strickzeug und mit dem andern sah sie durchbohrend die arme Cherry an. Ab und zu pflegte sie zu murren: »Ich wußte, daß Robin irgendeine Närrin von Zennor herbringen würde, für beide wär's besser, sie hätte es verpaßt.«
Cherry und ihr Herr kamen prächtig miteinander aus, und immer wenn Cherry ein Beet fertiggejätet hatte, gab ihr der Herr einen Kuß, um zu zeigen, wie zufrieden er war.
Nach ein paar Tagen nahm Tante Prudentia Cherry mit in jene Teile des Hauses, die sie noch nie gesehen hatte. Sie kamen durch einen langen dunklen Gang. Cherry mußte dann ihre Schuhe ausziehen, und sie betraten einen Raum, darin war der Boden wie aus Glas, und ringsum, auf Gestellen thronend und auf dem Boden, waren große und kleine versteinerte Leute. Von einigen waren nur Kopf und Schultern da und die Arme abgetrennt, andere waren vollständig. Cherry sagte zu der alten Frau, um alles in der Welt wolle sie nicht weitergehen. Zuerst hatte sie gedacht, sie sei in ein Land der Kleinen Unterirdischen gekommen, und nur der Herr sei wie andere Men-

schen. Aber nun wußte sie, daß sie bei Zauberern war, die all diese Leute in Stein verwandelt hatten. Sie hatte in Zennor droben von ihnen sprechen hören, und sie wußte, jeden Augenblick könnten sie erwachen und sie fressen.

Die alte Prudentia lachte Cherry aus, zog sie weiter und bestand darauf, daß sie an einem Kasten reibe, der war wie ein Sarg auf sechs Beinen, bis sie ihr Gesicht darin sehen könnte. Nun, Cherry fehlte es nicht an Mut, und so begann sie heftig zu reiben. Die alte Frau stand dabei und strickte die ganze Zeit, und ab und zu rief sie: »Reib! Reib, reib! Fester und schneller!« Schließlich war Cherry verzweifelt, sie rieb noch einmal ganz heftig an einer Ecke und warf dabei den Kasten beinahe um. O Gott, da gab er einen so schmerzvollen, unirdischen Klang von sich, daß Cherry dachte, all die Steinleute würden lebendig, und in ihrem Schreck fiel sie ohnmächtig nieder. Der Herr hörte den Lärm und kam herein, um die Ursache des Tumultes herauszufinden. Er geriet in großen Zorn, warf die alte Prudentia aus dem Haus, weil sie Cherry in das verschlossene Zimmer geführt hatte, trug Cherry in die Küche und brachte sie bald mit einem herzstärkenden Mittel wieder zu sich. Cherry konnte sich nicht erinnern, was geschehen war, aber sie wußte, da war etwas zum Fürchten in dem andern Teil des Hauses. Nun war aber Cherry die Frau im Haus – die alte Tante Prudentia war fort. Der Herr war so freundlich und liebevoll, daß ein Jahr verging wie ein Sommertag. Gelegentlich ging ihr Herr für eine Zeit von zu Hause fort. Er kehrte dann zurück und verbrachte viel Zeit in den verwunschenen Räumen, und Cherry war sicher, daß sie ihn zu den Steinleuten sprechen hörte. Cherry hatte alles, was ein menschliches Herz begehren konnte, aber sie war nicht glücklich. Sie wollte mehr wissen über den ganzen Ort und über die Leute. Sie hatte herausgefunden, daß die Salbe die Augen des kleinen Jungen leuchtend und seltsam machte, und oft dachte sie, er sähe mehr als sie; sie wollte es versuchen, ja, das wollte sie!

Nun, am nächsten Morgen wurde der Junge gewaschen, seine Augen gesalbt und die Kuh gemolken. Dann schickte sie den

Jungen aus, er solle ihr ein paar Blumen im Garten pflücken, und sie nahm ein klein wenig von der Salbe und tat es in ihr Auge. Oh, es war, als würde das Auge aus dem Kopf gebrannt! Cherry lief zu dem Teich unter dem Felsen und wusch das brennende Auge. Und schau! Da sah sie am Grunde des Wassers Hunderte von kleinen Leuten, meist waren es kleine Damen, die spielten – und da war ihr Herr, so klein wie die andern, der spielte mit ihnen. Alles sah nun an diesem Ort anders aus. Überall waren kleine Leute, sie versteckten sich in den Blüten, die wie von Diamanten funkelten, sie schaukelten in den Bäumen, und sie liefen und hüpften unter und über die Grashalme. Den ganzen Tag zeigte sich der Herr kein einziges Mal über dem Wasser, aber gegen Abend ritt er zum Haus als der hübsche Herr, den sie bisher gesehen hatte. Er ging in die verwunschene Kammer, und bald hörte Cherry die allerschönste Musik.

Am Morgen ging der Herr fort und war wie zur Jagd gekleidet. Er kam am Abend zurück, ließ Cherry mit sich allein und ging sofort in seine eigenen Räume. So ging es Tag für Tag, bis Cherry es nicht länger aushalten konnte. Sie schaute also durch das Schlüsselloch und sah ihren Herrn und viele Damen, und er sang, während eine Dame, die wie eine Königin gekleidet war, auf dem Sargkasten spielte. Oh, und wie wild Cherry vor Eifersucht wurde, als sie sah, wie ihr Herr diese liebliche Dame küßte! Am nächsten Tag jedoch blieb der Herr zu Hause, um Obst zu ernten. Cherry sollte ihm helfen, und als er sich wie üblich anschickte, sie zu küssen, da schlug sie ihm ins Gesicht und sagte ihm, er solle solche Kleine Leute küssen, wie er selbst einer sei und mit denen er unter dem Wasser spiele. Da fand er heraus, daß Cherry die Salbe benutzt hatte. Sehr traurig sagte er ihr, sie müsse heimgehen, er wolle keinen Spion bei seinem Tun haben, und Tante Prudentia müsse zurückkommen. Lange bevor es Tag wurde, rief der Herr nach Cherry. Er gab ihr viele Kleider und andere Dinge, dann nahm er ihr Bündel in die eine Hand und eine Laterne in die andere und hieß sie, ihm zu folgen. Sie gingen viele Meilen weit und die ganze Zeit immer bergauf und durch Heckenwege und enge Gänge. Als sie schließlich auf ebenen Grund kamen, war es fast Tag. Er küßte Cherry und sagte ihr, sie sei bestraft für ihre unnütze Neugier, aber wenn sie sich gut betrage, wolle er manchmal zu den Lady Downs kommen, um sie zu sehen. Indem er dies sagte, verschwand er. Die Sonne ging auf, und Cherry saß da auf einem Granitfelsen und meilenweit war keine Menschenseele. Eine verlassene Hochlandheide war da anstelle des lächelnden Gartens. Lange, lange Zeit saß Cherry da in ihrem Kummer, aber zuletzt dachte sie, sie wolle nach Hause gehen.

Ihre Eltern hatten angenommen, sie wäre tot, und als sie sie sahen, glaubten sie, es wäre ihr Geist. Cherry erzählte ihre Geschichte, und alle zweifelten daran, aber Cherry änderte das Erzählte niemals ab, und schließlich glaubten es alle. Man sagt, Cherry sei später nie mehr richtig im Kopf gewesen, und bis sie starb, pflegte sie in den Mondnächten zu den Lady Downs zu wandern, um nach ihrem Herrn zu sehen.

61. Das Elfenfest auf dem Gump-Hügel bei St. Just

Lange Zeit soll der Gump-Hügel der Spielplatz der Kleinen Leute gewesen sein. Viele der guten alten Leute durften ihr Treiben mit ansehen, und jahrelang haben sie dann ihre Enkel entzückt mit Geschichten von den Liedern, die sie gehört, und dem Anblick, den sie gehabt haben. Diese Elfen haben vielen ihrer Freunde kleine, aber wertvolle Geschenke gegeben; aber wehe über den Mann oder die Frau, die es wagte, den Grund zu betreten, auf dem sie sich in der Zeit ihrer großen Feste aufhielten.

Da war in St. Just ein habgieriger alter Knicker – sein Name tut nichts zur Sache, es genügt, daß er schwer bestraft wurde – nun, dieser alte Kerl hatte so viel gehört von den Reichtümern, die die Kleinen Leute verteilten, wenn sie ein Fest auf dem Gump feierten, daß er beschloß, etwas von den Schätzen zu holen. Er erfragte alles, was er von den Nachbarn erfragen konnte, aber seine Absicht behielt er für sich. Während der Herbst-Tagundnachtgleiche war es, die Nacht war fast wie ein milder Tag, und alles, was in einer solchen Nacht unterwegs war, hätte mit ihrem stillen Leuchten in Harmonie sein müssen. Aber eine dunkle Seele war da unterwegs und warf mit ihrem schwarzen Schatten einen kleinen Flecken Finsternis. Der alte Mann stahl sich zu dem Treffen der Guten Leute, wie manche sie gern nannten, und er hielt eifrig Ausschau nach den Schätzen, die er begehrte. Schließlich, als er noch nicht weit auf den Gump-Hügel gestiegen war, hörte er Musik von ganz bestrickendem Klang. Sie hatte eine besondere geheimnisvolle Wirkung. Je nachdem, ob die Töne feierlich und langsam oder schnell und heiter waren, wechselte der alte Mann von Tränen zu Lachen, und mehr als einmal war er gezwungen, nach dem Takt zu tanzen. Obwohl er von dem Herumwirbeln, zu dem er gezwungen wurde, ganz verwirrt war, hielt der alte Mann seinen Verstand zusammen und paßte auf eine Gelegenheit auf, irgendeinen Elfenschatz zu fassen, aber es hatte sich bis dahin nichts Bemerkenswertes gezeigt. Die Musik schien ihn zu umgeben und es war, als komme sie näher an ihn heran als zu Beginn. Und wenn ihn auch der Klang glauben ließ, die Musikanten seien über der Erde, so wurde er doch nicht frei von der Vorstellung, sie seien in Wirklichkeit darunter. Schließlich gab es einen schmetternden Klang, der ihn unbeschreiblich erschreckte, und der Hügel vor ihm öffnete sich. Nun flammte alles in vielfarbigen Lichtern auf. An jedem Grashalm hingen Lampen und jeder Ginsterbusch war mit Sternen erleuchtet. Aus der Öffnung des Hügels marschierte ein Heer von kleinen Koboldstrollen, so als wollten sie den Weg freimachen. Dann kam eine unendliche Zahl von Musikanten, die spielten auf Instrumenten aller Art. Ihnen folgten Soldaten, Schar auf Schar, und jede trug ihr Banner aufgerichtet, das sich ohne Hilfe eines Windhauches entfaltete und seinen Wappenschmuck zeigte. Alle stellten sich nach einer Ordnung über den Platz verteilt auf, einige hier, andere dort. Etwas gefiel unserm Freund ganz und gar nicht; von den seltsamsten Trollwesen formierten sich einige hundert so, als wollten sie den Platz einschließen, an dem er stand. Da aber keiner von ihnen über sein Schuhband hinausragte, meinte er, er könne sie leicht mit dem Fuß zerquetschen, wenn sie Böses vorhätten, und damit tröstete er sich. Nachdem sich dieser gewaltige Aufmarsch wie von selbst gruppiert hatte, kam zunächst eine Schar von Dienern und trug Gefäße aus Silber und Gefäße aus Gold und Pokale, die aus Diamant, Rubin und anderen kostbaren Edelsteinen geschnitten waren. Andere waren im Überfluß beladen mit den köstlichsten Fleischgerichten, mit Gebackenem, Eingemachtem und mit Früchten. Im Augenblick war der Boden bedeckt mit Tischen, und alles wurde in der genauesten Reihenfolge angeordnet, wobei sich jedes Grüppchen zurückzog, wenn es seine Bürde abgesetzt hatte.

Die Pracht dieser Szene überwältigte fast den alten Mann. Aber als er am wenigsten darauf vorbereitet war, wurde der Lichterglanz noch tausendmal stärker. Aus dem Hügel drängten sich Tausende und aber Tausende von lieblichen Damen und Herren, die waren geschmückt mit den kostbarsten Gewändern. Er meinte, die Menge der Herankommenden wolle kein Ende nehmen. Aber nach und nach veränderte sich auf einmal die Musik, und der wohllautende Klang, der sein Ohr traf, schien alle Sinne neu zu beleben. Seine Augen wurden klarer, seine Ohren schärfer und sein Geruchssinn feiner.

Die Luft wurde erfüllt von Blumendüften, die köstlicher waren, als er sie je gerochen hatte. Ohne daß etwas Störendes dazwischen war, sah er die strahlende Schönheit der vielen tausend Damen, die nun auf dem Gump waren; und ihre Stimmen vereinten sich in einem Chor, der war klar wie Silberglocken – es war eine Hochzeitshymne von äußerster Zartheit. Die Worte waren in einer ihm unbekannten Sprache, aber er sah, daß sie an eine neue Gruppe gerichtet wurden, die nun aus dem Hügel hervortrat.

Zunächst kam eine große Zahl von Mädchen, in den allerweißesten Florstoff gekleidet, die streuten Blumen auf den Gump. Das waren aber keine leblosen oder abgeschnittenen Blumen,

sondern sie schlugen Wurzeln und wuchsen in dem Augenblick, in dem sie den Boden berührten.
Es folgte eine gleich große Zahl von Jungen, die hielten in ihren Händen Muscheln, die wie Harfen besaitet schienen, und damit brachten sie solch sanfte Melodien hervor, wie nur Engel sie hören und erleben können. Danach kamen ohne Ende Reihen auf Reihen von kleinen, grün und golden gekleideten Männchen, und nach und nach erhob sich da ein Wald von Bannern, die alle auf ein Zeichen hin entrollt wurden. Und nun kamen, auf Thronen sitzend und auf einem Podest über den Köpfen der Leute getragen, ein junger Prinz und eine Prinzessin, und die erstrahlten in Schönheit und Geschmeide wie Sonnen unter der himmlischen Sternenschar. Es gab viel feierliches Hin- und Hermarschieren, aber schließlich wurde das Podest auf einem Wall auf dem Gump niedergesetzt, und so wurde er verwandelt in Hügelchen von Rosen und Lilien. Und alle die Damen und Herren gingen darum herum, verneigten sich, und jeder sagte etwas zu dem Prinzen und der Prinzessin, als sie vorbeigingen und dann ihre Plätze an den Tafeln einnahmen. Obgleich niemand die Zahl dieses Elfenheeres zu zählen vermochte, gab es doch keine Verwirrung, alle die Damen und Herren fanden wie von selbst ihre Plätze. Als alle saßen, gab der Prinz ein Zeichen, und Diener in prächtigen Livreen stellten Tischchen auf das Podest, die dicht besetzt waren mit goldenem Geschirr und mit guten Sachen, und dann begannen alle, auch der Prinz und die Prinzessin, herzhaft zu schmausen.
›Nun‹, dachte der alte Mann, ›dies ist der Augenblick für mich. Wenn ich nur bis zum Tisch des Prinzen hinkriechen könnte, dann wollte ich gewiß einen guten Griff tun und fürs ganze Leben ein reicher Mann sein.‹ Er dachte in seiner Habgier nur an dieses eine und achtete auf nichts anderes. Er kauerte sich nieder, als könnte er so der Beobachtung entgehen, und sehr langsam und verstohlen kroch er zwischen den Feiernden näher. Er sah mit keinem Blick, daß jene vielen tausend Trollchen kleine Schnüre über ihn geworfen hatten und die Enden der Fäden noch festhielten. Die Gegenwart dieses selbstsüchti-

gen alten Sterblichen beunruhigte die Versammlung in keiner Weise, sie aßen und tranken und waren so fröhlich, als ob kein menschliches Auge auf sie blickte. Der alte Mann war erstaunlich vorsichtig, damit er die Schmausenden nicht störe, und brauchte daher viel Zeit, um, wie er es vorhatte, zur Rückseite des Walles zu gelangen. Zuletzt erreichte er die ersehnte Stelle, und zu seiner Verwunderung war hinter ihm alles dunkel und düster, aber vor dem Wall alles ein einziger Lichterglanz. Wie eine Schlange kroch er auf dem Bauch, zitternd vor Gier näherte er sich dem Prinzen und der Prinzessin.

Als er über den Wall hinwegschaute, war er recht erschrocken zu sehen, daß die vielen tausend Augen in dieser Menge auf ihn gerichtet waren. Eine Weile schaute er nur und raffte indessen seinen ganzen Mut zusammen, dann nahm er seinen Hut ab, hob ihn vorsichtig in die Höhe, und so wie ein Junge einen Schmetterling fängt, wollte er den Prinzen, die Prinzessin und ihren kostbaren Tisch überdecken. Und als er sie schon fast gehabt hätte, ertönte ein schrilles Pfeifen, die Hand des alten Mannes blieb kraftlos in der Luft festgehalten, und um ihn herum wurde alles dunkel.

Sirr! sirr! sirr! In seinen Ohren tönte es, als wäre ein Bienenschwarm um ihn herum. Jedes Glied von Kopf bis Fuß war, als stecke es dicht voller Nadeln und werde mit Zänglein gezwickt. Er konnte sich nicht bewegen, er war an den Boden festgebannt. Auf irgendeine Weise war er den Wall hinabgerollt und lag nun mit ausgestreckten Armen auf dem Rücken, und Arme und Beine waren durch Zauberketten an der Erde festgebunden. Daher konnte er sich nicht rühren, obgleich er große Qual litt, und seltsam schien auch seine Zunge mit Stricken gebunden zu sein, so daß er nicht rufen konnte. Keiner kann sagen, wie lange er schon in diesem üblen Zustand gelegen hatte, da war es ihm, als liefen viele Insekten über ihn her, und im Mondlicht sah er eines der Trollchen auf seiner Nase stehen, und das sah ganz so aus wie eine kleine Libelle. Das kleine Ungeheuer sprang und stampfte mit großem Vergnügen da herum, und nachdem es auf diesem hervorstehenden Stück

Mensch seinen Spaß gehabt hatte, lachte es ganz abscheulich und schrie: »Hinweg, hinweg, den Tag ich schmeck!« Auf das hin huschte das Heer der Kleinen Leute, das vom Leib des alten Mannes Besitz ergriffen hatte, im Nu davon und ließ unseren geschlagenen Helden allein auf dem Gump. Verwirrt, oder wie er sagte, verteufelt, lag er still da und suchte seine Gedanken zu sammeln. Schließlich ging die Sonne auf, und da entdeckte er, daß er mit Myriaden von Altweiberspinnweben an den Boden geknüpft war, die waren nun mit Tau übersät und glitzerten in der Sonne wie Diamanten.
Er schüttelte sich und war frei. Durchnäßt erhob er sich, er war ausgekühlt und beschämt. Verdrießlich machte er sich auf den Heimweg. Es dauerte lange, bis seine Freunde von dem alten Mann erfuhren, wo er die Nacht über gewesen war, und so ganz allmählich brachten sie die Geschichte zusammen, die ich euch berichtet habe.

62. Das Elfenkind

Auf einem der Hügel zwischen der Kirchstadt Zennor und St. Ives lebte eine sparsame Hausfrau. Eines Nachts kam ein Herr zu ihrer Kate und sagte ihr, er habe ihre Reinlichkeit und Achtsamkeit bemerkt, und er habe ein Kind, das wolle er gern mit großer Sorgfalt aufgezogen haben, und er sei auf sie verfallen. Für ihre Mühe solle sie sehr gut belohnt werden, und er zeigte ihr dabei eine beträchtliche Menge von Goldmünzen. Gut, sie willigte ein und ging mit dem Herrn fort, um dieses Kind zu holen. Als sie an den Hügel von Zennor kamen, sagte der Herr zu der Frau, er müsse ihr die Augen verbinden. Und sie, die gute, einfache Seele, die von solchen Dingen gehört hatte, stellte sich vor, es sei das Kind irgendeines reichen Mannes und der Wohnort der Mutter sollte nicht bekannt werden, und so rechnete sie sich's als Klugheit hoch an, wenn sie sich stillschweigend fügte. Sie legten eine beträchtliche Wegstrecke zurück. Als sie stehenblieben, wurde das Tuch von ihren Augen genommen, und sie fand sich in einem prachtvollen Raum, in

dem war eine Tafel gedeckt mit den köstlichsten Leckerbissen wie Wild, Früchten und Wein. Man sagte ihr, sie solle essen, und das tat sie mit einiger Unbeholfenheit und nicht ohne zu zittern. Es überraschte sie, daß solch ein großes Festmahl für eine so kleine Gesellschaft aufgetischt worden war – nur für sie selbst und den Herrn. Nachdem sie Leckereien genossen hatte, wie sie nie zuvor und nie danach gekostet hatte, wurde eine Silberglocke geläutet, und eine Schar von Dienern kam herein und trugen eine Wiege, die war mit Seide verhangen, und darin schlief das schönste Kind, das menschliche Augen je erblickt haben. Man sagte ihr, dieses Kind werde ihrer Pflege anvertraut und sie solle nie Mangel an etwas haben, aber sie müsse gewisse Vorschriften befolgen. Sie dürfe das Kind nicht das Vaterunser lehren und es nicht nach Sonnenuntergang waschen: sie müsse es jeden Morgen in Wasser baden, das sie in einer weißen Kanne im Zimmer des Kindes finden werde. Niemand solle dieses Wasser berühren als sie selbst, und sie müsse darauf achten, daß sie nicht ihr eigenes Gesicht in diesem Wasser wasche. In jeder anderen Hinsicht solle sie das Kind wie eines ihrer eigenen behandeln. Der Frau wurden wieder die Augen verbunden, das Kind ward ihr in die Arme gelegt, und so schritt sie dahin, geführt von dem geheimnisvollen Vater.
Als sie draußen auf dem Weg war, wurde ihr die Binde von den Augen genommen, und sie sah, daß sie ein kleines Kind in den Armen hielt, das war nicht sonderlich hübsch, hatte sehr scharfe, durchdringende Augen und war ganz gewöhnlich angezogen. Aber Handel bleibt Handel, und so beschloß sie, das Beste daraus zu machen. Sie zeigte das Kind ihrem Mann vor und erzählte ihm von der Geschichte so viel, als sie für klug hielt ihm anzuvertrauen.
Jahrelang war das Kind bei diesem Paar. Nie hatten sie an etwas Mangel, sie wurden versorgt mit Fleisch, sogar mit Weinen, einfach indem sie es sich wünschten – so meinten die Leute. Wenn es nötig war, lagen fertige Kleider auf dem Bett des Kindes, und immer war das Wunderwasser in der Zauberkanne. Der kleine Junge wurde lebhaft und stark. Er war be-

merkenswert wild, aber gut zu haben, und er schien eine wirkliche Zuneigung zu fühlen für seine »große Mami«, wie er die Frau nannte.

Manchmal glaubte sie, das Kind sei nicht bei Sinnen. Es rannte dann und sprang und schrie, als spielte es mit Dutzenden von Jungen, obgleich keine Menschenseele in seiner Nähe war. Die Frau hatte den Vater nie mehr gesehen, seit das Kind bei ihnen war, aber dann und wann wurde ihnen auf geheimnisvolle Weise Geld zugeleitet.

Oft hatte sie beobachtet, daß das Wasser das Gesicht des Kindes erstrahlen ließ, und eines Morgens, als sie den Jungen wusch, gab die Frau der Versuchung nach und wollte wissen, ob es auch sie selbst schöner machen würde. Sie lenkte die Aufmerksamkeit des Jungen auf ein paar Vögel, die auf einem Baum vor dem Fenster sangen, und spritzte etwas von dem Wasser in ihr Gesicht. Das meiste davon kam ihr in ein Auge. Sie schloß es unwillkürlich, und als sie es wieder aufmachte, sah sie eine Anzahl Kleiner Leute um sie her versammelt, die spielten mit dem Jungen. Sie sagte kein Wort, wenn ihre Angst auch groß war, und sie sah weiterhin, wie die Welt der Kleinen Leute die Welt der gewöhnlichen Männer und Frauen umgab – sie war mit ihnen, aber nicht eins mit ihnen. Nun wußte sie, wer die Spielgefährten des Jungen waren, und oft hätte sie gern zu den schönen Geschöpfen der unsichtbaren Welt gesprochen, die seine wirklichen Kameraden waren, aber sie war verschwiegen und blieb still.

Von Zeit zu Zeit waren merkwürdige Diebstähle auf dem Markt von St. Ives verübt worden, und obwohl man sorgfältig Wache hielt, verschwanden die Sachen und es wurde kein Dieb entdeckt. Eines Tages war unsere gute Hausfrau auf dem Markt, und zu ihrer Überraschung sah sie den Vater ihres Pfleglings. Ohne Umstände zu machen, lief sie zu ihm hin – gerade in dem Augenblick, als er ein paar auserlesene Früchte stahl und in seine Tasche steckte –, und sie sprach ihn an. »So, du siehst mich also?« – »Aber gewiß tu ich das, und ich kenne Euch auch«, antwortete die Frau. »Schließ dieses Auge«, und er legte einen Finger auf ihr linkes Auge. »Kannst du mich jetzt sehen?« – »Ja, ich sag's Euch, und ich kenne Euch auch«, sagte die Frau wieder.

»Wasser dem Elf, kein Wasser dir selbst,
verlorst dein Auge, dein Kind und dich selbst«,

sagte der Herr. Von dieser Stunde an war sie auf dem rechten Auge blind. Als sie nach Hause kam, war der Junge fort. Sie war tiefbetrübt, aber sie sah ihn niemals mehr, und dieses früher so glückliche Paar wurde nun arm und elend.

63. Die Elfen auf der Selena Moorheide

Die Geschichte berichtet von einem Herrn Noy, einem wohlangesehenen Bauern; er lebte nahe der Moorheide von Selena. Eines Abends ging er aus zu dem Wirtshaus in der Nachbarschaft, um für das Erntefest am nächsten Tag etwas zu trinken zu bestellen. Er verließ das Wirtshaus, aber er kam nicht wieder nach Hause zurück. Sie suchten drei Tage lang nach ihm, und schließlich, eine halbe Meile entfernt von seinem Haus, hörten sie Hunde jaulen und ein Pferd wiehern. Sie gingen über das trügerische Sumpfland der Heide und fanden ein großes Dickicht, und da war das Pferd von Herrn Noy angebunden und die Hunde neben ihm. Das Pferd hatte in dem saftigen Gras gut geweidet, aber die Hunde waren sehr mager. Das Pferd führte sie zu einem verfallenen Schuppen, und dort fanden sie Herrn Noy schlafend. Er war überrascht, als er sah, daß es schon Morgen war, und er war sehr verwirrt und verstört, aber zuletzt erfuhren sie doch die ganze Geschichte von ihm.

Er war eine Abkürzung über die Heide geritten, hatte aber den Weg verloren und war, wie er meinte, viele Meilen weit über ihm unbekanntes Land gekommen, bis er in der Ferne Lichter sah und Musik vernahm. Er war dorthin geeilt, weil er glaubte, er sei endlich zu einem Bauernhof gelangt, wo man vielleicht gerade das Erntefestmahl hielt. Sein Pferd und die Hunde waren zurückgewichen und hatten nicht mit ihm gehen wollen, so hatte er sein Pferd an einen Dornbusch gebunden und war weitergegangen, durch einen sehr schönen Obstgarten auf ein Haus zu. Vor dem Haus sah er Hunderte von Leuten, die tanzten oder saßen an den Tischen und tranken. Sie waren alle kostbar gekleidet, aber sie dünkten ihn sehr klein, und auch ihre Bänke und Tische und Becher waren klein. Ganz nahe bei ihm stand ein Mädchen, es war weiß gekleidet und größer als die andern, und sie spielte auf einer Art Tambourin. Die Weisen waren lebhaft, und die Tänzer waren so behende, wie er noch keine gesehen hatte. Bald gab das Mädchen einem alten Kerl in der Nähe das Tambourin und ging in das Haus, um für die Gesellschaft Bier in einem schwarzen Ledereimer zu holen. Herr Noy, der gerne tanzte und um einen Trunk Bier froh gewesen wäre, näherte sich dem Hauseck, aber das Mädchen sah ihm in die Augen und gab ihm ein Zeichen zurückzubleiben. Sie sprach ein paar Worte zu dem alten Kerl mit dem Tambourin, und dann kam sie auf ihn zu.

»Folg mir in den Obstgarten«, sagte sie.

Sie ging ihm voran zu einem geschützten Ort, und hier, im stillen Sternenschein, fern von den flackernden Kerzen, erkannte er in ihr Grace Hutchens, die lange Zeit seine Liebste gewesen war, aber sie war vor drei oder vier Jahren gestorben, oder wenigstens nahm man an, daß sie gestorben war.

»Dank den Sternen, lieber William«, sagte sie, »daß ich Ausschau hielt, um dich zurückzuhalten, sonst wärst du in diesem Augenblick schon so geworden, wie die Kleinen Leute sind, so wie ich es bin, weh mir!«

Er hätte sie gern geküßt, aber sie warnte ihn heftig davor, sie zu berühren oder von den Früchten zu essen oder eine Blume abzupflücken, wenn er je wieder nach Hause kommen wolle.

»Denn mein Verderben war es, in diesem verwunschenen Obstgarten eine verlockende Pflaume zu essen«, sagte sie. »Es mag dir seltsam erscheinen, aber es geschah durch meine Liebe zu dir, daß ich hierhergekommen bin. Die Leute glaubten, und es schien auch so, daß ich tot auf der Heide gefunden worden bin; das aber, was von mir begraben wurde, war nur ein Wechselleib oder ein Scheinkörper und nicht der meine, so glaube ich, denn mir ist, als sei ich immer noch ganz die gleiche wie früher, als ich deine Liebste war.«

Als sie das sagte, quiekten mehrere dünne Stimmchen: »Grace, Grace, bring uns noch mehr Bier und Apfelmost, rasch, beeil dich!«

»Folg mir in den Garten, und bleib dort hinter dem Haus. Paß auf, daß du nicht gesehen wirst, und um dein Leben rühre an keine Frucht und an keine Blume.«

Herr Noy bat sie, ihm auch einen Trunk Apfelmost zu bringen, aber sie sagte, nicht ums Leben. Und bald kam sie zurück und führte ihn in einen Laubenweg, dort blühten Blumen aller Art, und da erzählte sie ihm, wie sie hergekommen war.

Eines Abends in der Dämmerung war sie draußen auf der Selena Heide, um nach einem verlorenen Schaf zu sehen. Da hörte sie Herrn Noy nach seinen Hunden rufen, und so wollte sie auf der Abkürzung zu ihm gehen. Sie verlief sich an einem Ort, wo ihr die Farne über den Kopf reichten, und da streifte sie viele Stunden lang umher, bis sie zu einem Obstgarten kam, und dort erklang Musik. Aber obgleich die Musik manchmal ganz nahe zu sein schien, konnte sie aus dem Obstgarten nicht herauskommen, sondern ging umher wie von Kobolden irregeleitet. Als sie zuletzt von Hunger und Durst erschöpft war, pflückte sie eine schöne goldgelbe Pflaume von einem der Bäume und begann sie zu essen. Sie löste sich in ihrem Mund in herbes Wasser auf, und sie fiel ohnmächtig zu Boden. Als sie wieder zu sich kam, sah sie sich von einer Schar Kleiner Leute umgeben, die lachten und freuten sich, weil sie ein ordentliches Mädchen bekommen hatten, das für sie backen und brauen und sich um ihre sterblichen Kinder kümmern konnte. Die waren nicht so kräftig, so sagten sie, wie in früheren Zeiten.

Sie sagte, sie führten ein unnatürliches, ein Scheinleben. »Sie haben wenig Vernunft und Gefühl. Was ihnen gewissermaßen dafür dient, ist nur die Erinnerung an das, was ihnen gefiel, als sie als Sterbliche lebten – vielleicht vor Tausenden vor Jahren. Was hier wie rotbackige Äpfel aussieht und wie andere köstliche Früchte, das sind nur Schlehen, Hagebutten und Brombeeren.«

Herr Noy fragte sie, ob Elfenkinder zur Welt kämen, und sie antwortete, daß nur gelegentlich ein Elfenkind geboren würde, und dann gäbe es großen Jubel – jeder kleine Elfenmann, wie alt und verhutzelt er auch ist, sei stolz, für den Vater gehalten zu werden. »Denn du mußt bedenken, daß sie nicht unseren Glauben haben«, sagte sie als Antwort auf seinen erstaunten Blick, »sondern sie sind Sternanbeter. Sie leben nicht immer zusammen wie Christen oder wie die Turteltauben. Wenn man ihre lange Lebenszeit betrachtet, müßte eine solche Beständigkeit für sie ermüdend sein. Jedenfalls scheint dieser kleine Stamm so zu denken.«

Sie erzählte ihm auch, daß sie nun mit ihrem Zustand zufriedener sei, seit sie die Gestalt eines kleinen Vogels annehmen und in seiner Nähe umherfliegen konnte.

Als sie weggerufen wurde, glaubte Herr Noy, er könnte einen Weg finden, sie beide zu retten. So nahm er seine Gartenhandschuhe aus der Tasche, stülpte sie um mit der Innenseite nach außen und warf sie unter die Elfen. Sogleich verschwand alles, Grace und alle andern, und er fand sich allein in dem verfallenen Schuppen stehen. Etwas schien ihn am Kopf zu treffen, und er fiel zu Boden.

Wie viele andere Besucher des Elfenlandes kümmerte Herr Noy so dahin, und das Leben bedeutete ihm nach seinem Abenteuer nichts mehr.

64. Die Waldfrauen von Loxley

Ich nehme an, ihr habt die Geschichte gehört von Ned Swayne und seinen Wunderkräften beim Springen. Er hat's gelernt über die Gräben drunten auf der Sedgeheide und auch drüben in Shapwick. Er war aber keiner von Shapwick – er war von einem Hof noch weiter hinter dem Loxley Wald gekommen. Die Leute hatten ein bißchen Angst vor diesen Wäldern und der Art, wie sie sich über den ganzen Gipfel vom Poldenhügel zogen neben dem alten Weg nach Glastonbury, von dem's heißt, daß ihn die römischen Soldaten benutzt haben. Männer aus der Heide haben den Pfad vorher benutzt und Pilger haben ihn lange nach beiden benutzt – aber es ist ein unheimlicher Ort, wenn man da im Nebel unterwegs ist – und es gibt dort mehr als genug Nebel, er steigt auf aus dem Sumpfland an beiden Seiten. Und wo's Nebel gibt, da gibt's auch die »Andern« – die Waldfrauen von Loxley habe ich sie von den Leuten nennen hören –, aber manche Leute schwatzen immer dumm daher, wenn es Unglück bedeutet, einen beim Namen zu nennen. Aber Ned Swayne wußte, daß *sie* da waren, es sollte mich nicht wundern, wenn er *sie* ihren Reigen tanzen gesehen hat, aber er hielt seine Zunge im Zaum.

Nein, es würde mich wirklich gar nicht wundern – er hatte noch mehr Gaben als seine Springkräfte, und ich zweifle nicht, er sah darauf, daß über Nacht ein bißchen Milch hinausgestellt wurde oder ein Eimer mit Quellwasser, und das merkten *sie* sich.

Und als der grausame Krieg kam, der Aufstand von Monmouth, und als Ned Swayne gefangengenommen wurde und mit Stricken gebunden dahinmarschierte, weil er in Glas'nbury oder Marshall's Elm gehängt werden sollte, da setzten *sie* es den Soldaten in den Kopf, daß sie sehen wollten, ob er wirklich so großartig springen könne.

So ließen die Soldaten seine Hände gebunden und lösten die Fußfesseln und gaben ihm drei Sprünge frei. Und Ned spürte, wie seine Kräfte noch unterstützt wurden, und er sprang geradewegs über die Köpfe der Soldaten weg und bis über die Straße in den tiefen Farn, und die Soldaten rissen sich auf an Brombeeren und Weißdorn und wurden grausam gepeitscht von Dornranken und Gestrüpp, und sie bekamen ihn nie wieder zu sehen.

O ja, freilich war er da und lag ganz still, und »Jemand«

sorgte dafür, daß er hübsch zugedeckt blieb mit Laub und Gestrüpp. So war die Mühe der Soldaten umsonst, und sie wurden so voll Dornen wie ein Dickicht.
Und Ned, der überlegte, daß es die Sahne und das Quellwasser ausgemacht hatten – aber er wollte nie jemandem davon erzählen, bis zum Ende seines langen Lebens, und auf seinem Totenbett erzählte er es unserer Urgroßmutter, so um 1735, und sie erzählte es bei uns, und Paps hat die Geschichte zu hören gekriegt.

65. Die Asrai

Ein Fischer war mit seinem Schleppnetz in der dunklen Nacht auf dem See. Als der Mond aufging, ruderte er sein Boot in den Schatten. Sein Netz wurde schwer, und er hatte Mühe, es einzuziehen. Als der Mond voll am Himmel stand, sah er, daß er eine Asrai gefangen hatte. Das zarte Geschöpf war wunderbar schön anzuschauen. Er hatte alte Leute sagen hören, daß diese Wasserelfen nur einmal in hundert Jahren von ihren kühlen, tiefen Behausungen unter dem Wasser herauskämen, um den Mond anzusehen und um zu wachsen. Diese Asrai schien etwa die Größe eines zwölfjährigen Mädchens zu haben, und so konnte er nicht abschätzen, wie ururalt sie sein mußte.
Er sprach zu ihr, denn sie machte ihm keine Angst, und sie schien ihn zu bitten, sie gehen zu lassen. Aber was sie sprach, klang für ihn nur wie das Säuseln im Riedgras am Seeufer. Der Fischer war schon halb entschlossen, sie freizugeben, aber er wollte sie seinen Kindern zeigen, und dann fing er an zu überlegen, daß die reichen Leute im Schloß sie vielleicht gern in ihren Fischteichen zeigen wollten und ihn gut dafür bezahlen würden. So verhärtete er sein Herz und begann den weiten Weg nach Hause zu rudern.
Die Asrai streckte einen Arm aus dem Netz heraus und zeigte wieder und wieder auf den schwindenden Mond, und dann legte sie eine Hand auf seinen Arm – »wie kühler Schaum war

die Berührung«, sagte er später. Aber die Menschenwärme schien ihr weh zu tun, denn sie schrak vor ihm zurück und drückte sich auf den Boden des Bootes nieder, und dabei bedeckte sie sich mit ihrem langen grünen Haar. Er befürchtete, das Tageslicht könnte für sie zu stark sein, und deckte nasse Binsen über sie. Der See war lang, und die Sonne war aufgegangen, als er zu seiner eigenen Bucht kam.
Er zog das Boot an Land und hob die Binsen von der Stelle weg, an der die Asrai gelegen hatte. Sein Netz war leer, und ein nasser Fleck war alles, was von ihr übriggeblieben war. Aber der Arm, den sie berührt hatte, war eiskalt und blieb es für den Rest seines Lebens, und nichts konnte ihn wieder warm machen.

66. Jubilee Jonah

Jubilee Jonah war ein freundlicher, guter, netter Kerl, der schwer schuftete; er wohnte auf Goathurst zu. Seine Mutter war so froh gewesen, daß sie einen Jungen hatte, da hatte sie ihn Jubilee genannt, aber sein Paps meinte, das würde sich wahrscheinlich als Unglück erweisen, und ließ ihn außerdem noch Jonah nennen – einfach so, um es wieder auf gleich zu bringen.
Na, dieser Jubilee Jonah da, der hatte einen grauen Esel; sein Paps hatte seinen eigenen Esel Salvation genannt – er war sehr strenggläubig –, und Jubilee Jonah machte also das gleiche, aber weil seiner eine Eselin war, verkürzte er das ein bißchen in Sally.
Einmal nun mußten sie auf dem flachen Karren eine Fuhre den ganzen Weg hinüber nach Ash Priors schaffen. Es war eine tüchtige Fuhre, aber Sally war stark und gutwillig, und die Arbeit würde was einbringen.
Nun hieß es in jenen Tagen, daß sich die Hexen drunten in Hestercombe treffen. Eine richtig üble Bande war das – sie kamen von überall her. Da war ein alter Mann, der sah die Fiddington Hexe auf ihrem Besenstiel über den Wald von

Shervage fliegen. Sie flog einfach hoch über seinem Kopf dahin in einer von den unheimlichen Nächten. Da waren zwei oder drei in Tanton und Kingston St. Mary und der Böse Alte drunten in Crowcombe, und sie alle schlotterten und zitterten richtig, denn sie waren nicht gerade sehr großartig gewesen mit ihren Verwünschungen, und nun hatten sie Angst, der Duweißtschonwer würde kommen und einen von ihnen wegholen zu Feuer und Schwefel. Sie haßten Jubilees Paps, weil er fromm war, und sie meinten, Jubilee könnten sie erwischen, weil er als ein bißchen dämlich galt – sie selber waren ja alle so gescheit –, und das gefiele dann dem Duweißtschonwer und würde ihn vom Höllenfeuer ablenken.

Und so machten sie sich dran.

Als Jubilee und Sally an das steile Stück nach Broomfield kamen, ging er hinter dem Karren und schob, um Sally zu helfen.

Da kommt diese alte Hexe heraus. »Einer zum Schieben und einer zum Ziehen – das ist euch ein Paar von Eseln! Steig auf und laß dich auch fahren.« Jubilee, der sagte kein Wort drauf, aber dafür zeigte ihr's Sally, die trat nach ihr, daß sie sich überschlug.

Dann ging's weiter.

»Das hättste nicht tun sollen, Sally«, sagt Jubilee.

»Ich hab ein Kreuzzeichen auf meinem Rücken«, sagt Sally.

»Ich tät nicht gern eine Frau treten«, sagt Jubilee.

»Ich tu's, und ich tät's, wenn sie so ist wie die«, sagt Sally.

Und weiter ging's.

Den ganzen Buncombe Hügel fahren sie runter, Sally hält zurück und Jubilee zieht am hinteren Karrenende, und es war eine rechte Plagerei.

Da kommt die alte Hexe aus Rose Cottage heraus, bei der Frog Street.

»Zwei zum Ziehen«, sagt sie, »und zwei zum Halten, das ist euch ein Paar von Eseln. Warum steigt ihr nicht beide ein und fahrt den Hügel hinunter?«

Jubilee, der sagte gar nichts, aber Sally, die verpaßte ihr einen Tritt, der drehte die alte Hexe um und um.

»Das hättste nicht tun sollen, Sally«, sagt Jubilee.
»Ich hab ein Kreuzzeichen auf meinem Rücken«, sagt Sally.
»Ich tät nicht gern eine Frau treten«, sagt Jubilee.
»Ich tu's, und ich tät's, wenn sie so ist wie die«, sagt Sally.
Und weiter ging's.
Dann kamen sie nach Kingstone St. Mary – aber die Hexen da wollten es nicht auf einen Ärger mit einem Esel ankommen lassen, weil sie an das Kreuz auf seinem Rücken dachten, und Jubilee Jonah, der sagte zu keiner Menschenseele ein einziges Wort, und so ließen sie sie weiter durchfahren.
Und so war's das letzte Wegstück, bis sie an Sandhill vorbeikamen, und da stand der Böse Alte von Crowcombe mitten im Weg, und bevor Sally wußte, was er vorhatte, schaute er ihr in die Augen und brachte sie zum Stehen, wo sie gerade war.
»So eine Riesenfuhre, und so ein kleiner Esel! Das ist euch ein Paar von Eseln! Warum trägst du nicht gleich Fuhre und Karren und Esel und alles zusammen?«
Aber Jubilee Jonah sah ihm gar nicht in die Augen und gab auch keine Antwort. Hin, und Anlauf, und ein Tritt – und der Böse Alte von Crowcombe flog Hals über Kopf durch die Luft, und runter kam er, plitsch platsch, im Teich von der Lawford Mühle.
Dann fuhren sie weiter runter und luden ihre Fuhre in Ash Priors ab.
Auf dem Heimweg hielt Sally bei einem Grasfleck an, und Jubilee aß sein Brot und seinen Käse. Dann sagt Sally: »Du hast ihn ordentlich getreten.«
»Ich hab da ein Kreuzzeichen aus Schuhnägeln an beiden Stiefeln«, sagt Jubilee Jonah. »Die zu spüren, das hat ihm gar nicht gefallen wollen. – Ein prächtiges Paar von Eseln sind wir!«
»Ich hab vier Beine und einen Schwanz und lange Ohren und eine grobe graue Decke«, sagt Sally.
»Na, ich hab einen langen Kittel und zwei Beine mit guten festen Stiefeln. Für eine jede Hexe sind wir grade gleich – ja,

das ist mal sicher, daß wir ein Paar von Eseln sind. Wir können treten, daß es wirklich was nützt!«
Also gingen sie vergnügt heim.

67. Jane Herd und ihr Glückshäubchen

Als Jane Herd geboren wurde, war ihr Kopf und ihr Gesicht von einer Haut wie mit einer Maske bedeckt, und wie es zu jener Zeit ganz natürlich war, bewahrte ihre Mutter dieses Häubchen sorgfältig auf. Es zeigte sich, daß es eines von ganz besonderer Kraft war. Wenn Jane es auf die Bibel legte und sich wünschte, irgend jemanden zu sehen, dann wurde der gezwungen zu erscheinen. Und viele andere Wunder konnte sie mit ihrer Glückshaube bewirken. Jane war, wie es scheint, ein frommes Mädchen und benutzte sie nie zu einem bösen Zweck, obgleich das, wie mein Gewährsmann mir sagte, möglich gewesen wäre, wenn ihr der Sinn danach gestanden hätte. Als Jane eines Tages ihre Glückshaube für einen redlichen Zweck verwendete, da blies sie ein Windstoß durch das offene Fenster davon. Jane lief natürlich gleich auf die Straße und wollte ihren Schatz zurückbekommen, aber die Glückshaube war fort, und man konnte sie nicht finden. Sie war ja von so überaus zarter Art, daß der Wind sie fortgetragen hatte, und keiner wußte wohin.
Und von diesem Tag an wurde das Leben Jane zur Last. Ihr Liebster zeigte ihr die kalte Schulter – der Hochzeitstag war festgesetzt worden, aber er lehnte ab, sein Versprechen zu halten –, an ihrem Nacken bekam sie eine häßliche Beule, und ihr rechtes Knie befiel eine Schwellung und ein fürchterlicher Schmerz, so daß sie lahm daherhinkte, und sie wurde ein richtiges Wrack. Schließlich stand es derartig schlimm um sie, daß die Leute zu argwöhnen begannen, eine übelgesinnte Person könnte ihre Haube gefunden haben und ihr nun damit Schaden antun. Als Jane auf die Straße gelaufen war, um ihren verlorenen Schatz zurückzubekommen – so erinnerte man sich

nun –, da war als einzige eine gewisse Molly Cass zu sehen gewesen, ein Hexenweib, das in jenen Tagen in der Gegend einen beträchtlichen Ruf hatte. Aber Molly war damals so weit weg von Janes Hütte gewesen, daß man sie nicht einmal befragt hatte.

Zu guter Letzt nahm Jane Zuflucht zu dem Weisen Mann – oder besser den Weisen Männern – jener Zeit, zu Meister Sadler und Thomas Spence; beide lebten in Bedale. Diese beiden würdigen Männer machten nach vielen Fragen sowohl um die Beule als auch um das Knie ein Zeichen und sagten Jane, sie solle gewisse Dinge zusammensuchen – man konnte sich nicht mehr erinnern, welche das waren – und sie am nächsten Tag um Mitternacht bringen. Nachdem Jane diese Dinge zusammengesucht und richtig den Beschwörern übergeben hatte, vermischten diese sie mit anderen Zutaten und kochten das Ganze auf einem Feuer aus Ebereschenholz, und Jane mußte es mit einem Ebereschenstock rühren. Als sie mit dem Kochen fast zu Ende waren, erhob sich aus dem Topf ein gewaltiger Rauch, und Jane wurde geheißen, ihn einzuatmen. Sie tat es, aber sie erstickte fast daran. Dennoch schluckte sie davon weiterhin Mundvoll nach Mundvoll, bis sie das neunmal gemacht hatte, dann sagten sie ihr, sie solle aufhören zu rühren, aber den Stock mit einer Hand festhalten und die andere auf die Bibel legen. Nun sollte sie folgende Frage wiederholen: »Hat der und der« – und dabei wurde der Name eines Verdächtigen genannt – »meine Glückshaube?« Darauf sagte nach einer kurzen Pause Meister Sadler: »Nein, sie ist frei.« Danach fiel Meister Spence mit ein: »Bei der Macht der Heiligen Schrift und dem Zauber von Hagothet und Arcon, nenne den Namen einer anderen Person, der du mißtraust.«

Nach dieser Formel gingen sie vor, bis der Name von Molly Cass genannt wurde. Kaum war der Name der Hexe ausgesprochen, da kochte der Topf über und erfüllte den Raum mit solch einem entsetzlichen Gestank, daß alle drei in den Hof laufen mußten. Das ging so schnell vor sich, daß sie die alte Hexe dabei überraschten, wie sie hastig von einer Bank kletterte, auf der sie gestanden hatte, damit sie durch ein kleines Loch in den Fensterläden hindurchblinzeln konnte. Sofort wurde sie ergriffen, in den Raum gezerrt und dort festgehalten, bis sie so nahe am Ersticken war, daß sie bekannte, sie habe die Glückshaube bei sich, und versprach, sie hier und jetzt herauszugeben. Als man sie mehr tot als lebendig aus dem Raum gebracht hatte, bekannte sie weiter, daß sie gezwungen worden sei, den ganzen Weg von Leeming bis hierher zu laufen – von dem Augenblick an, in dem sie den Topf auf das Feuer aus Ebereschenholz gesetzt hatten. Die Leute glaubten allerdings, sie sei auf dem Besen dahergeritten. Sie bat, man möge ihr vergeben, aber sie wurde zur Strafe in einem Stall eingesperrt, und ein Pflock aus Ebereschenholz wurde in die Tür getrieben, damit die Hexe am Fliehen gehindert werde. Und am nächsten Tag wurde sie zur Unterhaltung der Einwohner schleunigst zum Mühlendamm gebracht und, wie es sich gehörte, neunmal getaucht.

68. Der Meister und sein Schüler

Es war einmal ein sehr gelehrter Mann im Nordland, der konnte alle Sprachen unter der Sonne und war mit allen Geheimnissen der Schöpfung vertraut. Er hatte ein großes Buch, das war in schwarzes Kalbsleder gebunden und hatte eiserne Beschläge und Eisenecken, und es war am Tisch angekettet, und der war im Boden festgemacht. Und wenn er in dem Buche las, dann schloß er es mit einem eisernen Schlüssel auf, und keiner außer ihm las darin, denn es enthielt alle Geheimnisse der geistigen Welt. Es wurde da gesagt, wie viele Engel im Himmel waren und in welcher Ordnung sie aufmarschierten und in ihren Chören sangen und welche verschiedenen Aufgaben sie hatten und welchen Namen jeder der großen Erzengel trug. Und es nannte die Dämonen, wie viele es von ihnen gab und welches ihre verschiedenen Kräfte waren, was sie leisteten und wie sie heißen, wie man sie herbeirufen kann und wie man ihnen Aufgaben stellen kann und wie sie

gefesselt und zum Sklaven des Menschen gemacht werden können.
Nun hatte der Meister einen Schüler, der war nur ein törichter Bursche und war als Diener bei dem großen Meister angestellt. Er durfte aber nie in das schwarze Buch sehen, ja kaum das geheime Zimmer betreten.
Eines Tages war der Meister ausgegangen, und der Bursche, überaus neugierig, eilte in die Kammer, in der sein Meister die wunderbaren Geräte aufbewahrte, mit denen er Kupfer in Gold und Blei in Silber verwandelte. Dort war auch sein Spiegel, in dem konnte er alles sehen, was in der Welt vorging, und die Muschel, die man ans Ohr halten mußte, dann flüsterte sie einem alle Worte zu, die von einem gesprochen wurden, von dem der Meister etwas zu wissen begehrte. Der Bursche versuchte vergeblich, in den Schmelztiegeln Kupfer und Blei in Gold und Silber zu verwandeln, lange und vergeblich schaute er in den Spiegel: Rauch und Gewölk gingen darüber hin, aber er sah nichts deutlich. Und die Muschel an seinem Ohr erzeugte nur ein unklares Rauschen, wie die Brandung entfernter Meere an einer unbekannten Küste.
»Ich kann nichts anfangen, weil ich nicht die rechten Worte aussprechen kann, und die sind in dem Buch dort eingeschlossen.« Er sah sich um, und siehe da, das Buch war nicht befestigt, der Meister hatte vergessen, es zu verschließen, ehe er ausging. Der Junge lief hin und schlug das Buch auf. Es war in roter und schwarzer Tinte geschrieben, und er konnte nicht viel davon verstehen, aber er legte den Finger auf eine Zeile und buchstabierte sie durch.
Auf einmal wurde der Raum dunkel, und das Haus erzitterte. Ein Donnerschlag dröhnte durch den Gang und die alte Kammer, und da stand vor ihm eine schreckliche, schreckliche Gestalt, die schnaubte Feuer, und ihre Augen glühten wie Lampen. Es war der Dämon Beelzebub, den er gerufen hatte, damit er ihm diene.
»Gib mir eine Aufgabe!« sagte er mit einer Stimme, die klang wie das Dröhnen einer Eisenesse.

Der Junge zitterte nur, und die Haare standen ihm zu Berge.
»Gib mir eine Aufgabe, oder ich werde dich erwürgen!«
Aber der Bursche konnte nicht sprechen. Da machte der böse Geist einen Schritt auf ihn zu, streckte seine Hände aus und berührte seine Kehle. Die Finger verbrannten sein Fleisch.
»Gib mir eine Aufgabe!«
»Gieß die Blume dort«, schrie der Junge in der Verzweiflung und zeigte auf eine Geranie, die in einem Topf auf dem Boden stand.
Sogleich verließ der Geist den Raum, aber im nächsten Augenblick kam er mit einem Faß auf dem Rücken zurück und goß dessen Inhalt über die Blume, und immer wieder ging und kam er und goß immer mehr und mehr Wasser aus, bis es knöcheltief auf dem Kammerboden stand.
»Genug, genug!« keuchte der Bursche, aber der Dämon achtete nicht auf ihn, der Bursche wußte die Worte nicht, mit denen er ihn fortschicken mußte, und der Dämon holte immer noch Wasser.
Es stieg bis zu den Knien des Jungen, und immer noch mehr Wasser wurde ausgegossen. Es reichte ihm bis zu seiner Hüfte, und Beelzebub brachte immer noch weiter ganze Fässer voll. Es stieg bis zu seinen Achseln, und er kletterte auf den Tisch. Und jetzt stand das Wasser im Raum bis zu den Fenstern und spülte gegen die Scheiben und strudelte um seine Füße auf dem Tisch. Es stieg immer noch, es reichte ihm an die Brust. Er schrie vergebens, der böse Geist wollte nicht ablassen, und er hätte weiter Wasser ausgegossen bis auf den heutigen Tag, und ganz Yorkshire hätte er ertränkt. Aber der Meister erinnerte sich auf seiner Reise, daß er sein Buch nicht verschlossen hatte, kehrte um, und in dem Augenblick, als das Wasser um das Kinn des Jungen sprudelte, stürzte er in die Kammer und sprach die Worte, die Beelzebub in seine feurige Heimat zurücksandten.

69. Des Webers Frau und die Hexe

Es waren einmal ein Weber und seine Frau, die lebten in Sutton-on-Trent in Nottinghamshire. Eines Tages ging der Weber nach Newark, um sein Leinen zu verkaufen, und ließ seine Kinder zu Hause und auch seine Frau, die krank im Bett lag. Nun lebte zu dieser Zeit in Sutton eine Hexe, die hatte einen Haß gegen die Frau des Webers. Kurze Zeit nachdem der Weber fortgegangen war, hörte eines der Kinder ein Geräusch, so als trappelte etwas die Treppe herauf und herunter. Das Kind öffnete die Tür unten an der Treppe, und da sah es eine große häßliche Katze. Und wie es sich auch mühte, es konnte sie nicht fangen. Als es versuchte sie zu packen, sauste die Katze die Treppe hinauf, sprang auf das Bett, in dem die arme Frau lag, und fuhr mit den Krallen nach ihr. Aber die Frau erhob sich und schlug die Katze nieder. Als nun der Weber von Newark zurückkam, erzählten ihm die Kinder von der Katze. Da wachte er die ganze Nacht über in einem alten Holzverschlag, denn die Katze kam und ging durch eine zerbrochene Fensterscheibe.

Eines Nachts kam die Katze herein, als der Weber am Feuer saß. Da hob er eine Ofengabel auf und schlug sie ihr über die Backe. Dann warf er sie zur Tür hinaus und meinte, sie wäre tot. Am Morgen aber, als er nach dem Körper der Katze sehen wollte, konnte er ihn nicht finden. Aber die Hexe hatte von der Zeit an immer ihr Gesicht eingebunden, und sie hatte keine Macht mehr, dem Weber oder seiner Familie Schaden anzutun.

70. Die Prophezeiung

Da war ein reicher Mann, der hatte wirklich Geld wie Heu. Eines Tages ritt er aus der Stadt heraus, und er sah eine alte Hexe, der war ihr Kind in den Sumpf gefallen. Und sie bat den reichen Mann, er soll es herausziehen, aber der wollte das nicht tun. Eh, war sie da zornig!

Sie sagte zu ihm: »Du sollst einen Sohn haben und er soll sterben, bevor er noch einundzwanzig vorbei ist.«
Na, er hatte einen Sohn, und es quälte ihn, daß es so kommen könnte, wie sie gesagt hatte.
Also baute er einen runden Turm, und der hatte keine Tür und nur ein Fenster hoch droben. Und das Kind brachte er dort hinein. Und einen alten Mann brachte er in den Turm, der sollte für das Kind sorgen, und Essen und Kleider und alles, was er brauchte, ließ er ihm mit einem Seil in die Kammer hinunter. Na, als der Bursche einundzwanzig war, grade an dem Tag, da war es sehr kalt, ganz erfroren war das Land, und da sagte er zu dem alten Mann, er möchte gern ein Feuer haben, und sie ließen das Seil hinunter und zogen ein Bündel Holz herauf. Der Bursche packte das Bündel und warf es ins Feuer, und als er es hineinwarf, kam eine Schlange aus dem Bündel heraus, in dem sie sich versteckt hatte, und die biß den Burschen, und da starb er.
Sie war schon ein böses Stück, diese Hexe!

71. Madame Widecombes Kutsche

Da gab es einen Mann, der war ein Spötter. Er glaubte an gar nichts und lachte über alles. Er lachte den Priester aus, und er lachte in der Kirche, bis sie ihn hinauswarfen. Und als sie sagten, der Teufel würde ihn holen, da lachte er auch darüber. Da ließen sie ihn gehen, nachdem sie ihm noch gesagt hatten, er soll nicht überrascht sein, wenn ihn Madame Widecombe in ihrer Kutsche abholt, die von einem riesigen goldenen Schwein gezogen wird. Da machte er große Augen.
»Aber Madame Widecombe, die ist doch eine reiche und geachtete vornehme alte Dame vom Cummage Hügel.«
»Ja, bei Tage«, sagen sie, »aber hierherum nennen wir den Hügel Madame Widecombes Hügel, und zur Nachtzeit fährt sie in ihrer Kutsche mit dem Schwein dort herunter, und ein großer schwarzer Hund trottet nebenher. Und wenn du nur

ein bißchen Verstand hast – aber das bezweifeln wir, nachdem du ein Spötter und Gotteslästerer bist –, dann überlegst du dir, was du tust, und gehst niemals zu Gunnars Gehölz hinunter. Bleib anständig und sicher im Haus.«

Na, das machte er natürlich nicht, sondern er trieb's auf die gleiche Weise wie vorher, und das war eine recht üble Weise. Und in einer Mondnacht begegnete er dann einem, ganz in Schwarz, mit Hörnern und Hufen, der wartete auf ihn. Und da drehte er um und lief um sein Leben schnurstracks hinunter durch Gunnars Gehölz, und da war das goldene Schwein und die Kutsche und Madame Widecombe, die auf ihn wartete. Das brachte ihn schnell zum Anhalten. Madame Widecombe öffnete die Kutschentür und lächelte ihn an. Und Zähne hatte sie wie ein Heurechen. »Steig ein«, sagte sie, »wir haben auf dich gewartet.«

Na, er schaute über die Schulter zurück, über die linke, und da war der Schwarze mit seinen Hörnern und Hufen. Dann schaute er über die andere, und da war ein großer schwarzer Hund mit Augen groß wie Teller und einem recht hübschen Gebiß, na, ich danke. Da sprang er also in die Kutsche, solang er noch konnte, und das goldene Schwein sauste los wie der Wind, und der schwarze Hund, der sprang aufs Kutschendach neben den Schwarzen, der kutschierte. Madame Widecombe, die streckte ihren bösen alten Kopf zum Fenster hinaus, und alle lachten sie schrecklich über den Spötter.

Es war schrecklich: die Leute in den Häusern zitterten und bebten, als sie sie vorbeifahren hörten, und die ganze Fuhre galoppierte den Hügel von Madame Widecombe hinunter und schnurstracks in den Fluß Parrott hinein. Und die Kutsche kam auf der anderen Seite sicher wieder heraus, aber der Spötter nicht.

72. Peg Fyffe

J. C.: Können Sie mir diese Geschichte da erzählen, die Geschichte, die Ihnen von der Hexe eingefallen ist?
Mrs H.: Ach, Sie meinen die alte Peg Fyffe?
J. C.: Ja.
Mrs H.: Ach, die war – ich glaube, sie lebte bei Heton Dykes, nicht? Oder so wo. [Dort hat sie gelebt.] Und, hm, sie sagten, sie war – eine schreckliche Geschichte ist das von ihr, sie haben uns damit halb zu Tod erschreckt – sie sagten, sie hat einem, einem Jungen lebendig die Haut abgezogen [mhm, der arme Junge!], und sie sagten, sie hat jedes Stückchen Haut abgezogen. [Ja!] Wenn sie wenigstens seine Handflächen und Fußsohlen gelassen hätte [wäre er besser dran gewesen, was?], dann wäre er am Leben geblieben. Aber er blieb nicht am Leben [nein], er starb. Aber natürlich wollten sie sie aufhängen. Na, jedes Seil – mein Gott, es war schon grausam in jener Zeit, wissen Sie, so an den Bäumen und – das Hängen und alles das! – jedes Seil, das sie nahmen, zerriß. Sie konnten mit ihr nichts machen, und sie lachte immer nur, sagten sie – so eine Art Kreischen war das, wie von einer alten Hexe, wissen Sie. Und nach einer Weile war da ein kleiner Vogel, der flog über sie hin und sagte: »Tuwit, tuwit, die Weide, die Weide, die Weide«, und jemand sagte: »Er ruft ›eine Weide, eine Weide‹ «, und sie holten eine Weide, schnitten ein paar Ruten ab, und die rissen nicht, und so haben sie sie erwischt ... Ja, und das war das Ende von der Peg Fyffe.

73. Der Ritter und sein Weib

In einem gewissen Land lebte ein Ritter, der war einst sehr reich, und jedes Jahr hielt er zu Ehren Unserer Lieben Frau ein großes Fest. Aber er gab so reichlich, daß er mit der Zeit arm wurde. Er war mit einer guten Frau verheiratet, der war die Jungfrau so lieb und teuer wie ihm, und darüber war der Böse sehr ergrimmt.

Es kam die Zeit für das jährliche Jubelfest für Unsere Frau, und der arme Ritter hatte nichts, womit er die Kosten dafür bestreiten konnte. Da war er so beschämt, daß er sich in die Wälder zurückzog, dort wollte er in der Einsamkeit bleiben, bis der Festtag vergangen und vorbei war.

Der Teufel sah, wie es um den armen Ritter stand, und heimlich liebte er dessen Frau. Aber wegen des tugendsamen Lebens dieser Dame und wegen der Liebe, die Unsere Frau zu ihr hatte, hatte diese unheilige Leidenschaft keinen Erfolg.

Eines Tages, als ihr Gemahl, der Ritter, noch in den grünen Wäldern war, kam der Böse in menschlicher Gestalt zu ihm und fragte ihn, warum er hier umherstreife und weshalb er so niedergeschlagen dreinsehe.

Da erzählte der arme Ritter dem Fremden seine Geschichte. »Einst war ich«, so sprach er, »ein reicher Mann, nun aber ist alles verloren. Ich war es gewöhnt, jedes Jahr das Fest Unserer Lieben Frau zu feiern, und jetzt fehlt es mir an Geld – ja, sogar für meinen Lebensunterhalt.«

Der Fremde antwortete und sprach: »Wenn Ihr mir einen Wunsch erfüllt, will ich Euch größere Reichtümer geben, als Ihr je zuvor besaßet. Geht an eine Stelle, die ich Euch nennen werde, und dort werdet Ihr eine Menge Gold finden. Kommt danach wieder hierher, sprecht wieder mit mir und bringt Euer Weib mit Euch.«

Der arme Ritter wußte nicht, daß es der Böse war, der so zu ihm sprach, und er versprach zu tun, was ihm geheißen wurde. Er ging also nach Hause und fand dort sogleich genug Geld, so wie es der Fremde vorhergesagt hatte. Er war sehr froh darüber, und das Fest Unserer Frau wurde mit größeren Gaben an Gold und Silber gefeiert als je zuvor, solange man sich erinnern konnte.

Die Zeit verstrich, und es kam der Tag näher, an dem er den Fremden noch einmal treffen und seine Frau dabei mitbringen sollte. Diese edle Dame wagte nichts anderes zu tun, als was ihr geheißen wurde, und so machte sie sich daher bereit, und sie bestiegen ihre Zelter und ritten fort zum Wald. Neben der

Straße am Wegrand stand eine Kapelle Unserer Lieben Frau, und die Frau des Ritters sagte zu ihrem Gemahl: »Laß uns in diese Kapelle gehen und Gott bitten, er möge uns in der Ehrfurcht vor ihm erhalten.« Der Ritter aber war voll Frohsinn und heiterer Laune und hielt nichts vom Gebet und sprach zu seiner Gemahlin: »Du kannst hineingehen, wenn du Lust hast, und beten; ich meinerseits aber will meinen Weg fortsetzen. Halte dich aber nicht lange auf, sonst bringst du mich in Zorn.«

Die Dame versprach, nicht zu lange zu bleiben, und begab sich in die Kapelle. Sie ließ sich vor einem Standbild Unserer Lieben Frau nieder, dort lehnte sie sich zurück, es überkam sie eine Müdigkeit, und sie fiel in Schlaf.

Um all die Liebe zu vergelten, die das gute Weib des armen Ritters ihr entgegenbrachte, nahm nun Unsere Liebe Frau ihre Gestalt an, ritt auf dem Zelter und traf wieder auf den Ritter. Der wußte nicht, daß es Unsere Frau war, die neben ihm ritt. Als sie aber dorthin kamen, wo sie den Fremden antreffen sollten, stand er schon da. Weil er aber in Wirklichkeit der Böse war, wußte er, daß sie nicht die Frau des Ritters, sondern die Heilige Jungfrau war, und er schrie den Ritter an: »Verräter, ich hieß dich, dein Weib mit dir zu bringen, und du hast an ihrer Stelle Christi Mutter mitgebracht! An deinem Hals sollst du für deine Falschheit hängen!«

Diese Worte machten dem Ritter Angst, und er stieg ab vom Pferd und fiel vor Unserer Frau auf die Knie, er vergoß Tränen und flehte um Vergebung.

Unsere Frau sagte zu ihm: »Ritter, du bist in die Irre gegangen. Du hast dich dem Bösen ausgeliefert. Gib ihm seine Geschenke zurück. Mühe dich hinfort in Gottes Dienst ab, so wird er dich in deine Güter wieder einsetzen.« Sie sprach diese Worte und verschwand. Der Ritter sprang auf seinen Zelter, ritt zu der Kapelle, und dort lag seine Frau vor dem Altar noch im Schlaf.

74. Die Steine von Crowza

St. Just war es müde, wenig zu tun zu haben, außer dem Beten für die Zinnarbeiter und Fischer, und so machte er sich von seiner Wohnung in Penwith auf zu einem Besuch bei dem gastfreundlichen St. Keverne, der seine Einsiedelei an einer gut ausgesuchten Stelle angelegt hatte, nicht weit vom Vorgebirge Lizard entfernt. Die heiligen Brüder ergötzten sich miteinander, und bei reichlichem Essen und herzhaftem Trinken verbrachten sie die Zeit recht angenehm. St. Just schwelgte darin, aus einem prächtigen Kelch die köstlichsten Weine zu trinken, und er beneidete St. Keverne um den Besitz eines Pokals von solch seltenem Wert. Wieder und wieder trank er St. Keverne zu: ihr heiliges Band der Brüderlichkeit sei für immer und ewig, der Himmel müsse die Reinheit ihrer Freundschaft bezeugen, und sie wollten für die Welt ein Beispiel geistlicher Liebe werden.

Es kam die Zeit, da St. Just das Gefühl hatte, er müsse zu seiner Herde zurückkehren, und er wiederholte aufs neue seine Schwüre und bat St. Keverne, einen Gegenbesuch zu machen, und verließ ihn – wobei St. Keverne seinem guten Bruder manch einen Segensspruch nachsandte.

Der Heilige aus dem Westen hatte seinen Bruder im Süden noch nicht viele Stunden verlassen, da vermißte dieser seinen Pokal. Er suchte emsig in jedem Winkel seiner Wohnung, aber er konnte den Becher nicht finden. Zuletzt blieb St. Keverne nichts anderes übrig, er mußte annehmen, daß ihm sein Freund aus dem Westen den Schatz geraubt hatte. Jemand, in den er solches Vertrauen gesetzt hatte, jemand, dem er sein Herz offenbart und unbegrenzte Gastfreundschaft erwiesen hatte, der hatte sich so verräterisch verhalten können – das war zuviel für die Gelassenheit des heiligen Mannes. Sein Zorn war über die Maßen groß. Als der erste Ausbruch vorüber war und die Vernunft wieder die Herrschaft übernahm, überlegte St. Keverne, das klügste wäre, den Dieb zu verfolgen, ihn ohne weitere Umstände zu bestrafen und den Becher zurückzuholen. Dem Gedanken folgte ein fester Entschluß, und St. Keverne machte sich auch schon an die Verfolgung von St. Just. Als er über die Crowza Höhe kam, zogen einige der Blöcke von »Eisengestein«, die dort über die Oberfläche verstreut sind, seinen Blick auf sich, und sogleich erwischte er ein paar von diesen Felsbröcklein, steckte sie in seine Taschen und hastete weiter.

Als er sich Tre-men-keverne näherte, erspähte er St. Just. St. Keverne steigerte sich in eine rasende Wut und mühte sich mit immer größerer Geschwindigkeit den Hügel hinauf und rief dabei den heiligen Dieb an. Der setzte einige Zeit mit der gut gespielten Ruhe eines unschuldigen Gewissens seinen Weg fort.

St. Keverne rief lang und laut St. Just zu, er solle stehenbleiben, aber der war taub für alle Rufe dieser Art – er ging weiter, beschleunigte jedoch seine Schritte ein wenig.

Schließlich gelangt St. Keverne auf Steinwurfweite an den heuchlerischen Missetäter heran, und er hieß ihn einen Dieb und fügte noch einige der erlesensten Beinamen aus seinem heiligen Wortschatz hinzu. Dabei holte er einen Stein aus der Tasche und ließ ihn hinter St. Just hersausen.

Der Stein fiel an St. Justs Seite schwer zu Boden und überzeugte ihn, daß er es mit einem unangenehmen Feind zu tun hatte und daß er am klügsten daran täte, seine Beine zu brauchen. Leise löste er den Kelch, den er an seinem Gürtel befestigt hatte, und ließ ihn zu Boden fallen. Dann, immer noch so, als wisse er nichts von seinem Verfolger, fing er an so schnell zu laufen, wie sein gewichtiger Leib nur von seinen Beinen getragen werden konnte. St. Keverne kam dorthin, wo sein Becher im Sonnenlicht glitzerte. Er hatte seinen Schatz wiedererlangt, von seinem falschen Freund würde nichts Gutes zu erwarten sein, und er war jämmerlich abgehetzt von seinem langen Laufen. Daher nahm er die Steine aus seinen Taschen, einen nach dem andern, und er zielte leidlich und schleuderte sie hinter dem entweichenden Missetäter her, und während er wegging, verfluchte er ihn.

Die Brocken blieben dort, wo sie niedergefallen waren. Dieses Gestein ist in jeder Hinsicht anders beschaffen als alles übrige rundum, aber es sind deutlich die Crowza-Steine, und sie bestätigen die Wahrheit der Legende, und ihr Gewicht – ein jeder hat einige hundert Pfund – erweisen die Kraft der riesenhaften Heiligen.
Man hat vielfache Versuche unternommen, um diese Steine zu entfernen. Tagsüber können sie leicht genug fortgeschafft werden, aber während der Nacht kehren sie immer wieder an die Stelle zurück, an der sie heute ruhen.

75. Der Quell von St. Ludgvan

St. Ludgvan, ein irischer Missionar, hatte sein Werk vollendet. Zuoberst auf dem Hügel stand die Kirche mit all ihren Segenskräften und schaute hinaus auf die schönste aller Buchten. Der Heilige aber, der die menschliche Natur kannte, beschloß, irgendeinen Gegenstand von wunderkräftiger Eigenschaft mit ihr zu verbinden, der die Leute aus allen Teilen der Welt nach Ludgvan ziehen sollte. Als der Heilige auf der Kirchenstiege kniete, betete er über der trockenen Erde unter ihm. Er betete um Wasser, und auf einmal quoll ein wunderschöner kristallklarer Strom von Wasser von unten herauf. Der heilige Mann betete weiter und wusch dann seine Augen damit, um die Kräfte des Wassers zu versuchen. Sie wurden daraufhin sogleich viel stärker, ja sie wurden so durchdringend, daß es ihm möglich wurde, winzigkleine Gegenstände zu erkennen. Der Heilige betete wieder, und dann trank er von dem Wasser. Er entdeckte, daß die Kraft seiner Sprache gewaltig gewachsen war, seine Zunge formte die Worte fast ohne eine Anstrengung seines Willens. Der Heilige betete nun darum, daß alle Kinder, die im Wasser dieser Quelle getauft würden, sicher seien vor dem Henker und seinem hanfenen Strick, und da kam ein Engel vom Himmel hernieder zu dem Wasser und versprach dem Heiligen, daß seine Gebete erhört werden sollten.

Nicht lange danach brachten ein Bauer und sein Weib ihr kleines Kind zu dem Heiligen, damit es allen Segen dieses heiligen Quells erlange. Der Priester stand am Taufbrunnen, die Eltern mit ihren Freunden darum herum. Der Heilige begann die Taufzeremonie, und es kam schließlich der Zeitpunkt, an dem er das zarte Kindchen in seine heiligen Arme nahm. Er machte das Zeichen des Kreuzes über dem Kind, und als er das Gesicht des Kindes mit Wasser besprengte, da erglühte es in göttlicher Verstandeskraft. Dann fuhr der Priester im Gebet fort. Das Kind, das durch das Wasser auf wunderbare Weise die Kraft der Sprache erlangt hatte, sprach zum Erstaunen aller jedesmal, wenn er den Namen Jesu gebrauchte, deutlich den Namen des Teufels aus, und alle gerieten darüber in große Bestürzung. Da wußte der Heilige, daß ein böser Geist in das Kind gefahren war, und er bemühte sich, ihn auszutreiben. Aber eine Zeitlang war der Teufel stärker als der Heilige. St. Ludgvan konnte nicht besiegt werden, er wußte, der Geist war eine ruhelose Seele, die aus Treassow ausgetrieben worden war, und er strengte all seine Kräfte an beim Gebet. Zuletzt gehorchte der Geist und verließ das Kind. Nun befahl ihm der Heilige, zum Roten Meer zu fliegen. Vor den entsetzten Zuschauern erhob er sich zu gigantischer Größe, dann spie er in die Quelle. Er packte mit festem Griff die Spitzen und Verzierungen des Turmes und rüttelte an der Kirche, daß sie meinten, sie stürze zusammen. Der Heilige allein blieb ungerührt. Er betete weiter, bis der Dämon wie ein Blitz verschwand, und im Fliehen schüttelte er noch ein Ziertürmchen herunter. Als der Dämon in das Wasser gespien hatte, war die Wunderkraft des Wassers auf Augen und Zunge zerstört worden, aber zum Glück behielt es die Kraft, jedes in ihm getaufte Kind davor zu bewahren, mit einem Hanfstrick gehängt zu werden. Man behauptet aber, es habe keine Macht bei einem Strick aus Seide.

76. Die Kerze

Da war eine alte Frau, die lebte in der Pfarre von Bridgerule, und sie hatte eine sehr hübsche Tochter. An einem Abend kam da ein Vierspänner vor die Tür gefahren, und ein Herr stieg aus. Der Mann sah fein aus, und er brachte allerlei vor, damit er in der Hütte bleiben und sich unterhalten konnte; er machte dem Mädchen den Hof und gefiel ihr recht gut. Dann fuhr er weg, aber am nächsten Abend kam er wieder und es war wieder genau das gleiche, und er fragte das Mädchen, ob sie am dritten Abend zu ihm in die Kutsche steigen und ihn heiraten wolle. Sie sagte ja, und er ließ sie schwören, daß sie es tun wolle.

Nun, die alte Mutter glaubte nicht, daß alles mit rechten Dingen zuging, also ging sie zum Pfarrer von Bridgerule und befragte ihn darüber. »Meine liebe Frau«, sagte er, »ich nehme an, das ist der Leibhaftige. Nun schaut her. Nehmt diese Kerze hier, und wenn dieser Herr das nächste Mal kommt, dann bittet ihn, Eure Polly in Ruh zu lassen, bis diese Kerze da zu Ende gebrannt ist. Dann nehmt sie, blast sie aus und lauft zu mir, was die Beine hergeben.«

Die alte Frau nahm also die Kerze.

Am nächsten Abend kam der Herr in seinem Vierspänner, und er ging in die Hütte hinein und wollte, daß das Mädchen mit ihm käme, so wie sie es versprochen und geschworen hatte. Sie sagte: »Das will ich, aber Ihr müßt mir ein wenig Zeit lassen, damit ich mich anziehen kann.« Er sagte: »Ich will dir Zeit lassen, bis diese Kerze da zu Ende gebrannt ist.«

Als er das nun gesagt hatte, blies die alte Frau die Kerze aus und rannte fort, so schnell sie konnte, geradewegs nach Bridgerule, und der Pfarrer, der nahm die Kerze und mauerte sie seitlich in der Kirche ein, man kann es bis auf den heutigen Tag sehen (es ist die obere Tür der Treppe zur Kreuzempore, jetzt ist sie zugemauert).

Nun, als der Herr sah, daß er verspielt hatte, da stieg er in seinen Wagen und fuhr davon, und er fuhr, bis er zur Affaland-Sumpfheide kam, und auf einmal fuhren der Wagen und die Pferde und alles in eine Art Sumpfloch hinein, und blaue Flammen stiegen rund herum dort auf, wo sie eingefahren waren.

77. Der Deibl auf'm Falbn

In früheren Zeiten, als der Böse leibhaftig die Erde zu besuchen pflegte und mit Sterblichen Verträge abschloß, in denen er ihnen für jetzt materiellen Wohlstand gab im Tausch gegen ihre Seele zu einer künftigen Zeit, da hat wohl auch ein Schneider von Clitheroe ein solches Abkommen mit ihm getroffen.

Gegen Ende der Frist jedoch konnte er nach dem Abkommen von der Satanischen Majestät noch die Gnade eines weiteren Wunsches erbitten. Sie wurde ihm gewährt. Es weidete da ganz in der Nähe ein falbes Pferd, und der geistesgegenwärtige Schneider zeigte auf das Tier und wünschte, daß der Teufel darauf stracks in sein eigenes Reich reiten solle und nie wieder auf die Erde zurückkomme, um die Sterblichen zu quälen. Augenblicklich wurde das Pferd vom Bösen bestiegen, und er ritt eilends auf und davon und kam niemals wieder in leiblicher Gestalt zurück.

Von nah und fern kamen die Leute, um den Mann zu sehen, der den Teufel überlistet hatte, und da kam es dem Schneider in den Sinn, eine Schenke einzurichten, um seine Besucher dort zu bewirten. Als Schild nahm er den Teufel, wie er auf einem falben Pferd reitet, oder wie es die Nachbarn der Kürze halber nannten, den »Deibl auf'm Falbn«.

78. Der Preisringer und der Teufel

Es war da ein berühmter Ringer in Ladock, der hieß John Trevail, war aber gewöhnlich als »Vetter Jackey« bekannt, denn man hatte allgemein die Gepflogenheit, Favoriten, mit

denen man nicht verwandt war, in dieser Weise zu benennen.
Einmal am Johannistag ging Jackey in eine Nachbargemeinde und warf ihren Preisringer. Als er um den Ring herumstolzierte, prahlte er: »Ich nehme von jedermann eine Herausforderung entgegen, und es würde mir nichts ausmachen, mit dem Teufel selbst einen Ringkampf zu machen.«
Nach dem Ringen verbrachte er einige Stunden mit seinen Kameraden im Wirtshaus. Als er allein auf dem Heimweg war, etwa um Mitternacht, kam er zu einer Gemeindewiese, zwei Meilen oder mehr von Ladock Churchtown entfernt, die hieß Le Pens Plat. Wie er da so langsam dahinging, weil er ein wenig müde und nicht ganz klar im Kopf war, überholte ihn ein Herr, der war wie ein Geistlicher gekleidet und sprach ihn in mildem Ton an und sagte:
»Ich war heute beim Ringen, und ich glaube, du bist der Preisringer. Stimmt das?«
»Ja, Herr, ich habe den Preis gewonnen, den ich nun trage«, antwortete Trevail. Er fühlte sich sehr unbehaglich, hier zu dieser Nachtzeit solch einen seltsamen schwarzröckigen Herrn zu treffen, auch wenn es durch den Vollmond und den klaren Himmel fast taghell war.
»Ich ringe selbst sehr gern«, hub der Fremde wieder an, »und weil ich mehr dazulernen möchte, würde ich sehr gern einen Gang mit dir versuchen. Sagen wir, um deinen Goldbortenhut und um fünf Goldstücke, die ich einsetzen will.«
»Jetzt nicht, Herr, denn ich bin müde«, antwortete Jackey, »aber ich werde nach der Essenszeit gegen Euch antreten, wenn es Euch recht ist, nachdem ich ein paar Stunden ausgeruht habe – sagen wir, so um zwei oder drei Uhr, wenn es Euch recht ist.«
»O nein, es muß um Mitternacht sein, oder doch kurz danach, da jetzt die Nächte kurz sind«, sagte der Fremde, »es geht keineswegs, daß einer in meiner Stellung dabei gesehen wird, wie er bei hellem Tag mit dir ringt.«
Trevail zögerte und dachte an die unüberlegten Worte, die er im Ring ausgesprochen hatte. Er hatte da den Teufel heraus-

gefordert, und er war überzeugt, daß er nun an diesem einsamen Ort seinem Feind von Angesicht zu Angesicht gegenüberstand. Er stimmte aber doch dem Vorschlag des Fremden zu, ihn um Mitternacht oder kurz danach hier zu treffen. Sie besiegelten den Handel durch Handschlag, und der Herr gab ihm einen Geldbeutel mit fünf Goldstücken darin als Einsatz und sagte:

»Du bist als ehrlicher Bursche bekannt, und ich habe keine Angst, daß du das Geld und deinen heute gewonnenen Preis nicht mitbringen könntest. Wenn ich wegen eines unglücklichen Zufalls nicht kommen sollte, gehört das Geld dir, aber es besteht kaum ein Zweifel, daß ich genau um Mitternacht hier sein werde.«

Er wünschte Jackey einen guten Morgen und ging auf einem andern Pfad, der nach Norden führte, über die Gemeindewiese davon. Der arme Bursche kam sich so gut wie verloren vor; als er beim Guten-Morgen-Sagen zu Boden geschaut hatte (er konnte den Blick des Fremden nicht ertragen), hatte er etwas gesehen, von dem er glaubte, es sei ein gespaltener Huf gewesen. Aber er wußte sich keinen Rat, wie er seinem Schicksal entgehen könnte.

Er schleppte sich dahin und kam um drei Uhr früh zu seinem Haus. Als seine Frau sah, wie verstört Jackey dreinschaute, unterließ sie es, ihn wie gewöhnlich »anzuschnauzen«, und daß sie nicht schalt, bewirkte nur, daß ihm noch übler zumute war als zuvor. Er warf den Beutel mit den fünf Goldstücken in die Werkzeugtruhe und sagte: »Molly, meine Liebe, um alles in der Welt rühr diesen Wildlederbeutel nicht an! Es ist des Teufels Geld, was drin ist!« Nach und nach erzählte er ihr, was geschehen war, und schloß stöhnend:

»Molly, meine Liebe, du hast dir oft gewünscht, der Leibhaftige sollte kommen und mich holen, und es scheint, deine Bitten werden jetzt erhört werden.«

»Nein, nein, Jackey, mein Guter, denk das nicht«, schluchzte sie, »was ich auch immer gesagt hab, kam nur von außen, von den Lippen, und das hat keine Wirkung, mein Herz. So schlimm du bist, ohne dich wäre es noch schlimmer. Geh nun zu Bett, ich zieh gleich meinen Mantel an und geh zum Pfarrer. Es nützt nichts, wenn du und alle Welt nein sagt, denn nur er kann dich retten.«

Als sie unterwegs war, um Herrn Woods Hilfe zu erbitten, schaute sie bei einer Bekannten herein, mit der sie gerade halbwegs gut stand, und sagte: »Komm mit zum Pfarrer. Ich bin so außer mir, daß ich kaum reden kann. Etwas Schreckliches ist unserm Jackey zugestoßen, und du darfst ums Leben niemandem ein Wort von dem sagen, was ich dir auf dem Weg erzählen werde.«

Der ehrwürdige Herr stand vor seiner Tür und schaute in den grauenden Morgen, da sah er die beiden Frauen, die in großer Erregung auf ihn zukamen. Jackeys Frau hielt die Schürze vor die Augen und schluchzte ihre Sorge heraus, und als er eine ungefähre Ahnung davon hatte, sagte er:

»Geh schleunigst nach Hause, gute Frau, und sag Jackey von mir, er soll nur getrost sein, ich werde sofort nach ihm sehen und ihm sagen, was er machen soll.«

Kurz nach Sonnenaufgang betrat Herr Wood das Haus des Ringers, und er fand ihn in tiefem Schlaf auf dem Sitz vor dem Kamin ausgestreckt. Herr Wood hieß ihn aufstehen und sagte: »Jackey, ist es wahr, was deine Frau gesagt hat, oder bist du auf der Gemeindewiese eingeschlafen und hast einen bösen Traum gehabt? Erzähle, was geschehen ist, von Anfang bis Ende, und zeig den Lederbeutel.«

»Es ist wirklich alles wie ein böser Traum, Ehrwürden«, antwortete er, »aber das Geld des Leibhaftigen ist hier in meiner Werkzeugtruhe, und ich erinnere mich an jedes Wort, das gesprochen wurde. Außerdem habe ich noch in keinem andern Gesicht solch feurige Augen gesehen«, und dann brachte Jackey den Beutel und hielt ihn mit der Ofenzange auf Armeslänge von sich weg, als wäre es eine giftige Kröte. Der Pfarrer machte ihn auf und sagte: »Der Anblick dieser Goldstücke mit dem Spatenwappen und das, was du mir erzählt hast, lassen keinen Zweifel daran, daß du ausgemacht hast, mit dem Teufel zu

ringen. Aber fasse Mut, du mußt so gut sein wie dein Wort. Verfehle nicht, um Mitternacht an dem bestimmten Ort zu sein, und nimm die Einsätze mit, wie es ausgemacht war.«
Jackey schaute sehr niedergeschlagen drein und antwortete, er habe gehofft, Herr Wood würde ihn begleiten.
»Nein, ich werde nicht mit dir gehen«, antwortete er, »aber verlaß dich drauf, ich werde zur Stelle sein, um dich gegen falsches Spiel zu schützen.«
Während er das sagte, zog er einen Pergamentstreifen aus seiner Tasche, darauf waren bestimmte mystische Zeichen und Worte eingeritzt oder geschrieben.
»Steck das auf der linken Seite sicher unter dein Wams und trag es bestimmt bei dem Treffen. Zeig vor allem keine Furcht, verhalte dich ihm gegenüber genauso, wie du es bei einem gewöhnlichen Ringer machen würdest, und verschone ihn nicht und laß dich nicht durch seine Tricks täuschen.«
Er ermahnte ihn, die Angelegenheit geheimzuhalten.
»Das will ich«, antwortete Jackey, »ich habe es keiner Menschenseele gesagt außer meiner Frau, und für eine Frau kann sie ein Geheimnis erstklassig behalten!«
Zur festgesetzten Zeit ging er mutig zur Le-Pens-Plat-Wiese, und um Mitternacht erschien der schwarze Fremde auf demselben Pfad, auf dem er am Morgen gegangen war. Einige Minuten schauten sie einander fest in die Augen, dann sagte Trevail: »Ich bin rechtzeitig gekommen, wie Ihr seht, und da auf dem Felsen sind die Einsätze. Ich nehme an, Ihr kennt die Spielregel: man muß um die Mitte fassen, und wer in fünf Gängen den andern dreimal zu Fall bringt, gewinnt den Preis. Euch, als dem Herausforderer, gebührt der erste Griff.«
Der Fremde antwortete immer noch nicht und hielt seine glühenden Augen fest auf den Ringer gerichtet. Dem war unter dem starren Blick unbehaglich zumute, und er sagte: »Also, wenn Ihr nicht ringen wollt, dann nehmt Euer Geld, und es ist weiter nichts geschehen.«
In diesem Augenblick fühlte er sich ganz unerwartet am Gürtel ergriffen und vom Boden emporgehoben. Es war, als erhöbe

sich der Leibhaftige mit ihm viele Ellen hoch über die Erde, aber bei einem verzweifelten Kampf in der Luft gelang es ihm, seinen rechten Arm dem Gegner über die Schulter zu legen, er packte ihn mit einem festen Griff im Rücken und umklammerte ihn mit den Beinen. Als er das tat, berührte sein Wams den Bösen. In diesem Augenblick ließ der los und fiel flach auf seinen Rücken, als wäre er niedergeschlagen worden, und er wand sich auf dem Boden wie eine verletzte Schlange. Der Ringer sprang auf die Füße, und das war gut so, denn der andere stand voll Wut auf und rief aus: »Du hast eine verborgene Waffe bei dir, die mich verwundet hat. Wirf dieses Wams ab.«

»Nein, beim Himmel«, antwortete Jackey, »tastet mein Wams ab, wenn Ihr wollt, da ist keine Waffe drin, nicht mal eine Stecknadel, aber Ihr seid es, der merkwürdige Tricks anwendet. Jetzt versucht noch mal, mich zu erwischen, wenn ich nicht auf der Hut bin!«

Er umfaßte den Leibhaftigen wie ein Schraubstock. Fünf Minuten lang kämpften sie miteinander, immer auf eine Armlänge auseinander. Der Leibhaftige schien Angst davor zu haben, ihm näher zu kommen. Jackey fürchtete sich vor der vernichtenden Glut seiner bösen Augen, und er konnte keine Beinzange bei ihm machen, aber schließlich machte er einen verzweifelten Ausfall, befreite sich vom Griff des Teufels, packte ihn mit dem »Fliegende-Seeschlangen-Griff« und warf ihn mit einer solchen Wucht auf den Rücken, daß er Schwefelqualm rülpste.

Er sprang wütend auf und sagte: »Ich habe mich in dir getäuscht, denn du kämpfst sehr rauh. Fordere den Pfarrer Wood auf, er soll heimgehen. Ich bin verwirrt und machtlos, wenn er zusieht.«

»Ich sehe Herrn Wood nicht«, erwiderte Jackey.

»Ich kann sehen, wie mich seine Augen aus den Büschen anstarren«, erwiderte der andere, »und ich höre ihn auch etwas murmeln. Wenn ich wieder gehindert werde, ist es nur wegen deines verdammten Priesters.«

»Macht Euch nichts aus unserm Priester, er kann selbst recht gut ringen«, sagte Jackey, »und er sieht gern einen guten Kampf. Also kommt, es geht wieder los.« Er packte seinen Gegner in einer »Kornischen Umarmung«, und mit noch größerer Kraft als vorher, und er legte ihn auf den Rücken und sagte: »So, Ihr seid dreimal zu Fall gekommen, wenn es Euch aber nicht genug ist, weiß ich noch mehr, was ich Euch lehren kann.«

Während des kurzen Augenblicks, in dem er zusah, wie sich der niedergestreckte Teufel auf dem Boden wie eine Schlange wand, bewölkte sich der Himmel, und der Mond wurde von zusammengeballten Wolken verdunkelt, die schwer von Gewittern zu sein schienen. In dem düsteren Licht sah Jackey, wie des schwarzen Herrn Füße und Beine in einem Augenblick wie die eines riesigen Vogels geworden waren. Seine Rockärmel verwandelten sich in ein Paar Schwingen, und seine Gestalt wurde zu der eines Drachen, als er fortflog; dabei glitt er zuerst über den Boden und ließ eine Spur fahler Flammen hinter sich. Dann segelte er auf zu den Wolken, die sofort von Blitzen erhellt wurden, und der Donner dröhnte von den Hügeln wider. Als die schwarze Wolke höherstieg, war sie wie ein riesiges Rad, das sich in der Luft drehte und dabei von seinem Rand her Blitze zucken ließ und Donnerkeile schleuderte.

Als Jackey dastand und verdattert in den Himmel starrte, der sich wieder aufklärte, legte ihm der Pfarrer Wood die Hand auf die Schulter und sagte: »Gut gemacht, mein Junge. Ich war stolz darauf, deinen Mut und deinen guten Kampf zu sehen. Nimm deine Preise und laß uns heimgehen.« Als Jackey zögerte, den Beutel mit den Goldstücken anzulangen, fügte er hinzu: »Nimm das Geld, es ist ehrlich gewonnen.« Trevail nahm den Beutel, und als er ihn einsteckte, zog ein heller Blitz ihre Aufmerksamkeit auf den Rückzug des Bösen, der nun nur mehr ein schwarzer Punkt am klaren Himmel war. Sie sahen, wie ein Feuerstreifen davon ausging und gleich einer Sternschnuppe in der Nachbargemeinde niederfiel.

»Paß auf, Jackey, mir scheint, unseren ringenden Teufel haben wir noch nicht zum letztenmal gesehen«, rief Herr Wood aus. »Er ist hinunter zu den Hexen von St. Endor.«
Auf ihrem Heimweg erklärte Herr Wood Jackey, daß nur seine Furcht ihn glauben machte, der Teufel habe ihn hoch in die Luft getragen. Aber Jackey ließ sich nicht ganz davon überzeugen, und bis zu seinem Todestag versicherte er, daß er beim ersten Gang »turmhoch« getragen worden sei. Herr Wood erzählte ihm weiter, er sei lange vor Mitternacht an Ort und Stelle gewesen und habe manchen mächtigen Geist herbeigerufen, um das Ringen zu beobachten. Denn solche Kämpfe zwischen Menschen und Dämonen, die früher üblich waren, seien letzthin selten geworden. Auch dem Bösen hatte ein Heer von niederen Teufeln und von umherschweifenden Nachtgeistern beigestanden, die für den Pfarrer sichtbar waren, aber nicht für Jackey. Die Beobachter hatten gegenseitig Wetten abgeschlossen, und viele der Gefolgsleute des Teufels waren deshalb nun verpflichtet, den Gewinnern viele Jahrhunderte lang zu Diensten zu sein, was wenigstens ihre ewige Ruhelosigkeit und Langeweile etwas erleichtern würde.
Herr Wood bedauerte nur, daß er beim Überklettern einer Hecke in den Dornen seinen Ebenholzstock verloren hatte, er hatte gehofft, damit den geschlagenen Teufel verdreschen zu können als Vergeltung dafür, daß er im Gewand des heiligen Amtes erschienen war. In dem einen Augenblick, bevor er seinen Stock wiederbekommen konnte, hatten die Dämonen schon die Flucht ihres Meisters bewerkstelligt.
Das Teufelsgeld brachte seinem Gewinner wenig Gutes, denn die Frau, der Trevails Weib ihren Kummer anvertraut hatte, behielt das nicht für sich. Und es breitete sich das Gerücht aus, daß die neuen Kleider der Trevails und ihr großes Gepränge in der Kirche daher kamen, daß Jackey sich dem Teufel verkauft hätte. Aber Jackey blieb noch viele Jahre lang der Meisterringer der ganzen Umgebung.

79. Das Begräbnis im Galopp

Es geschah einmal, daß sich unser Gutsherr mit der Heiligen Kirche überworfen hatte, und sie nahmen ihn fest und saßen in London über ihn zu Gericht und sagten, er solle gehängt, geschleift und gevierteilt werden. Das haben die Brushford-Leute nicht gut aufgenommen, und wir hatten nicht vor, uns das gefallen zu lassen. Der Gutsherr war ziemlich beliebt – er war vielleicht ein bißchen zügellos, aber daß nun seine Glieder und der Kopf auf der Brücke von London aufgespießt werden sollten, damit der Leibhaftige seine Seele stiehlt, daran war nicht zu denken. Der rechtmäßige Ruheplatz für den Junker war unten in Brushford bei seinen eigenen teuren Toten. Unser Pfarrer trat vor und sagte das auch. So waren es fünf von uns, die alle den weiten Weg machten zu seinem grausigen Ende, alle einzeln, versteht sich, und jeder von uns stahl ein Glied oder den Kopf, auch alle einzeln, dann teerten wir sie und schnürten sie zu hübschen ordentlichen Bündeln zusammen, und dann gingen wir damit heim nach Brushford, jeder von uns auf einem Weg für sich, siehst du, und das gab dem Leibhaftigen ein ganz schönes Rätsel auf, auf welchem Weg er nachfolgen sollte, wo er doch keineswegs sicher wußte, in welchem Paket der Kopf steckte. Um ihn zu verwirren, waren sie alle gleich hergerichtet worden, und so kam er bis unten nach Brushford, und dort lauerte er im Kirchgraben, um den Junker beim Begräbnis zu schnappen. Die Gemeinde hatte einen hübschen Sarg aus Eberesche gemacht, und jeder von uns brachte sein Stück einzeln für sich und heimlich, und wir legten den Junker ganz hübsch und vollständig in den Sarg und deckten alles hübsch und sauber mit Salz und Rosmarin zu. Der Leibhaftige, der hatte schon einen Verdacht, daß wir was vorhatten, aber er blieb still und wartete auf das Begräbnis. Als der Tag kam, machte er sich bereit, den Kopf und die Seele des Junkers zu erwischen. Er sieht den Sarg und die Träger, wie sie ihn zum Lych Tor schaffen und wie der Pfarrer drauf wartet, aber da sind auch vier oder fünf Männer auf Ponies, und jedes von

ihnen trägt ein geteertes Bündel. Das jagte ihm ordentlich einen Schreck ein – er wußte nicht, hinter was er her sein sollte. Und wie der Sarg auf Kirchengrund ist, galoppieren diese Ponies auf und davon wie ein Sturmwind, und alle nach verschiedenen Richtungen, und der Gehörnte Herr mußte jedes von den Bündeln einholen – das hat er gemacht und er war wie ein wilder Wirbelwind im Gewitter. Und das gab dem Pfarrer gerade genug Zeit, die heiligen Worte zu sprechen, und dem Küster, das Grab aufzufüllen mit dem Junker drin, der sicher in geweihtem Grund war.
Dann kamen die Ponies zurück, Schweif und Decke versengt und die Bündel zu Asche verbrannt, und sie nahmen Friedhof und Mauer in einem Sprung und kamen bei dem frisch zugedeckten Grab zum Stehen. Der Leibhaftige machte mitten im Sprung kehrt und schaute, daß er weiterkam – und da war nichts mehr zu hören von Sturm oder Aufregung, außer dem Keuchen von den Ponies.
Der Alte Gehörnte Herr nahm's nicht freundlich auf, daß er betrogen worden war. Er ist seither nicht mehr wieder in die Nähe von Brushford gekommen.
Wenigstens sagt man das in Brushford.
Aber ich kenne Brushford.

80. Der Zauntritt

Da war ein Kerl in der Gegend dort, der hat sich immer regelmäßig mit Apfelwein aufgeheizt, egal, was seiner Alten und den Kindern dafür abging. Zu guter Letzt beschlossen seine Kumpane, ihn ein bißchen zu bearbeiten – sie wollten ihm Angst einjagen, damit er wieder einen anständigeren Lebenswandel anfängt.
Wie sie da alle beisammen waren und jeder hat so richtig Gepfeffertes auf Lager, fingen sie an, über diese und jene Gespensterwege zu reden und über Schritte und Keuchen in der Dunkelheit.

Er zuckte dabei nicht mit der Wimper.
Da packen sie es schließlich richtig an und sagen ihm, er soll sich in acht nehmen, denn der große Schwarze Hund macht ein schreckliches Ende mit solchen Taugenichtsen, wie er einer ist. Von dem spricht nie jemand, aus Angst vor Schlimmerem. Aber er war zu voll und machte sich auch daraus nichts.
Dann gehen alle zur Sicherheit zusammen heim, und er geht torkelnd ganz allein seiner Wege zwischen den dunklen Hecken durch. Aber wie er zum Zauntritt von seinem eigenen Hof kommt – er war keineswegs fähig, drüberzuklettern –, da sitzt drauf und wartet auf ihn der große Schwarze Hund höchstpersönlich. Riesige Ohren, nichts als Zotteln und grüne rollende Augen wie drehende Schneidscheiben.
Das brachte ihn gleich zu sich und ließ ihm den kalten Schweiß ausbrechen.
»Und wo gehst du wohl hin?« sagt der Schwarze Hund mit riesigem Grinsen, und dabei wirbelten seine Augen herum wie die Schaufeln an der Mühlenwelle.
»Heim, Herr«, sagt der Kerl. Man wußte nichts davon, daß er jemals zuvor manierlich geredet hätte.
»Du siehst aus, als könntest du ein bißchen Nachhilfe brauchen, was?« sagt der Hund und grinst fürchterlich.
»Jaha, Herr« –
»Dann will ich dir ein bißchen drüberhelfen«, sagt der Hund, richtet sich auf, groß wie ein Stier, und gibt ihm einen richtigen ordentlichen Schubs.
Schnurstracks durch sein eigenes Küchenfenster durch landete er mitten auf dem Herdfeuer, das in die Esse hinaufloderte. Sein Weib sagt, sein Hinterteil war einen Monat lang schwarz und weiß wie geräucherter Schweinespeck.

81. Das Schwein ohne Kopf vom Blubberd Hügel

Na, es heißt, es gab da ein Schwein ohne Kopf so in einem bestimmten Winkel am Blubberd Hügel; rauf und runter ging's da, es war ein sehr steiler Hügel. Und es hieß, es kommt unten am Hügel um zwölf Uhr in der Nacht heraus. Na, da war ein alter Kerl, der arbeitete auf dem Hof, und immer wenn er ausging, betrank er sich, und immer kam er spät heim, und manchmal kam er überhaupt nicht an: dann pflegte er neben der Straße zu liegen oder halt sonst was.

Und so sagte der Bauer zu ihm: »Also wenn du nicht vor zwölf Uhr hier bist, dann wirst du das Schwein ohne Kopf sehen ...«

»Was, glaubt Ihr, da gibt's eins, Bauer?«

Der sagt: »Ich weiß, es gibt eins, ich hab es letzte Nacht gesehen.«

Er hatte es gesehen, als er da die Arbeit sein gelassen hatte und vom Markt oder so heimgekommen war. Und das erzählte er dem Kerl, und der Kerl glaubte es, weil er es so ernstlich sagte, und so sagte er sich dann: »Gut, ich werde vor zwölf daheim sein.« Und nach der Überlieferung ist er nie mehr so spät ausgeblieben.

Er hat die Schenke immer vor der Sperrstunde verlassen und ist nach Hause gegangen, solange sich noch viele Leute herumtrieben oder er einen hatte, der mitging.

82. Der Alte in dem weißen Haus

Es war einmal ein Mann, der wohnte in einem weißen Haus in einem Dorf, und er wußte alles über alle, die in dem Ort wohnten.

Im selben Dorf lebte eine Frau, die hatte eine Tochter, genannt Sally, und eines Tages gab sie Sally ein Paar gelbe Handschuhe und drohte, sie zu töten, wenn sie sie verlieren würde. Sally war nun sehr stolz auf ihre Handschuhe, aber sie war so unvorsichtig, einen davon zu verlieren. Nachdem sie ihn verloren hatte, ging sie der Reihe nach zu allen Häusern im Dorf und fragte an jeder Tür, ob man ihren Handschuh gesehen hätte. Aber jeder sagte nein, und man hieß sie zu dem Alten gehen, der in dem weißen Haus wohnte.

So ging Sally zu dem weißen Haus und fragte den Alten, ob er ihren Handschuh gesehen habe. Der Alte sagte: »Ich habe deinen Handschuh, und ich will ihn dir geben, wenn du mir versprichst, keinem zu sagen, wo du ihn gefunden hast. Und denk daran, wenn du jemandem davon erzählst, hole ich dich aus dem Bett, wenn die Uhr nachts zwölf schlägt.«

Und so gab er Sally den Handschuh zurück.

Aber Sallys Mutter erfuhr, daß sie den Handschuh verloren hatte, und sie sagte: »Wo hast du ihn gefunden?«

Sally sagte: »Ich trau mich nicht, es zu erzählen, denn wenn ich's tu, holt mich der alte Mann um zwölf Uhr in der Nacht aus dem Bett.«

Ihre Mutter sagte: »Ich werde alle Türen verriegeln und alle Fenster fest zumachen, und dann kann er nicht herein und dich holen.« Und sie brachte Sally dazu, ihr zu erzählen, wo sie den Handschuh gefunden hatte.

Sallys Mutter verriegelte also alle Türen und machte alle Fenster fest zu, und Sally ging diese Nacht um zehn Uhr zu Bett und fing an zu weinen. Um elf Uhr fing sie lauter zu weinen an, und um zwölf Uhr hörte sie eine Stimme zuerst wispern und dann lauter und lauter werden:

»Sally, ich bin auf der ersten Stufe.«
»Sally, ich bin auf der zweiten Stufe.«
»Sally, ich bin auf der dritten Stufe.«
»Sally, ich bin auf der vierten Stufe.«
»Sally, ich bin auf der fünften Stufe.«
»Sally, ich bin auf der sechsten Stufe.«
»Sally, ich bin auf der siebenten Stufe.«
»Sally, ich bin auf der achten Stufe.«
»Sally, ich bin auf der neunten Stufe.«
»Sally, ich bin auf der zehnten Stufe.«

»Sally, ich bin auf der elften Stufe.«
»Sally, ich bin auf der zwölften Stufe.«
»Sally, ich bin vor deiner Schlafkammertür!«
»Sally, *ich hab dich*!!!«

83. Der Sack mit Nüssen

Es geschah einmal, daß sich zwei junge Männer gegen acht Uhr am Abend in einem Kirchhof trafen.
Der eine sagte zum andern: »Wo gehst du hin?«
Der andere antwortete: »Ich gehe und hole einen Sack mit Nüssen, der unter meiner Mutter Kopf in diesem Kirchhof liegt. Aber sag mir, wo gehst du hin?«
Er sagte: »Ich gehe, um ein fettes Schaf von der Weide da zu stehlen. Warte hier, bis ich zurückkomme.«
Dann holte der andere Mann die Nüsse, die unter dem Kopf seiner toten Mutter waren, und stellte sich in die Vorhalle der Kirche und knackte die Nüsse. In jenen Tagen war es Brauch, zu einer bestimmten Zeit am Abend eine Glocke zu läuten, und gerade als der Mann die Nüsse knackte, kam der Küster in den Kirchhof, um zu läuten. Als er aber das Knacken in der Vorhalle hörte, fürchtete er sich und lief, um es dem Pfarrer zu sagen. Der lachte ihn nur aus und sagte: »Geh und läute, du Narr.«
Der Küster fürchtete sich aber so sehr und sagte, er würde nicht zurückgehen, wenn der Pfarrer nicht mit ihm käme. Nach vielem Überreden willigte der Pfarrer ein, aber er litt sehr an der Gicht, und der Küster mußte ihn auf dem Rücken tragen. Als der Mann in der Vorhalle, der die Nüsse knackte, den Küster mit dem Pfarrer auf dem Rücken in den Kirchhof kommen sah, glaubte er, es sei der Mann, der gerade weggegangen war, um das Schaf zu stehlen, und er sei nun mit dem Schaf auf dem Rücken zurückgekommen. Darum brüllte er nun: »Ist es was Fettes?«
Als der Küster das hörte, erschrak er so sehr, daß er den Pfar-

rer herunterwarf und sagte: »Jaja, und du kannst ihn nehmen, wenn du willst.«
Der Küster rannte davon, so schnell er konnte, und überließ den Pfarrer sich selbst. Aber der Pfarrer rannte heim geradeso schnell wie der Küster.

84. *Ich sattelte meine Sau*

Ich sattelte meine Sau mit einem Sieb voll Buttermilch, setzte meinen Fuß in den Steigbügel und sprang neun Meilen hinter den Mond in das Land der Enthaltsamkeit, wo es nichts anderes gab als Hämmer und Beile und Kerzenhalter, und da lag der alte Noles und blutete. Ich ließ ihn liegen und schickte nach dem alten Hippernoles und fragte ihn, ob er grünen Stahl neunmal feiner mahlen könne als Weizenmehl. Er sagte, das könne er nicht. Gregorys Frau war im Birnbaum droben und sammelte neun Körner von Erbsen in Butter, für die Abgaben an St. James. St. James war auf der Wiese und mähte Haferkuchen. Er hörte einen Lärm, hing die Sense an seiner Ferse auf, stolperte über das Waschholz, holperte über den Scheunentorgiebel und brach sich die Schienbeine an einem Sackvoll Mondschein, der hinter der Treppenfußtür stand, und wenn das nicht wahr ist, wißt ihr's so gut wie ich.

85. *Sir Gammer Vans*

Letzten Sonntagmorgen um sechs Uhr abends segelte ich mit meinem kleinen Boot über die Bergspitzen. Da traf ich zwei Männer auf Pferden, die ritten auf einer Mähre: da fragte ich sie: »Könnt ihr mir sagen, ob die alte Frau schon tot ist, die letzte Sonnabendwoche gehängt worden ist, weil sie sich in einem Schauer von Federn ertränkt hatte?« Sie sagten, sie könnten mir da keine richtige Auskunft geben, aber wenn ich zu Sir Gammer Vans ginge, könnte er mir alles darüber sagen.

»Aber wie soll ich das Haus erkennen?« sagte ich.
»Ach, 's ist leicht genug«, sagten sie, »denn 's ist ein Ziegelhaus, ganz aus Flintstein gebaut, und es steht für sich allein mitten unter sechzig oder siebzig andern, die genauso sind.«
»Oh, nichts ist leichter als das«, sagte ich.
»Nichts kann leichter sein«, sagten sie, und so ging ich meiner Wege.
Dieser Sir Gammer Vans nun war ein Riese und ein Flaschenmacher. Und so wie alle Riesen, die auch Flaschenmacher sind, gewöhnlich aus einem kleinen Däumlingsfläschchen hinter der Tür herausschnellen, tat das auch Sir Gammer Vans.
»Wie geht's?« sagt er.
»Danke, sehr gut«, sag ich.
»Willst du mit mir frühstücken?«
»Von Herzen gern«, sag ich.
Da gab er mir eine Scheibe Bier und eine Tasse kaltes Fleisch, und unter dem Tisch da war ein kleiner Hund, der pickte alle Krümel auf.
»Häng ihn auf«, sag ich.
»Nein, häng ihn nicht auf«, sagt er, »denn er hat gestern einen Hasen getötet. Und wenn du mir nicht glaubst, dann zeig ich dir den lebendigen Hasen in einem Korb.«
Er nahm mich also in den Garten mit und zeigte mir seine Raritäten. In einer Ecke brütete ein Fuchs Adlereier aus; in der andern stand ein eiserner Apfelbaum, der war ganz voll mit Birnen und Bleiloten; in der dritten war der lebendige Hase im Korb, den der Hund gestern getötet hatte; und in der vierten Ecke waren vierundzwanzig Reitpeitschen, die droschen Tabak, und als sie mich sahen, droschen sie so drauflos, daß sie den Priem durch die Mauer trieben und durch einen kleinen Hund hindurch, der auf der andern Seite vorbeikam. Ich, wie ich den Hund jaulen höre, springe über die Mauer und wende ihn so ordentlich wie möglich von innen nach außen. Drauf rannte er davon, als wenn er keine Stunde mehr leben sollte.
Dann führte mich Sir Gammer Vans in den Park, um mir sein Wild zu zeigen: und mir fiel ein, daß ich eine Vollmacht in der

Tasche hatte, Wildpret für Seiner Majestät Dinner zu schießen. So legte ich die Lunte an meinen Bogen, brachte meinen Pfeil ins Gleichgewicht und schoß unter die Hirsche. Ich brach siebzehn Rippen auf der einen Seite und einundzwanzig und eine halbe auf der andern, aber mein Pfeil ging glatt durch, ohne was zu berühren, und das Schlimmste war, ich verlor den Pfeil. Ich fand ihn aber in einem hohlen Baum wieder. Ich schmeckte dran, da schmeckt ich feuchten Leim. Ich leckte dran, da leckt ich Honigseim.
»Oho«, sagte ich, »da ist ein Bienenstock«, da sprang eine Kette Rebhühner heraus. Ich schoß nach ihnen. Einige sagen, ich hätte achtzehn getötet, aber ich bin sicher, ich habe sechsunddreißig getötet, und außerdem noch einen toten Lachs, der über die Brücke flog, und davon machte ich den besten Apfelkuchen, den ich je gegessen habe.

86. Onkels Grubengeschichte

Also, ein Onkel von mir, der ging nach Amerika, von England, also eigentlich von Birstall [Bristol] aus, und er ging zu seiner Schwester und einem Onkel von mir, der dort draußen war. Und der besorgte ihm eine Stelle im Kohlenbergbau, Streckenbau war das, und weißt du, in dem Streckenbau – vierzig Fuß mächtig war das Flöz, ungefähr – da kam alles zutage. Aber das war an der Bergseite, wo die immer einstiegen, und die sind mitten reingegangen und haben sich immer mitten durch die Kohle gegraben, und das haben sie so gemacht, daß sie es in Stufen abgesprengt haben, und sie haben oben mit dem Absprengen angefangen, und dann sind sie runterwärts und haben es runterwärts in Stufen abgesprengt, siehst du, und das ist dann alles auf die Sohle gerutscht.
Ja, und er hat immer diese Geschichte erzählt von dem einen Tag, wo der Schachtmeister diesem Onkel von mir gesagt hat – wie sie rauskamen, hat er das gesagt: »Murphy, komm her, ich brauch dich«, hat der Schachtmeister gesagt.

Er sagt – er ging rüber zu ihm, und er sagt: »Ja, was ist los?«
Der sagt: »Weißt du, daß da ein großer Steinbrocken in deiner Kohle ist?« – so sagt er. »Wie erklärst du dir das?«
Er sagt: »Na, das wird dieser Hunte-Junge von mir gewesen sein, der mit mir arbeitet«, sagt er, »ich nehm an, der hat'n reingetan.«
Er sagt: »Wer ist das, dieser Hunte-Junge von dir?«
»Och«, sagt er, »'s ist mein Schwager.«
Er sagt: »Woher ist er?«
»Och«, sagt er, »er ist 'n Greenhorn aus England.« – Greenhorn haben sie die Leute aus England genannt, weißt du.
Da sagt er: »Kann ich ihn sehen?«
Er: »Ja, ich denk, er kommt mit dem nächsten Korb raus.«
Der nächste Korb kommt also raus mit allen den Männern drin, und er wartet also auf ihn. Er sagt: »Jimmy, der Schachtmeister will dich sehen«, sagt er, »da war irgendein Steinbrocken in der Kohle.«
Er geht also hin und geht ins Büro, sagt: »Sie wollen mich sehen?«
Er sagt: »Ja«, sagt er, »du füllst für Murphy?«
Er sagt: »Ja.«
Der sagt: »Na, wie erklärst du dir, daß der große Steinbrocken in dem Hunt war«, sagt er, »der, der heute drin war?«
Er sagt: »Also«, sagt er, »ich kann mich an keinen Stein erinnern, der in die Kohle gekommen ist«, sagt er, »wenn da irgendein Steinbrocken reingekommen ist«, sagt er, »ist er von meiner Schippe runtergerutscht.«
Der sagt: »Also, ich weiß nicht, ob er von deiner Schippe runtergerutscht ist oder nicht«, sagt er, »aber es waren vier von den Ungarn nötig, um ihn aus dem Hunt zu heben.«

87. Des Soldaten Gebetbuch

Als sie draußen in Flandern waren, hielt ein gewisses Regiment Feldgottesdienst. Einer von den Soldaten nahm einen Pack Spielkarten aus der Tasche seines Rocks, breitete sie am Boden aus, und er schien sich mehr dafür zu interessieren als für den Gottesdienst des Kaplans. Als sie von dem Aufmarsch entlassen waren, wurde er zur Wache abkommandiert, weil man ihn beschuldigte, er habe ein Ärgernis gegeben. Der Oberst forderte ihn auf, Rechenschaft abzulegen, und da erzählte er folgende Geschichte:

»Sir, als ich das gute alte England verließ, um für meinen König und für mein Land zu kämpfen, da gab mir meine Mutter dieses Spiel Karten, und sie hieß mich ein Spiel Patience zu spielen, um die Stunden hinzubringen. Und um immer daran zu denken, daß ich tu, was recht ist.

Wenn ich das As ansehe, sollte es mich erinnern, daß es einen und nur einen Gott gibt. Der Zweier soll mich erinnern an den Vater und den Sohn. Der Dreier soll mich erinnern an den Vater, Sohn und Heiligen Geist. Und wenn ich den Vierer sehe, denke ich an die vier Evangelisten, Matthäus, Markus, Lukas und Johannes. Der Fünfer soll mich erinnern an die fünf Klugen Jungfrauen, die ihre Lampen zurechtmachten: sie waren zehn, aber fünf waren töricht und löschten sie aus. Der Sechser soll mich erinnern an die sechs Tage, in denen Gott Himmel und Erde gemacht hat. Und der Siebener soll mich auch erinnern, daß ER am siebenten Tag ruhte. Und wenn ich den Achter sehe, denke ich an die acht Gerechten, die Gott rettete, als ER die Welt vernichtet hat: nämlich an Noah, sein Weib, ihre drei Söhne und deren Frauen. Der Neuner soll mich erinnern an die neun Aussätzigen, die von unserm Heiland geheilt wurden. Der Zehner soll mich an die zehn Gebote erinnern. Wenn ich den König sehe, denke ich an König Salomon. Bei der Königin an die Königin von Saba. Die Karte mit dem Buben soll mich erinnern, daß es auch einen Satan gibt, und so soll sie mir immer eingeben, das Rechte zu tun. Wenn ich die

Augen auf dem Kartenspiel zähle, so sehe ich, daß es genau dreihundertundfünfundsechzig sind, gerade die Zahl der Tage in einem Jahr. Es gibt zweiundfünfzig Karten in jedem Spiel, und auch zweiundfünfzig Wochen in jedem Jahr. Es sind zwölf Bildkarten in jedem Spiel, und auch zwölf Monate in jedem Jahr. Es gibt vier Farben für jedes Spiel, und auch vier Jahresviertel für jedes Jahr. Es sind dreizehn Karten in jeder Farbe, und gleichermaßen dreizehn Wochen in jedem Viertel.

Ihr seht also, Sir, mein Kartenspiel erfüllt den gleichen Zweck wie Euer Gebetbuch. Und es dient auch noch nebenbei als Kalender. Und als letztes, aber nicht als geringstes, ist es eine liebe Erinnerung an meine gute Mutter.«

Da wurde Jones von der Beschuldigung freigesprochen, und kein Flecken blieb auf seiner Ehre.

88. Mit der Laterne auf Freite

Also da war ein Bauernjunge, und der ging über den Scheunenhof und er hatte eine Stallaterne und die hatte er angesteckt. Und als er durchs Tor ging, sah ihn der Bauer, wie er von einem der Gebäude kam, und er sagt zu ihm:

»Wohin gehst du, Junge?«

»Na«, sagt er, »ich war auf der Freite, Bauer.«

»Auf der Freite«, sagt er, »mit einer Laterne?« Er sagt: »Wie ich auf die Freite ging, hab ich nie eine Laterne genommen.«

»Nein«, sagt der Junge, »aber schaut nur, was Ihr gekriegt habt«, sagt er, »und ich will sehen, was ich bekomme.«

Ich denke, seine Frau muß sehr gewöhnlich ausgesehen haben, oder so was Ähnliches, ich weiß es nicht.

89. Dieser Kerl!

Wie ich eines Tages die Straße entlangging, sah ich diesen Kerl mir entgegenkommen, und weißte, ich hätte schwören können, er war's und, weißte, er hätte schwören können, ich war's.
Wir kamen einander näher, und ich war ganz sicher, er war's, und er war ganz sicher, ich war's.
Wir kamen noch näher, und ich war verdammt sicher, er war's, und er war verdammt sicher, ich war's.
Wie wir nur ein paar Meter voneinander waren, war ich vollkommen überzeugt, er war's, und er war vollkommen überzeugt, ich war's. Und weißte was, wie wir nebeneinander sind, da war's keiner von uns!

NACHWORT

Es ist eine seit langem bekannte und häufig beklagte Erscheinung, daß man heute in England im Vergleich zu anderen Ländern, insbesondere auch zu den Nachbarn Schottland und Irland, nur wenige Märchen findet, obgleich das Land reich ist an Sagen verschiedener Art. Das war nicht immer so, wie man aus verschiedenen Anzeichen schließen kann. So enthalten Dramen und andere Dichtungen des 16. Jahrhunderts öfter Anspielungen auf Märchen, die somit als bekannt vorausgesetzt wurden, oder auch Bruchstücke solcher Geschichten. Aus etwas späterer Zeit stammen die *chapbooks,* einfache, billige Textdrucke, die als Volkslesestoff verbreitet waren; in ihnen wurden beliebte Geschichten in bearbeiteter (manchmal auch verderbter) Form wiedergegeben, und nicht selten sind die englischen Versionen von bekannten Volksmärchen allein noch in solchen *chapbooks* erhalten. Auch wurden bei englischen Siedlern in den Vereinigten Staaten und in Australien Märchen aufgezeichnet, die aus England mitgebracht wurden, hier aber gar nicht mehr oder nur noch in entstellter Form bewahrt sind.

Die Frage, welche Gründe dazu führten, daß der Fundus an Märchenstoffen in England jetzt so spärlich ist, läßt sich nicht mit völliger Sicherheit beantworten. Mehrere Faktoren müssen hierzu beigetragen haben. Die scharfe Trennung der sozialen Schichten vom 18. Jahrhundert an, die mit der ganzen industriellen Revolution verbunden ist, hatte bei Armen und Reichen einen Verlust an Muße zur Folge, und Muße ist der Boden, auf dem Kultur wächst. – Ein weiterer Faktor war die zunehmende Bedeutung des Puritanismus. Die Puritaner neigten dazu, Werke der Phantasie mit scheelen Augen anzusehen, wenn sie nicht der Erbauung dienen konnten. Das führte wohl dazu, daß die Leute die Geschichten, die sie in ihrer Kindheit von den Ammen gehört hatten, vergaßen und nicht an ihre eigenen Kinder weitergaben. Für die schwerarbeitenden Armen in den Städten und bis zu einem gewissen Grad auch auf den

Dörfern war das Leben so hart und mühevoll, daß ihnen wenig Zeit und Kraft blieb, Geschichten zu erzählen. Am besten haben sich deshalb die Überlieferungen bei den müßigen, umherziehenden armen Leuten erhalten, bei Landstreichern und Zigeunern. Bei ihnen sind mannigfaltige Geschichten, die zu den internationalen Erzähltypen gehören, wiedergefunden worden, und die Aufzeichnungen reichen bis in unsere Tage. Allerdings bilden auch hier die Märchen nur einen geringen Teil des gesamten Bestandes an Volkserzählungen.

In den gälisch-sprechenden Teilen der Britischen Inseln, also außerhalb des Gebietes, aus dem die Geschichten des vorliegenden Bandes stammen, gab es für die Volkserzählungen und ihre Überlieferung andere Voraussetzungen. In den Highlands von Schottland boten die langen Nächte des Nordwinters und die Isolation der Siedlungen genügend Muße für mannigfaltige künstlerische Betätigungen des Volkes, und das Geschichtenerzählen nahm dabei einen der wichtigsten Plätze ein. – In Irland hatten die hohen Maßstäbe der irischen Barden zu einer Tradition vorzüglichen Geschichtenerzählens geführt, die bis auf den heutigen Tag aufrechterhalten worden ist; man vergleiche etwa, was der Nestor der irischen Erzählforschung, Prof. Séamus Ó Duilearga, in der Festschrift für den Begründer dieser Reihe schreibt[1]. Die Archive der *Irish Folklore Commission* ersticken fast in dem Reichtum, den sie mit zahllosen Aufzeichnungen von Volkserzählungen – z. T. noch aus allerjüngster Zeit – besitzen. – In Schottland ist die Arbeit so ausgezeichneter Sammler wie J. F. Campbell (1822–1885) von der *School of Scottish Studies* weitergeführt worden, die einen Schatz an gälischen Geschichten entdeckt hat, die noch im Umlauf sind. Ein vergleichbares Zentralinstitut gibt es in England nicht; von den jetzigen aktiven Bestrebungen nach einer wissenschaftlichen Sammlung und Auswertung von Volkserzählungen wird weiter unten noch zu sprechen sein.

Vom sechzehnten Jahrhundert an gab es in England ein starkes Interesse an der Tradition. Es richtete sich häufig auf Baudenkmäler und andere materielle Altertümer sowie auf die mit ihnen verbundenen Überlieferungen und Bräuche. Gelegentlich

[1] Séamus Ó Duilearga: Irish tales and story-tellers. In: Märchen, Mythos, Dichtung. Festschrift zum 90. Geburtstag Friedrich von der Leyens. München 1963. S. 63–82.

wurde zwar eine Geschichte um ihrer selbst willen aufgezeichnet, in der Regel aber gab man denen den Vorzug, die historische Assoziationen erweckten. Im 17. Jahrhundert beschäftigte sich John Aubrey (1625–1697) vor allem mit dem Volksglauben, dem Aberglauben und ähnlichen Traditionen, man verdankt ihm z. B. einige bemerkenswerte Berichte über Ereignisse in Verbindung mit *fairies* (elbischen Wesen). Etwa zur gleichen Zeit sammelte der vielseitige, vor allem als Tagebuchschreiber berühmte Diplomat Samuel Pepys (1633–1703) eine große Anzahl von volkstümlichen Balladen und Einblattdrucken. Pepys war Musikliebhaber, und es ist möglich, daß er die Absicht hatte, die so in seine Hände gelangten Balladen zu singen. Was aber auch der Grund sein mag, er erwarb seine schöne Sammlung poetischer Erzählungen in einer Zeit, als der fahrende Balladenhändler noch umherzog und seine »Ware« sang. Allerdings ist Pepys' Sammlung zu seinen Lebzeiten nicht veröffentlicht worden. Der entscheidende Umschwung kam erst durch den Bischof Thomas Percy (1728–1811) und seine revolutionierende Veröffentlichung der »Reliques of Ancient English Poetry« (1765, schon 1767 in deutscher Übersetzung erschienen). Die Herausgabe dieser Sammlung, die in der Hauptsache auf eine Liederhandschrift aus der Zeit um 1650 zurückgeht, auf die Percy durch Zufall gestoßen war, bedeutet den eigentlichen Beginn der Romantischen Wiedererweckung, und von dieser Zeit an standen Balladen, Volkstraditionen und -erzählungen in hohem Ansehen. Die Altertumsforscher früherer Zeit wurden zu Folkloristen. Im Anfang zogen Lokaltraditionen und Jahresbräuche die größte Aufmerksamkeit auf sich, aber die Arbeiten von Walter Scott (1777–1832) in Schottland und Thomas Crofton Croker (1798–1854) in Irland lenkten das Interesse stärker auf die Volkserzählung. Das Erscheinen der *Kinder- und Hausmärchen* der Brüder Grimm, die in Auswahlübersetzungen seit 1823 in England herausgekommen waren (die erste vollständige Übersetzung von Margaret Hunt und mit einer wertvollen Einleitung von Andrew Lang wurde allerdings erst 1884 publiziert), bildete einen Ansporn zur Sammlung der eigenen englischen Volkserzählungen. Es ist paradox, daß aber gerade die Märchen der Brüder Grimm dazu neigten, die eigenen einheimischen Geschichten zu verdrängen, die sich noch immer in den Kinderstuben erhalten hatten. Und als man dann wirklich ernsthaft daranging, die eigenen Volkserzählungen zu sammeln, da zeigte es sich, daß viele von ihnen bereits verschwunden waren. Dennoch konnten Proben einer guten Anzahl von internationalen Erzähltypen wiederentdeckt werden und darüber hinaus eine Reihe von Geschichten, die eine Eigenheit der Britischen Inseln darstellen. Ein paar Beispiele sollen das veranschaulichen.

Eine in England mit vielen Varianten verbreitete Geschichte ist der Typus 510, *Cinderella* und *Cap o'Rushes* (vgl. KHM 21 »Aschenputtel« und KHM 65 »Allerleirauh«). In unserem Band ist der Typus durch eine Version von *Cap o'Rushes* »Binsenkappe« vertreten, eine weitere bekannte findet man im 2. Band von Jacobs Sammlung unter dem Titel *Catskin* »Katzenfell«. Von diesem Märchen – wie von den meisten anderen englischen Märchen – gibt es eine Fülle an Überlieferungen in den Gebieten mit gälisch-sprechender Bevölkerung. Aus den schottischen Lowlands, noch innerhalb des englischsprachigen Bereichs, kennt man einige Varianten, die das urtümliche Motiv der Tiermutter enthalten. Überdies existieren auch zahlreiche entfernte Varianten dieses Märchens, eine der beachtenswertesten davon dürfte *Tattercoats* »Lumpenrock« sein, eine sehr poetische Geschichte, die von Marie C. Balfour in Lincolnshire aufgezeichnet und 1891 in der Zeitschrift Folk-Lore, Bd. 2, veröffentlicht wurde.

Offensichtlich sehr altertümliche Elemente enthält der Typus 720 (KHM 47 »Van den Machandelboom«), ein Märchen, das in England zu den allerbekanntesten und am weitesten verbreiteten gehört und aus Yorkshire, Somerset, Devon, Lincolnshire, Cheshire und vielen Teilen Schottlands überliefert ist; auch in Amerika wurden Versionen des Märchens aufgezeichnet. (In diesem Band vgl. Nr. 9 und 10)

Eine besonders lebendige Version des Typus 500 (KHM 55 »Rumpelstilzchen«) ist »Tom Tit Tot« (Nr. 4) mit einem ausgeprägt schwankartigen Anfang. Von den anderen Versionen sei vor allem der lange Schwank *Duffy and the Devil Terrytop* »Duffy und der Teufel Terrytop« genannt, der von Robert Hunt in Cornwall aufgezeichnet und in seinen »Popular romances«, 1. Serie (1865) publiziert wurde. Diese Schwänke waren lange, weitschweifige Geschichten, die von umherziehenden Geschichtenerzählern – den letzten in England – halb erzählt und halb gespielt wurden. Ein solcher Schwank konnte oft eine ganze Nacht lang dauern. – Andere Versionen des Typus 500 finden sich wiederum in Schottland und Wales.

Zu den am besten bekannten von allen englischen Märchen gehört »Jack, der Riesentöter« (Nr. 15), eines der wenigen englischen Märchen, das sich in den Kinderstuben gegen Perrault, Grimm und die Märchen aus Tausendundeiner Nacht halten konnte. Es ist kein Zufall, daß in einer der ältesten englischen Sammlungen von Märchen für Kinder, der von dem Londoner Buchhändler Benjamin Tabart herausgegebenen »Collection of popular stories for the nursery« (London 1809), die hauptsächlich Übersetzungen (Perrault, Tausendundeine Nacht u. a.) enthält, drei englische Märchen in *chapbook*-Versionen wiedergegeben werden, nämlich *Jack the Giantkiller, The Life and Adventures of Tom Thumb* »Das Leben und die Abenteuer von Tom Däumling« und *Jack and the Beanstalk* »Jack und die Bohnenranke«. Wilhelm Grimm fand diese Texte als Parallelen zu »Das tapfere Schneiderlein« (KHM 20), »Des Schneiders Daumerling Wanderschaft« (KHM 45) und »Der himmlische Dreschflegel« (KHM 112) so beachtenswert, daß er Auszüge daraus in dem 1822 erschienenen Anmerkungsband zur 2. Auflage der Kinder- und Hausmärchen veröffentlichte. (Vgl. dazu auch BP V, S. 43–49). – Aber trotz seiner Beliebtheit blieb *Jack the Giantkiller* in seiner Gänze nur in *chapbook*-Fassungen erhalten. Der in unserem Band wiedergegebene Text – ebenfalls nach einem *chapbook* – ist besonders interessant, denn in ihm ist die letzte englische Version des »Dankbaren Toten« (Typus 505 und 507) eingeschlossen. Dieser Typus ist noch lebendig in den gälischsprachigen Gebieten; daß er aber einmal auch in England wohlbekannt war, zeigt sich in einem Schauspiel von George Peele (ca. 1558–ca. 1597), *The Old Wives' Tale*, in das dieser Stoff verwoben ist. Der dankbare Tote, der zum Diener wird, heißt Jack. In dem entsprechenden Teil von *Jack the Giantkiller* war wohl Jack ursprünglich der Geist des Toten, dessen Leichnam Prinz Artus freikaufte.

»Der goldene Ball« (Nr. 6) ist deshalb von Interesse, weil dieses Märchen die Geschichte von der Mutprobe (vgl. AT 326, KHM 4 »Märchen von einem der auszog, das Fürchten zu lernen«), von der es viele Beispiele in England gibt, mit einer *cantefable* (Liederzählung) kombiniert, die in Balladenform weit verbreitet ist und davon erzählt, wie ein Mädchen von ihrem Liebsten vom Galgen errettet wird.

Neben diesen Märchen, die allgemein bekannte Typen repräsentieren, gibt es einige, die rein englisch zu sein scheinen. An erster Stelle ist hier eines der bekanntesten englischen Kindermärchen zu nennen, *The three Bears* »Die drei Bären«, das der Romantiker Robert Southey (1774–1843), ein Schwager von Coleridge, in literarischer Bearbeitung in sein langes Prosawerk »The Doctor« einfügte. Es wurde so berühmt, daß man es lange Zeit nicht als Volkserzählung, sondern als Southeys eigene Schöpfung ansah. Später sind allerdings eine ältere Version und einige Varianten zutage gekommen, von denen in unseren Band »Kratzefuß« (Nr. 33) aus der Sammlung von Jacobs aufgenommen wurde. Jacobs vermutet, daß Southey zuerst eine Geschichte über *an old vixen* »eine alte Füchsin« gehört und angenommen habe, damit sei ein altes Weib gemeint; wenn es sich aber wirklich um ein Mißverständnis handelte, müßte dies schon vor Southey stattgefunden haben, denn bereits in der früher aufgezeichneten Version ist die Hauptfigur ein altes Weib und nicht ein kleiner Fuchs, wie in unserem Text.

Schwänke *(drolls)* sind in England immer noch sehr lebendig und wirklich mündlich in Umlauf. Die meisten der modernen sind kurz (vgl. Nr. 80 »Der Zauntritt«), und unser Band enthält einige Proben aus neueren, z. T. auch in englischer Sprache noch nicht veröffentlichten Aufzeichnungen. Von den älteren und ausführlicheren Schwänken wurden hier einige wegen ihrer internationalen Verbreitung wiedergegeben.

»Die drei Törichten« (Nr. 46), eine besonders hübsche Probe des Typus 1384, findet in der Grimmschen Sammlung eine Parallele in »Die kluge Else« (KHM 34), die in genau der gleichen Weise beginnt wie »Die drei Törichten«, aber anders weitergeführt wird und mit dem Zweifel an der Identität endet, der sich auch in dem englischen Kinderreim *Lawkamercyme* »GnademirGott« (eigtl: *Lord-have-mercy-on-me)* findet.

»Der faule Jack« (Nr. 41) steht der Entsprechung bei Grimm (KHM 32 »Der gescheite Hans«) sehr viel näher und könnte beinahe eine Übersetzung davon sein, gäbe es nicht die vielen Parallelen und Varianten, die man überall in Großbritannien findet und von denen einige sehr früh zu datieren sind. – Ein hübscher Schwank ohne genaue Parallele ist die Geschichte aus

Lincolnshire »Ein Quart Verstand« (Nr. 45). Unter den Grimmschen Märchen hat er die engste Verbindung zu »Die kluge Bauerntochter« (KHM 94). Diese Geschichte ist durch ein gemeinsames Motiv verknüpft mit »Gobborn Seer« (Nr. 22), einer eindeutig irischen Geschichte, die möglicherweise durch irische Heuarbeiter nach England gebracht wurde. Im Alltag der englischen Bauern gaben sie nicht nur durch ihre tüchtige Arbeit einen willkommenen Beitrag, sondern auch durch ihre Geselligkeit. Diese schwankhafte Geschichte hat einen ernsteren Unterton, als man auf den ersten Blick vermuten möchte; der »Wandernde Zimmermann« (*Wandering Carpenter,* davon ist *Gobborn Seer* wohl nur eine Verballhornung) der irischen Tradition war ein götterähnliches Wesen, etwa in der Art von Wieland, dem skandinavischen Götterschmied, der in verschiedenen Teilen des Landes auf die englische Überlieferung eingewirkt hat.
»Der Müller und der Professor« (Nr. 42), Typus 924 B, steht in enger Verbindung zu Typus 922, *King John and the Abbot of Canterbury* »König Johann und der Abt von Canterbury«, einem Stoff, der am besten in Balladenform bekannt ist und weite internationale Verbreitung hat; Walter Anderson hat über diesen Typus eine grundlegende Untersuchung veröffentlicht (»Kaiser und Abt«, Helsinki 1923, FFC 42). In den Grimmschen Märchen enthält »Das Hirtenbüblein« (KHM 152) die Fragen und Antworten, allerdings wird da nicht die eigentlich zu prüfende Person durch eine scheinbar unwissende ersetzt, und es fehlt auch das amüsante Motiv der Zeichensprache, die mißverstanden und deshalb gerade als richtige Antwort aufgefaßt wird – wohl eine Satire auf die Gelehrtenwelt. In England und Schottland gibt es viele Versionen dieses Schwanks, die zu verschiedenen Zeiten gesammelt wurden.

Eine andere in England beliebte und verbreitete Geschichte wird in unserem Band repräsentiert durch »Der Schneider und seine Gesellen« (Nr. 49). Bei Grimm steht diesem Schwank »Dat Mäken von Brakel« (KHM 139) am nächsten, eine genauere englische Parallele zu KHM 139 findet sich aber bei Addy, *The Maid who Wanted to Marry* »Das Mädchen das heiraten wollte«. – *The Wise Men of Gotham* »Die Weisen von Gotham«, die berühmteste aller englischen lokalen Spott-

geschichten, ist eine Sammlung internationaler Motive und Typen. (Vgl. Nr. 47 und 48.)
Als Beispiel für Schwänke, die noch in unserer Zeit erzählt wurden, sind in unseren Band u. a. aus der Sammlung von Ruth Tongue »Der Zauntritt« (Nr. 80) und »Das Begräbnis im Galopp« (Nr. 79) aufgenommen worden.
In England gibt es in großer Zahl Ammenschwänke, Tiermärchen, Kettenmärchen *(non sequiturs)* und dergleichen. Einige von ihnen sind Gruselgeschichten, die sowohl erschrecken als auch belustigen sollen. Sie enden gewöhnlich mit einem Ruf oder einem Schrei, so etwa »Der alte Mann in dem weißen Haus« (Nr. 82) und »Klitzeklein« (Nr. 28). – »Titty-Maus und Tatty-Maus« (Nr. 31) ist eine absurde Geschichte, die »Läuschen und Flöhchen« (KHM 30) bei Grimm entspricht; eine shetländische Version steht der deutschen noch näher. – Auch von »Die alte Frau und ihr Schwein« (Nr. 29) gibt es überall in England viele Beispiele; bei Grimm findet man eine Parallele in dem Lied »Das Birnli will nit fallen« (KHM 72 a, nur in der ersten Auflage). In einer englischen Version hat diese Geschichte eine religiöse Bedeutung erhalten, denn das Schwein wird vom Teufel erschreckt, und ein »Mann in Weiß«, von dem die zuhörenden Kinder annehmen, daß es Christus ist, veranlaßt die Katze, den Bann zu brechen und am Ende das Schwein nach Hause zu schicken. Es ist ungewiß, ob dies nur ein Zusatz ist oder ob die Geschichte ursprünglich wirklich symbolische Bedeutung hatte, wovon sich allein noch diese einzige Spur erhalten hat.
Es gibt in England noch einige wenige bezeichnende Märchen von Schicksal und Verhängnis, die internationale Verbreitung haben. Eines ist »Der Fisch und der Ring« (Nr. 11), Typus 930 D, worüber Archer Taylor eine eigene Monographie geschrieben hat (»The Predestined Wife«. In: Fabula 2, 1959, S. 45–82). – Bei Grimm ist »Der Teufel mit den drei goldenen Haaren« (KHM 29) eine farbige und romantische Version dieses Typus. In unserem Band gehört in diesen Zusammenhang noch »Die Prophezeiung« (Nr. 70), die düsterer gestimmt ist und mehrere irische Parallelen hat. Einen Anklang an Schicksalsvoraussage oder Schicksalsbestimmung hat endlich auch »Whittington und seine Katze« (Nr. 25) in der englischen Version, und zwar durch die Botschaft der Glocken. Diese Ge-

schichte ist auch ein interessantes Beispiel dafür, wie eine historische Gestalt ohne erkennbaren Grund in den Kreis eines Märchentypus einbezogen wird.

Nach diesen Bemerkungen zu einigen der bedeutenderen Volksmärchen und Schwänke soll noch einmal hervorgehoben werden, daß in England die Volkssagen ein ungleich reicheres und vielfältigeres Leben haben, zum Teil bis weit in unser Jahrhundert hinein. Schon ihrer Natur nach sind die Ursprungsmythen und ätiologischen Sagen in der Regel älter als die Märchen, und sie sind auch nicht so allgemein verbreitet. Allem Anschein nach geben sie häufig nicht selbständige, ältere Mythen wieder, sondern sie wurden eher dazu geschaffen, Bräuche zu erklären. So sind zum Beispiel wahrscheinlich die Zaunkönig-Sagen erfunden worden, um die Jagd auf den Zaunkönig als jahreszeitliches Ritual zu erklären, das sich in Irland und auf der Isle of Man noch lange am Leben erhalten hat. – Einige derartige Sagen wirken weniger wie echte Ursprungsmythen, sondern viel eher wie ein scherzhaftes Spiel der Phantasie. Ein Beispiel dafür ist »Warum die Nase eines Hundes und der Ellbogen einer Frau immer kalt sind« (Nr. 37). – Auch die Nistgewohnheiten der Vögel geben ziemlich oft den Stoff für derartige Sagen ab, vgl. etwa »Der Kiebitz und die Holztaube« und »Die Ringeltaube« (Nr. 35 und 36). Zu den eigentlichen Sagen, die wirklich geglaubt wurden, zählen die historischen Sagen, Lokalsagen, Heiligensagen und Sagen vom Teufel, von Hexen, Elben *(fairies)* und Geistern. Davon wurden einige Proben ausgewählt, vor allem solche Geschichten, die den Volksmärchen besonders nahestehen und nicht nur Berichte sind von Geistererscheinungen oder flüchtigen Begegnungen mit Elben. Solche Sagen durften auch deshalb nicht fehlen, weil gerade sie in der mündlichen Tradition am lebendigsten erhalten geblieben sind; in unserem Band sind z. B. die aus der Sammlung von Ruth Tongue stammenden Geschichten Nr. 64 (»Die Waldfrauen von Loxley«), Nr. 65 (»Die Asrai), Nr. 66 (»Jubilee Jonah«) und Nr. 71 (»Madame Widecombes Kutsche«) erst in neuerer Zeit aufgezeichnet worden. Historische oder Lokalsagen wurden dagegen nicht für unsere Auswahl aufgenommen, da sie viel eher nationales als internationales Interesse beanspruchen können.

Von den Zauberergeschichten ist eine der verbreitetsten »Der Meister und sein Schüler« (Nr. 68). Ähnliches erzählte man schon über Cornelius Agrippa (1486–1535), dessen Fähigkeiten und dessen abenteuerliches Leben in Deutschland und in anderen Ländern Gegenstand vieler Überlieferungen waren. Der Zauberlehrling, der leichtfertig einen Geist zum Wassertragen anruft und dessen Dienst dann nicht mehr beenden kann, ist uns vor allem aus dem Gedicht von Goethe bekannt, der Stoff findet sich aber schon in der vielleicht um 165 n. Chr. entstandenen Satire *Philopseudēs* des Lukianos aus Samosata (ca. 120 bis 185). – »Jane Herd und ihr Glückshäubchen« (Nr. 67) wurde vor allem wegen des Glaubens an die magische Kraft des Glückshäubchens aufgenommen. Auch außerhalb Englands glaubte man weithin an die Zaubermacht der Glückshaut; tatsächlich besteht diese Haut aus Resten der Eihaut, die manche Kinder bei der Geburt tragen. In dieser Geschichte wie bei anderen hier wiedergegebenen Hexensagen (Nr. 69 »Die Weberin und die Hexe«, Nr. 71 »Madame Widecombes Kutsche«, Nr. 72 »Peg Fyffe«) handelt es sich bei den Hexen nicht um übernatürliche, mythische Wesen, sondern um menschliche Frauen mit zauberischen Fähigkeiten.
Von den Teufelsgeschichten ist »Deibl auf'm Falbn« (Nr. 77) weit verbreitet und in vielen Formen bekannt. Bei Grimm ist damit zu vergleichen »Bruder Lustig« (KHM 81) und »De Spielhansel« (KHM 82); die bretonische Sage *Why Misery Never Dies* »Warum das Elend nie stirbt« weist in dieselbe Richtung, allerdings wird dort – wie es auch sonst nicht selten ist – der Tod und nicht der Teufel gefangen. – »Die Kerze« (Nr. 76) ist eine Variante des weitbekannten und seit der Antike bezeugten Meleager-Themas. – Aus dem 15. Jahrhundert stammt die Marienlegende »Der Ritter und seine Frau« (Nr. 73), in der der Teufel durch die Heilige Jungfrau besiegt wird; in der deutschen Literatur ist dieser im Mittelalter bekannte Stoff vor allem von Gottfried Keller in seinen »Sieben Legenden« verwendet worden.
Besonders reich ist England an Elbensagen. Ein Teil dieser Überlieferungen zeigt verwandtschaftliche Zusammenhänge mit skandinavischen oder mit keltischen Traditionen, und in beiden Gebieten spielen Elbengeschichten noch heute eine bedeutende Rolle. Diese Beziehungen spiegeln wohl die ethnische

Zusammensetzung der Bevölkerung der Britischen Inseln wider; Skandinavier, besonders Dänen und in geringerem Ausmaß auch Norweger, drangen schon lange vor der Normanneninvasion in das längst von Angelsachsen besiedelte Land ein und bewohnten erhebliche Teile der Britischen Inseln. Später verschmolz diese skandinavische Bevölkerung mit der englischen (oder keltischen), die Sprache ging verloren und läßt sich nur noch in Spuren (z. B. Ortsnamen oder dergl.) nachweisen. Keltische Enklaven waren überdies über das ganze angelsächsische England verstreut. Wenn diese Bevölkerungsteile als selbständige ethnische Gruppen auch längst nicht mehr existieren, haben sie doch die volkstümliche Vorstellungswelt und damit auch die Volkserzählungen deutlich geprägt, und man kann mit großer Wahrscheinlichkeit zeigen, daß einzelne Typen von Elben ihrer Herkunft nach keltisch oder skandinavisch sind und auch in den entsprechenden alten Siedlungsgebieten lokalisiert werden können. So stammt etwa die lange, umständliche Geschichte »Die Abenteuer der Cherry von Zennor« (Nr. 60) aus einem keltischen Gebiet, »Der Boggart« (Nr. 54) ist wohl skandinavischer Herkunft, und die zahllosen Wechselbalggeschichten (vgl. Nr. 58) finden sich sowohl in skandinavischen wie in keltischen Gegenden.
Unsere Auswahl enthält mehrere Geschichten von elbischen Wesen, so vor allem Nr. 51–65, auch Nr. 80, 81 u. a. In der Überlieferung anderer Völker fehlen vergleichbare Gestalten zuweilen ganz oder spielen doch nur eine untergeordnete Rolle. Deshalb sollen hier zum Verständnis dieser Überlieferungen einige grundsätzliche Bemerkungen folgen[2].
Mit *fairies*, Einzahl *fairy*, bezeichnet man eine Vielzahl nach Erscheinungsform und Charakter sehr verschiedener Gestalten; wir benützen dafür in der Übersetzung den Ausdruck »Elben« oder »elbische Wesen«, um die ausschließliche Assoziation an lichte, luftige Blumengeister und dergleichen zu vermeiden. Die englische Tradition kennt zahlreiche Typen von Elben und eine große Anzahl von elbischen Individuen, die oft nur in einem eng umgrenzten Gebiet bekannt sind. Ihnen allen sind einige Züge gemeinsam. Sie treten zu bestimmten Jahres-, Wochen-

[2] Vgl. dazu K. M. Briggs: The anatomy of Puck. London 1959; dieselbe: The fairies in tradition and literature. London 1967. Ferner auch K. M. Briggs: Pale Hecate's team. London 1962.

und Tageszeiten bevorzugt auf und haben dann besondere Macht. Der Freitag ist ihr »Sonntag«, an diesem Tag sind sie am mächtigsten; den menschlichen Sonntag dagegen darf man vor ihnen nicht einmal nennen. Besondere Tage sind für sie der erste Maitag und Allerseelen; zu diesen Zeiten kann man leichter als sonst ins Elbenreich geraten. Wichtig sind für sie auch die *Quarterdays*, die Tage, durch die das Jahr in seine Viertel eingeteilt wird – in England und Irland der 25. März, der 24. Juni – Johannistag –, der 29. September – Michaelstag – und der 25. Dezember. An diesen Tagen sind die Elben besonders gern unterwegs. – Die besten Tageszeiten sind für sie die Dämmerung und die Mitternacht; der Sonnenaufgang macht ihrem Treiben immer ein Ende. Man kann sich mit verschiedenen Mitteln gegen die elbischen Wesen schützen. Vor allem vertragen sie in keiner Form irgend etwas aus Eisen; auch viele Pflanzen bewahren einen gegen den Zauber der Elben, so in erster Linie Johanniskraut, Schafgarbe, Augentrost, Ehrenpreis, Malven, Verbenen, Pimpernell. Vierblättriger Klee hilft und gibt auch die Macht, Schätze oder Unsichtbares zu sehen. Unter den Gehölzen sind besonders wichtig die Eberesche und die Hasel. Viele andere Bäume haben ihre eigenen Baumgeister, etwa die Eiche, der Weißdorn und der Holunder.

Überblickt man die zahlreichen Elbentypen und -individuen, so kann man im großen und ganzen vier Hauptgruppen unterscheiden:

1. Elfen. Das sind menschengestaltige, oft sehr schöne, kleine und zierliche Wesen, die in Scharen auftreten *(trooping fairies)* und festen Ordnungen gehorchen. Ihre Handlungen, selbst ihre Streiche, erscheinen motiviert – im Gegensatz zu den *fairies* der zweiten Gruppe. – Zu ihnen gehören z. B. die *pixies* in Somerset, Devon und Cornwall. Die kleingestaltigen Elfen stehen skandinavischen Elfen offensichtlich nahe, wie sie haben sie ein besonderes Verhältnis zu Blumen. Gelbe Blüten werden meist überhaupt als Elfenblumen angesehen (nach manchen Überlieferungen stehen sie allerdings mit dem Teufel in Verbindung). Fingerhut und Glockenblumen gehören den Elfen ganz, sie zu pflücken und ins Haus zu nehmen kann Unglück bringen. Die Elfen, die wir aus Shakespeares »Sommernachtstraum« kennen, gehören im wesentlichen dieser Gruppe an. Die Elfen werden aber auch oft in Verbindung zu den Toten ge-

bracht. In unserem Band werden diese Elfen-Vorstellungen vor allem repräsentiert durch »Die Elfen auf der Selena Moorheide« (Nr. 63) sowie »Das Elfenfest auf dem Gump-Hügel« (Nr. 61) und »Die Abenteuer der Cherry von Zennor« (Nr. 60). Die Elfen scheinen die Nachbarschaft der Menschen oft zu suchen, sie manchmal geradezu zu brauchen. Sie nehmen für ihre Hilfe in Haus, Stall, Feld und beim Weiden gern menschliche Nahrung, vor allem Milch, und sie gehen gern auf Menschenmärkten einkaufen, wobei sie dann frei von menschlichen Moralbegriffen stehlen, was sie brauchen. Es gibt aber auch Geschichten von Märkten, die die Elfen selbst abhalten. – Besonders eng sind die Beziehungen der Elfen zu menschlichen Kindern. Davon zeugen die vielen Wechselbalg-Geschichten oder Geschichten von Elfenkindern, die zusammen mit Menschenkindern aufwachsen. Sehr oft wird erzählt, daß Menschenfrauen bei den Elfen Hebammendienste tun und Kinderpflege übernehmen müssen. Da die Elfen besonders geschickt im Spinnen, Weben und Nähen sind, helfen sie dabei oft ihren menschlichen Schützlingen.

2. Koboldartige Wesen *(hobgoblins)*. Sie unterscheiden sich besonders stark in ihrer Gestalt und treten in einer großen Zahl verschiedener Erscheinungen auf, sind oft grob und mehr oder weniger bösartig. Die den Poltergeistern ähnlichen *boggarts* (vgl. Nr. 54) haben lange, spitze Nasen und besitzen wie die meisten ihrer Artgenossen die Fähigkeit, ihre Gestalt zu wechseln. Wenn sie den Menschen helfen, kann diese Hilfe leicht auch zur Plage werden. Harmloser sind die *brownies*, kleine, wichtelähnliche, oft in den Menschenhäusern lebende und häufig hilfreiche Wesen mit runzligen Gesichtern. Die *goblins*, unter ihnen vor allem die *bogles*, sind bösartige, gespensterähnliche Wesen, die groteske Gestalten annehmen können. Von fast dämonischer Art sind auch die *yarthkins*, eine Art Erdgeister, von denen die Geschichte von »Yallery Brown« (Nr. 53) eine Vorstellung gibt. Yallery Brown und Hedley Kow sind weniger Elbentypen als vielmehr elbische Individuen, obwohl sich die Grenze nicht immer scharf ziehen läßt. Auch Tom Tit Tot (Nr. 4) kann als solches Einzelwesen aufgefaßt werden; es gehört ebenfalls zu diesen koboldartigen Gestalten, erscheint aber im Märchen eher als ein *imp*, eine Art kleiner Teufel. Diese Geschichte wie das Märchen vom Rumpelstilzchen und die zahl-

losen verwandten Versionen zeigen anschaulich die Magie des Namens: nennt ein Mensch ein anderes Wesen bei seinem Namen, so erhält er Macht darüber. Freilich kann er sich auch in Gefahr begeben, wenn er es herbeiruft; »Tritty Trot« (Nr. 56) bringt dazu hübsche Beispiele. Gewöhnlich scheut man sich, die Elben beim Namen zu nennen, man verwendet für sie häufig nur das Personalpronomen – es sind eben *Sie*, die man nicht näher zu bezeichnen wagt. (Die Elfen werden dagegen oft mit euphemistischen Namen belegt, es sind die »guten Nachbarn«, die »kleinen Leute«, die »guten Leute« oder die »Friedensleute«). – Als aber in der Geschichte von Tritty Trot die Frau aus Dunster die Hilfe der außermenschlichen Wesen braucht, ruft sie sie mit dem ihnen eigenen Namen und beschwört sie so. Das Geisterpony in dieser Geschichte ist übrigens eines der vielen elbischen Tierwesen. Die Unheimlichen Schweine und Schwarzen Hunde bilden allerdings oft schon den Übergang zu Geister- oder Gespensterwesen, und besonders der Schwarze Hund ist eng mit dem Teufel verbunden.

3. Wasserelben und Naturgeister. Auch unter den elbischen Wasserwesen, den Nixen, Meerleuten, Teichelfen und dergleichen, gibt es tiergestaltige Geschöpfe, so etwa die *kelpies*, Wasserpferde, die allerdings nicht in England, sondern in Schottland zu Hause sind. Ebenfalls außerhalb des eigentlich englischen Gebietes, auf den Shetlands, den Orkneys und in anderen Küstengegenden, finden sich die Seehundsleute – Wasserelben, die meist in Seehundsgestalt erscheinen.

4. Riesen. Sie haben in der englischen Überlieferung manchmal sehr eigenwillige Züge. Sie bewachen die Goldschätze, die auf dem Kontinent häufig in der Obhut der Drachen sind. Im allgemeinen sind sie weniger grausig als andere Ungeheuer in den Sagen. Meist sind sie dumm und töricht und oft auch feige. Allerdings gibt es auch ausgesprochen freundliche Riesen, die ihre menschlichen Nachbarn gegen andere gewalttätige Riesen schützen, so etwa »Der Riese von Carn Galva« (Nr. 21). Besonders reich an Riesen ist Cornwall, das mit seinen *cairns (carns)*, den großen Steinanhäufungen über Megalithgräbern und den Steinsetzungen eine ideale Kulisse für Riesengeschichten bildet; eben diese Steingebilde galten dann als Wohnungen, Tische oder andere Geräte von Riesen.

Im allgemeinen sind die elbischen Wesen der beiden letzten

Gruppen in der englischen Überlieferung sehr viel seltener vertreten als die beiden ersten. In welchem Umfang alle diese Elbentraditionen ältere mythische Vorstellungen widerspiegeln, ist eine im einzelnen noch nicht vollständig geklärte Frage, auf die wir hier nicht näher eingehen können.

Die Elbenwelt ist viel mannigfaltiger und reicher an verschiedenartigen Gestalten, als es in dieser knappen Übersicht angedeutet werden konnte. Beachtenswert neben diesen typologischen Unterschieden ist auch die geographische Verteilung; in der englischen Volkskunde kann man geradezu von einer »Fairy-Geographie« sprechen. Daß Cornwall besonders reich an Riesen ist, wurde schon erwähnt; hier sind aber auch die kleinen, schönen, musikliebenden Elfen zu Hause. Als charakteristisch für Cornwall können vielleicht auch die *spriggans* gelten, überaus häßliche, trollartige Wesen, die ihre Größe nach Belieben ändern können und von einigen für Geister von Riesen gehalten werden. Aus Wales kennt man besonders viele Geschichten von Elfenfrauen, auch Wasserelben scheinen hier eine besondere Rolle zu spielen, und auch die elbischen Ungeheuer sind reich vertreten. Aus den schottischen Lowlands stammt die klassische, auch in Balladenform bekannte Elfengeschichte von Thomas und der Elfenkönigin. Hier – wie überhaupt vorzugsweise in den nördlichen Teilen von England – sind die freundlichen *brownies* zu finden. Man kennt aber in den Lowlands auch den Lindwurm und den Drachen, die sonst nicht sehr häufig sind; zumindest der Drache dürfte auch nicht typisch englisch sein. – Nordengland, vor allem das Fen-Land, die Marschen in Lincolnshire und die Isle of Ely nördlich von Cambridge, haben einige der sehr individuellen Elben aufzuweisen, Hedley Kow (Nr. 55) und Yallery Brown (Nr. 53) etwa. Vor allem die Sumpfgeister aus den Marschengebieten sind oft recht gefährliche Dämonengestalten, die immer von neuem beschwichtigt werden müssen. Dagegen sind die Elfen und Koboldswesen in Mittelengland freundlicher, auch wirken sie sanfter in ihren Streichen und Neckereien. Es wurde schon erwähnt, daß Shakespeares Elfengestalten vor allem von den Vorstellungen dieser Landschaft beeinflußt worden sind; auch sein Zeitgenosse Michael Drayton (1563–1631) hat hier die Vorbilder für seine Elfendarstellungen (vor allem in »Nimphidia«) gefunden. Milton dagegen, der aus Oxfordshire stammte, kannte auch die typischen Geister seiner Heimat: Irrlichterkobolde, kleine Gnome, die zwicken und necken, sowie allerlei Geister und Schwarze Hunde.

Nach diesem Überblick über charakteristische Züge der englischen Volkserzählungen wenden wir uns nun der schon eingangs gestreiften Frage zu, in welcher Weise die Sammelarbeit in England vor sich ging. Eine Anzahl von Erzählungen ist aus einer Zeit bekannt, als es noch keine getreuen Aufzeichnungen aus mündlicher Tradition gab. Sie sind trotzdem wertvoll, weil sie oft eine Datierung von Motiven und Typen ermöglichen, denn wegen der Beliebtheit der Märchen von Perrault und Grimm muß man bei Aufzeichnungen aus dem 19. und 20. Jahrhundert häufig an der Originalität der englischen Versionen zweifeln, wenn sie in der Handlung eng mit den entsprechenden französischen oder deutschen Märchen übereinstimmen. In solchen Fällen können ältere Quellen, so unvollkommen sie sein mögen, oder auch nur Hinweise und knappe Zitate einen Stoff nicht nur datieren, sondern ihn überhaupt als englisches Volkserzählgut sichern.

Nach den frühen Chronisten und schwachen Spuren von Geschichten, die sich in den mittelalterlichen Epen und in unserer frühen Literatur nachweisen lassen – einige davon auch in polemischen oder didaktischen Werken, wie etwa die Geschichten, die gelegentlich in Reginald Scots »The Discoverie of Witchcraft« (London 1584) wiedergegeben werden – sind vor allem die schon oben erwähnten *chapbooks* zu nennen, in denen beliebte Geschichten für unverbildete Leser dargeboten wurden. Sie sind manchmal verderbt und manchmal ins Neckische abgebogen, aber oft sind die Ergänzungen und Veränderungen leicht zu erkennen. Auf *chapbooks* gehen in unserem Band außer dem schon oben erwähnten »Jack der Riesentöter« (Nr. 15) noch zurück »Die Geschichte von Tom Däumling« (Nr. 12), »Die Geschichte von Robin Hood« (Nr. 26) und »Die Prinzessin von Canterbury« (Nr. 44).

In der Frühzeit der Sammlung von Volkserzählungen finden wir kein Bemühen um wörtliche Genauigkeit, ja die Sammler machten es sich gerade zur Aufgabe, das anscheinend rohe Material, das sie in den Händen hatten, zu glätten und zu verfeinern. Der erste Sammler, der auf wörtlicher Genauigkeit bestand, war Joseph Ritson (1752–1803). Leider enthält seine Märchensammlung, die erst 1831 nach seinem Tod veröffentlicht wurde, nur bereits früher gedrucktes Material. Aber sie setzte einen Maßstab für die Genauigkeit der Wiedergabe und besitzt ihren Wert als eine Zusammenstellung seltener Texte aus älteren Büchern. – Durch das Interesse, das der schon oben genannte Romantiker Robert Southey an der Volksüberlieferung nahm, wurde Mrs. A. E. Bray angeregt, ihre »Traditions, Legends, Superstitions and Sketches of Devonshire« (London 1838) zu schreiben. Das Werk – formal als eine Reihe von Briefen an Southey angelegt – gibt zwar viele wertvolle Überlieferungen aus Devon wieder, die Frau Bray selbst gesammelt hatte, ist aber in einem viel zu blumigen Stil geschrieben. – Auch Robert Hunt erhielt seine Geschichten als Sammler aus erster Hand, aber er gab sie beinahe so wortreich wieder wie A. E. Bray; immerhin hat er vieles bewahrt, was sonst ganz verlorengegangen wäre. Das gleiche trifft zu für W. Bottrell mit seinen Sammlungen aus Cornwall, der allerdings etwas weniger überladen schreibt. In Nordengland waren zu seiner Zeit die 1829 erschienenen »Traditions of Lancashire« von John Roby geradezu in Mode, sie wurden von Walter Scott begeistert gepriesen. Aber das Werk bedient sich eines so überschwenglichen Stils, daß es manchmal schwerfällt herauszufinden, was in den Geschichten überhaupt vor sich gegangen sein soll.

Im weiteren Verlauf des Jahrhunderts bekam man aber allmählich einen Sinn für die Notwendigkeit der genauen Aufzeichnung. Sidney O. Addy hält sich in seinen »Household Tales with Other Traditional Remains« (1895) fast wörtlich an die Texte, die ihm von Korrespondenten zugeschickt wurden, aber er sammelte seine Geschichten offensichtlich nicht selbst aus mündlicher Überlieferung.

Mit der Gründung der Folk-Lore Society 1878 wurde in zunehmendem Maße die Notwendigkeit der getreuen Übermittlung von Volkserzählungen spürbar, und in der Zeitschrift »Folk-Lore Journal« (jetzt »Folk-Lore«) erschienen viele bedeutende Volkserzählungen im Dialekt. Zu den interessantesten darunter gehören die Geschichten, die Marie C. Balfour in ihren »Legends of the Lincolnshire Cars« 1891 veröffentlichte. Sie hatte ihre Geschichten niedergeschrieben, noch während sie

sie erzählen hörte oder wenigstens kurz danach, und sie fügte jeweils die Bemerkungen hinzu, die sie sich gleichzeitig notiert hatte. Diese Erzählungen haben eine seltsame, wilde Färbung, die für das Fen-Land charakteristisch zu sein scheint. In unserem Band gehen z. B. »Der begrabene Mond« (Nr. 51) und »Yallery Brown« (Nr. 53) auf Aufzeichnungen von Marie Balfour zurück. Sie sind so verschieden von den meisten anderen englischen Volkserzählungen, daß man ihre Authentizität bezweifelt hat, aber einige Geschichten aus dem Fen-Land, die vor kurzem erschienen sind, weisen die gleiche Atmosphäre und die gleichen Eigenheiten auf, auch wenn ihr Inhalt ganz anders ist. – Noch vor dem Erscheinen der Zeitschrift Folk-Lore enthielten die von Thoms ins Leben gerufenen »Notes and Queries« viele wertvolle Beiträge von Einzelpersonen, und diese Geschichten wurden nicht selten durch Varianten bekräftigt, die in anderen Teilen des Landes zutage kamen.

Man begann nun, auch Sammelausgaben zu publizieren, in denen solche verschiedenartigen, aus mehreren Landschaften stammenden oder an verstreuten Stellen zuerst veröffentlichten Geschichten vereinigt wurden. Eine der besten Sammlungen dieser Art sind die »English Fairy and Folk Tales« von Sidney Hartland (London 1890 und 1893). Am bekanntesten wurde jedoch die Sammlung von Joseph Jacobs, deren erster Band 1890 als »English Fairy Tales« erschien; 1894 folgte ein zweiter Band unter dem Titel »More English Fairy Tales«. Jacobs stellte zwar eine bedeutende Anzahl der besten Geschichten zusammen, aber er veränderte zuweilen nicht nur den Stil, sondern auch den Inhalt des ihm vorliegenden Textes. Im Vorwort seiner Sammlung bezeichnete er die Art seiner Eingriffe näher: er übertrug aus dem Dialekt in ein moderneres Englisch, vereinfachte die Phraseologie der *chapbooks* aus dem 18. Jahrhundert und auch die literarische Sprache einiger älterer, schon früher gedruckter Geschichten, und zuweilen stellte er auch Einzelheiten um oder ließ etwas weg. Sein Ehrgeiz war, »so zu schreiben, wie eine gute alte Kinderfrau sprechen würde, wenn sie Märchen erzählt«. Er hielt es also für notwendig, die Volkserzählungen dem kindlichen Auditorium anzupassen. Immerhin ist seine Sammlung mit reichhaltigen Anmerkungen versehen, in denen er bei jeder einzelnen Geschichte sehr genau angibt, was er gegenüber seiner Vorlage verändert hat.

In der Zwischenzeit war die Gypsy-Lore Society gegründet worden, und Sammler wie Dora Yates, T. W. Thompson und F. Hindes-Groome zeichneten bei Zigeunern und Fahrendem Volk Erzählungen genau und sorgfältig auf und entdeckten vieles, was zu den internationalen Erzähltypen gehört, dessen Existenz in England man aber bis dahin nicht einmal vermutet hatte. – Die »Shropshire Folklore« von H. E. Leather war eine wichtige Veröffentlichung kurz vor dem Ersten Weltkrieg; sie enthielt eine Reihe von Geschichten, die der Autor zusammen mit anderem Material selbst gesammelt hatte. In den Jahren zwischen den beiden Kriegen kamen nur ab und zu ein paar Geschichten zum Vorschein, aber der Strom wurde immer schwächer, und erst ein frisch erwachtes Interesse an volkskundlichen Themen brachte die Sammler von Volkserzählungen dazu, sich mit Hilfe neuer Techniken und mit neuen Möglichkeiten exakter Aufzeichnung ans Werk zu machen. Hier und da tauchte auch ein Sammler auf, der Volkserzählungen in seiner Jugend gehört hatte und sie nun wiedergab. Unter ihnen ist besonders zu nennen Ruth Tongue, die vor allem in Somerset noch immer neues Material sammelt, und Walter H. Barrett aus dem Fen-Land. Ruth Tongue hat für den vorliegenden Band aus ihren Aufzeichnungen einige Geschichten zur Verfügung gestellt, es sind dies »Tritty Trot« (Nr. 56), »Die Waldfrauen von Loxley« (Nr. 64), »Die Asrai« (Nr. 65), »Jubilee Jonah« (Nr. 66), »Madame Widecombes Kutsche« (Nr. 71), »Das Begräbnis im Galopp« (Nr. 79) und »Der Zauntritt« (Nr. 80).

Aber auch wenn heute Gruppen jüngerer Forscher und Sammler moderne technische Hilfsmittel, in erster Linie natürlich das Tonbandgerät, für die Aufzeichnung von Volkserzählungen ebenso wie für Dialektstudien benutzen, besteht ein ernsthaftes Hindernis für derartige Arbeiten noch immer darin, daß es in England keine staatlich dotierte Zentralstelle für volkskundliche Forschungsarbeit gibt. Am nächsten kommt einer solchen zentralen Forschungsstelle das *Institute of Dialect and Folk Life Studies*, das dem Englischen Department der Universität in Leeds angegliedert ist und unter der Leitung von Stewart F. Sanderson steht. Gerade hier bemüht man sich sehr um moderne und systematische Untersuchungen von Volkserzählungen, wobei nicht nur die Erzählungen selbst berücksichtigt werden, sondern vor allem auch die Art des Erzählens, die Erzählerpersönlichkeiten und das Verhältnis zwischen Erzähler und Zuhörerschaft. Wir verdanken der Freundlichkeit von Stewart Sanderson einige Proben aus der jetzt noch lebendigen mündlichen Überlieferung: »Peg Fyffe« (Nr. 72), »Das Schwein ohne Kopf vom Blubberd Hügel« (Nr. 81), »Onkels Grubengeschichte« (Nr. 86), »Des Soldaten Gebetbuch« (Nr. 87) und »Mit der Laterne auf Freite« (Nr. 88). Bei »Peg Fyffe« blieben in unserer Übersetzung auch die Einwürfe und Bemerkungen der bei der Aufnahme anwesenden 89jährigen Tante der Erzählerin bewahrt, um die Unmittelbarkeit der Aufzeichnung so getreu wie möglich zu erhalten.

Es wurde oben schon ausführlich die schwierige Situation der Sammlung und Aufzeichnung von Volkserzählungen in England während des 19. Jahrhunderts hervorgehoben: Zu der Zeit, als man darangehen konnte, Volkserzählungen wortgetreu aufzuzeichnen, war ein erheblicher Teil der Volksmärchen aus der mündlichen Tradition bereits verschwunden, und was heute noch wirklich mündlich erzählt wird, sind vorzugsweise Schwänke, Anekdoten, sagenhafte Überlieferungen verschiedener Art. Diese Kalamität beeinflußte auch die Auswahl der Texte dieses Bandes. Eine für das englische Märchen repräsentative Auswahl müßte sehr lückenhaft bleiben, wollte man sich nur auf wirklich gesicherte, nach Stil und Erzählweise unveränderte authentische Aufzeichnungen stützen, denn ein guter Teil des englischen Fundus an Märchenstoffen müßte dann ausgeschlossen bleiben. Trotz der oben geäußerten Bedenken gegen einige der Sammlungen des späten 19. Jahrhunderts blieb keine andere Möglichkeit, als auch ihnen Texte für unsere Auswahl zu entnehmen, soweit dies nötig war. Das bezieht sich insbesondere auch auf Texte aus der zweibändigen Sammlung von Joseph Jacobs. Es war deshalb in diesem Band nicht möglich, hervorragende Erzähler in ihrer individuellen Erzählweise genauer vorzustellen; um dies wenigstens einigermaßen auszugleichen, wurden jedoch auch Texte aufgenommen, die anderen Erzählkategorien angehören und dem Märchen fernstehen, aber die unmittelbare, lebendige mündliche Erzählung veranschaulichen können.

Katharine M. Briggs

ANHANG

Literaturhinweise und Abkürzungen

1. Quellen

Addy	S. O. Addy: Household tales with other traditional remains collected in the counties of York, Lincoln, Derby and Nottingham. London 1895.
Addy FL VIII	S. O. Addy: Four Yorkshire folk-tales. In: Folk-Lore VIII, 1897.
Baring-Gould	S. Baring-Gould: A book of folk-lore. London and Glasgow, o. J.
Blakeborough	R. Blakeborough: Wit, character, folklore and customs of the North Riding of Yorkshire. London 1898.
Bottrell	W. Bottrell: Traditions and hearthside stories of West Cornwall. 3 Bde. Penzance 1870–80.
Bowker	J. Bowker: Goblin tales of Lancashire. London 1883.
County folklore	County folklore. Published by the Folk-Lore Society. London 1892 ff.
County folklore (Suffolk)	County folklore. Printed extracts no. 2. Suffolk. Collected and edited by Eveline Camilla Gurdon. 1893. (County folklore. Vol. I).
County folklore (Somerset)	Somerset folklore. By R. L. Tongue. Edited by K. M. Briggs. 1965. (County folklore. Vol. VIII).
Erdélyi	The folk-tales of the Magyars collected by Kriza Erdélyi, Pap and others. Transl. and ed. by W. H. Jones and L. L. Kropf. London 1889.
Halliwell	J. O. Halliwell: Nursery rhymes and nursery tales of England. London 1875.

Halliwell-Phillipps	J. O. Halliwell-Phillipps: Nursery rhymes and nursery tales of England. (Ohne Jahr).
Hartland	E. S. Hartland: English fairy and other folk tales. London 1890.
Hawker	R. S. Hawker: Footprints of former men in far Cornwall. London 1903.
Hazlitt, Mythology	W. C. Hazlitt: Fairy mythology of Shakespeare. London 1875.
Hazlitt	W. C. Hazlitt: Tales and legends of national origin or widely current in England from early times. London 1892.
Henderson	W. Henderson: Notes on the folk lore of the northern counties of England and the borders; with an appendix of household stories by S. Baring-Gould. London 1866. (Auch Ausgabe von 1879).
Hunt	R. Hunt: Popular romances of the west of England. The drolls, traditions and superstitions of old Cornwall. 2 Bde. London 1865.
Jacobs (I oder II in Klammer bezieht sich auf 1. bzw. 2. Teil des Bandes)	J. Jacobs: English fairy tales being the two collections ›English fairy tales‹ and ›More English fairy tales‹, compiled and annotated by Joseph Jacobs. The Bodley Head, London Sydney Toronto, 1968. – [Nach der 3., von J. Jacobs revidierten Edition von ›English fairy tales‹, London 1890, und ›More English fairy tales‹, London 1894.]
Keightley	T. Keightley: The fairy mythology. London 1850.
Leather	E. M. Leather: Folklore of Herefordshire. 1913.
L.I.D.F.L.S.	Aufzeichnung im Besitz von: University of Leeds, Institute of Dialect and Folk Life Studies.
Lowsley	B. Lowsley: A glossary of Berkshire words and phrases. London 1888.

2. *Weitere Literatur*

AT	Antti Aarne: The types of the folktale. Transl. and enl. by Stith Thompson. Second revision. Helsinki 1961 (FFC 184).

Baughman	E. W.Baughman: A type and motif-index of the folktales of England and North America. The Hague 1965.
BP	Johannes Bolte und Georg Polívka: Anmerkungen zu den Kinder- und Hausmärchen der Brüder Grimm. 5 Bde. Leipzig 1913 bis 1931. [Nachdruck Hildesheim 1963.]
Briggs, Anatomy	K. M. Briggs: The anatomy of Puck. London 1959.
Briggs, Dict.	K. M. Briggs: A dictionary of British folktales in the English language. 4 Bde. London 1970.
Briggs, Fairies	K. M. Briggs: The fairies in tradition and literature. London 1967.
Briggs, Hecate	K. M. Briggs: Pale Hecate's team. London 1962.
Briggs, Personnel	K. M. Briggs: The personnel of fairyland. Oxford 1953.
Briggs/Tongue	Folktales of England. Ed. by K. M. Briggs and R. L. Tongue. London 1965. (Folktales of the world.)
Child	F. J. Child: The English and Scottish ballads. 3 Bde. New York 1857–59.
Ehrentreich	Englische Volksmärchen. Ausgew. u. übertr. v. Alfred Ehrentreich. Jena 1938. (MdW).
FFC	Folklore Fellows Communications. Helsinki 1910 ff.
KHM	Kinder- und Hausmärchen der Brüder Grimm. [Mit Nummer des Märchens.]
ML	Reidar Th. Christiansen: The migratory legends. Helsinki 1958 (FFC 175).
MdW	Die Märchen der Weltliteratur. Jena 1912 ff., Düsseldorf/Köln 1952 ff.
Mot.	Motif-index of folk-literature. Revised and enlarged edition by Stith Thompson. 6 Bde. Copenhagen [auch: Bloomington, Ind.] 1955–1958.
Sinninghe	J. R. W. Sinninghe: Katalog der niederländischen Märchen-, Ursprungssagen-, Sagen- und Legendenvarianten. Helsinki 1943. (FFC 132).
Súilleabháin	Seán Ó Súilleabháin and Reidar Th. Christiansen: The types of the Irish folktale. Helsinki 1963. (FFC 188).

Anmerkungen

Für die Typenbestimmungen danken Herausgeber und Verlag Herrn Dr. Fritz Harkort, Göttingen.

1 Katrin Knack-die-Nuß. Jacobs (I) Nr. 37, S. 124. – AT 711 + AT 306 I, II. – Das Märchen stammt eigentlich von den Orkneys. Jacobs schrieb es neu und änderte den Namen des einen Mädchens in Anne, da ursprünglich beide Kate hießen. Der Schlußreim erscheint oft in schottischen Märchen, und auch die Gestalt der Hühnerfrau *(henwife)* weist auf schottische Herkunft. Die Hühnerfrau galt gewöhnlich als zauberkundig.

2 Binsenkappe. County folklore (Suffolk), S. 40. (Aus *Ipswich Journal*, 1877, dem Schreiber A. W. T. in der Kindheit von einem alten Dienstboten erzählt). – AT 510, AT 923. – Das Märchen gehört in den großen Umkreis des *Cinderella*-Typus, vgl. dazu A. B. Rooth: The Cinderella cycle. Lund 1951. – Unsere Version wird *The Suffolk King Lear* genannt. Das Motiv »Liebe wie Salz«, das auch in Shakespeares König Lear erscheint, ist sehr weit verbreitet, so auch in KHM 179 (»Die Gänsehirtin am Brunnen«); dazu BP III, S. 305 ff. und IV, S. 141. Unter den vielen englischen Varianten zu »Binsenkappe« ist auch *Catskin* (»Katzenfell«; wie in KHM 65 »Allerleirauh« ist es hier also eine Tierhaut, mit der sich die Heldin verhüllt). Dieses Märchen wird in Oliver Goldsmiths *Vicar of Wakefield* (1766) den Kindern des Predigers Primrose erzählt.

3 Der Hund mit den kleinen Zähnen. Addy, Nr. 1. Aus Derbyshire. – AT 425. – Unter den englischen Varianten stehen einige *(The black bull of Norroway, The red bull of Norroway, The three feathers, The glass mountain)* dem Typ AT 425 A näher; siehe auch KHM 88 »Das singende springende Löweneckerchen«. Der Typus ist in ganz Europa verbreitet; Baughman führt Beispiele aus fünf nordamerikanischen Staaten auf.

4 Tom Tit Tot. County folklore (Suffolk), S. 43. (Aus *Ipswich Journal*, 1878, dem Schreiber A. W. T. in der Kindheit von einem alten Dienstboten erzählt). – AT 500. – Edward Clodd arbeitete einen Artikel (in: The Folk-Lore Journal, 1889) zu einem Buch aus: Tom Tit Tot, an essay on savage philosophy in folk-tale, 1898, und untersuchte darin besonders das Namen-Tabu. KHM 55 »Rumpelstilzchen« ist die bekannteste Version dieses weitverbreiteten Märchens. Besonders häufig ist es in Irland, Deutschland, Dänemark und Finnland. – In anderen englischen Varianten dieses in Suffolk-Dialekt erzählten Märchens finden sich ähnliche Namen für den Kobold:

Titty Tod, Terrytop, walisisch *Tryten a Tratyn. Tom-tit* ist ein englischer Vogelname, und *Tut* oder *Tut-Gut* sind in Lincolnshire Koboldsnamen. – *Nimmy not* im Vers heißt eigentlich *name me not,* »nenn mich nicht«.

5 Die alte Hexe. Jacobs (II), Nr. 64, S. 206. Von Mrs. Gomme in Hertfordshire gesammelt. – AT 480. – Die Standardversion dieses Typus ist KHM 24, »Frau Holle«. In einer irischen Variante, die in Mac Manus' »Donegal fairy stories« wiedergegeben ist, wurde der lange schwarze Sack voll Geld der Mutter des Mädchens von der Hexe gestohlen. Das Märchen ist weit verbreitet in Europa, es finden sich indische und nordamerikanische Versionen.

6 Der goldene Ball. Jacobs (II), Nr. 46, S. 153. (Nach Henderson, dort beigetragen von Rev. Baring-Gould). Aus Nordengland. – Vgl. AT 312. – Die Geschichte wirkt wie eine Mischung von Anklängen an verschiedene Typen mit der Ballade vom Mädchen, das vom Galgen errettet wird. Über die Einheit dieses Stoffes vergl. T. E. Coffin: The golden ball and the hangman's tale. In: Folklore International, 1967, S. 23–28.

7 Herr Fox. Jacobs (I), Nr. 26, S. 92. – AT 955. – Nach Jacobs wurde das Märchen 1790 von Blakeway zu Malone's »Variorum Shakespeare« (1821) beigetragen, um damit eine Bemerkung Benedicks in *Much ado about nothing* (I, 1) von Shakespeare zu erläutern. Benedick sagt hier: »Wie die alte Geschichte, Herr: ›es ist nicht so, noch war es so; aber wahrhaftig, Gott verhüte, es wäre so‹«. Außer bei Shakespeare findet sich eine Anspielung auf diese Formel auch bei Spenser in seiner *Faerie Queen* im Motto von Britomart *»Be bold«* in der Sir-Guyon-Episode. Der Typus ist in Europa weit verbreitet, siehe auch KHM 40, »Der Räuberbräutigam«.

8 Der zerbrochene Krug. Addy. Möglicherweise ist dieses Märchen literarischen Ursprungs. Eine sehr ähnliche Geschichte, *Patty and her pitcher,* wurde von Kegan Paul um 1880 in »Mother Goose's nursery rhymes and fairy tales« veröffentlicht. Sie ist aber länger als die Geschichte bei Addy, und es hat den Anschein, als habe sich jemand daran erinnert und den Anfang nacherzählt.

9 Der goldene Becher. Addy. Aus Derbyshire. Vgl. AT 366.

10 Orange und Zitrone. Erdélyi, S. 418 (in den Anmerkungen der Sammlung). – AT 720. – Der weit verbreitete und in England vielfach belegte Typus (KHM 47, »Van den Machandelboom«) zeigt in unserer Version starken Anklang an die Balladenform. In der englischen Volkstradition erscheint häufig das Namenspaar »Orange und Zitrone«, in anderen Geschichten auch mit einem dritten Namen »Apfel«, oder es findet sich »Orange« als Name der Heldin allein. In der Anmerkung von Jacobs zu der Version seiner Sammlung (Jacobs (I), Nr. 3, *The Rosetree*) gibt er an, von Mr. I. Gollancz

den Hinweis erhalten zu haben, daß dieser sich einer Version erinnere, die *Pepper, salt and mustard* genannt wurde und auch den typischen Refrain aufwies.

11 Der Fisch und der Ring. Jacobs (I), Nr. 35, S. 119. (Nach Henderson, dort beigetragen von Rev. Baring-Gould). – AT 930 A + AT 736 A. – Vgl. dazu Archer Taylor: The predestined wife. In: Fabula 2 (1959). S. 45–82.

12 Die Geschichte von Tom Däumling. Hartland, S. 272. (Nach einem *chapbook:* The comical and merry tricks of Tom Thumb. Paisley, um 1820). – AT 700. – Schon im 16. Jh. gab es in England eine Verserzählung in achtzeiligen Strophen über Tom Thumb, das Geschöpf Merlins und Patenkind der Elfenkönigin, das an König Artus' Hof ein höfisches Leben führt. Damit weicht die englische Tradition von dem allgemeinen Typus ab, wie er sich auch in KHM 45 »Daumerlings Wanderschaft« findet. Dazu auch BP I, S. 389 ff. – König Artus wurde in der englischen Überlieferung zu einer Art Standard-Märchenkönig, vor dem auch die Parodie nicht haltmachte, wie etwa in dem Kinderreim:

When good King Arthur ruled this land,
He was a goodly king;
He stole three pecks of barley-meal
To make a bag-pudding.

(»Als König Artus dies Land regierte, war er ein ansehnlicher König, er stahl drei Scheffel Gerstenmehl, um eine Mehlspeise zu machen.«)

13 Jack Buttermilch. Addy. Aus Nordengland.

14 Jack und die Bohnenranke. Jacobs (I), Nr. 13, S. 40. (Jacobs hörte das Märchen um 1860 in Australien). – AT 328 I, II. – Diese Version hat wohl die ältere, ursprünglichere Form als die moralisierende *chapbook*-Fassung bei Hartland, S. 35 ff. »Jack« heißt in der englischen Volkserzählung meist der etwas bäurische Held, er kommt im allgemeinen immer gut davon, wenn er auch manchmal etwas töricht erscheint (Briggs, Dict., Bd. II). Die vielfältigen *Jack tales* in der nordamerikanischen Überlieferung kommen aus dieser Tradition. (Siehe auch Nr. 15.)

15 Jack der Riesentöter. Hartland, S. 3. (Nach einem *chapbook*). Aus Cornwall. – U. a. vgl. AT 314 A + AT 1115 +AT 1088 + AT 506 Ia + vgl. AT 515. – Die Erzählung ist eine Reihung von sieben Einzelgeschichten, in denen auch eine unvollständige Version des Typus »Der dankbare Tote« enthalten ist. Daß aber auch dieses Märchen früher in England bekannt gewesen ist, geht aus dem Spiel von George Peele *The old wives' tale* hervor (vgl. Nachwort, S. 270). In Briggs, Dict. gibt die Variante *Jack and the Giants* die vollständige Form des Typus »Der dankbare Tote« wieder. Es fehlt dabei nur die Identifizierung Jacks mit dem Toten. – Der Menschen-

fresser-Vers *Fee-fi-fo-fum* ist typisch für die englischen Riesengeschichten; er wird mit einer Zitierung aus dem Märchen von Junker Roland bei Shakespeare in König Lear genannt (*King Lear*, III, 4).

16 Der Esel, der Tisch und der Stock. Jacobs (I), Nr. 39, S. 129. – AT 563. – Aus Nordengland. Weit verbreitet in Europa, der Türkei, bekannt in Indien und in Nord- und Südamerika.

17 Der Mönch und der Junge. Hazlitt. – AT 592. – Nach BP II, S. 490 ff. (zu KHM 110, »Der Jude im Dorn«) läßt sich das Märchen bis ins 15. Jh. zurückverfolgen. Aus dieser Zeit haben sich in England mehrere Fassungen einer in sechszeiligen Strophen abgefaßten Verserzählung erhalten (*Jak and his step dame*, oder unter dem Titel *The frere and the boye*), die die gleiche Geschichte von Jack, seiner bösen Stiefmutter und einem Mönch Tobias erzählt, wie unsere Version.

18 Das kleine rote haarige Männchen. Addy, Nr. 52. Aus Nordengland. – AT 550 II + AT 301 IV. – Weit verbreitet in Europa, auch bekannt in Indien und den beiden Amerikas.

19 Tom Hickathrift. Jacobs (II), Nr. 52, S. 173. (Nach einem *chapbook* um 1660, aus der Bibliothek von Pepys. Von Mr. G. L. Gomme für die Villon Society herausgegeben. Für Jacobs von Mr. Nutt gekürzt, z. T. neu geschrieben und teilweise in den Episoden umgestellt.) – Tom Hickathrift hat ein sympathischeres Wesen als die meisten der anderen starken Helden, und der Vertrag mit dem jungen Riesen ist ein ungewöhnlicher Zug dieser Geschichte. In seinen Anmerkungen zu dem Märchen gibt Jacobs unter Hinweis auf den Kommentar Gommes in seiner Ausgabe der Villon Society einige lokale Traditionen an; so nennt er ein Grabmal im Friedhof von Tylney, das auf einem Steinsarg eine Wagenachse und ein Wagenrad zeigt. In einigen Versionen der Geschichte heißt der Held Hickifric und wird als »dörflicher Hampden« [John Hampden, engl. Parlamentarier um 1640] dargestellt, der gegen die Tyrannei eines örtlichen Grundbesitzers kämpfte.

20 Der geblendete Riese. Hartland. – AT 1137. – Das »Niemand« als Name erscheint nicht in dieser Variante der Polyphem-Geschichte, findet sich aber in anderen Varianten auf den Britischen Inseln (z. B. *Masell*, [= *Myself* »Ich selbst«], *Maggie Moulach*). Unsere Version stammt aus Yorkshire.

21 Der Riese von Carn Galva. Bottrell, S. 122 (mit kleinen Kürzungen). – Aus Cornwall.

22 Gobborn Seer. Jacobs (II), Nr. 54, S. 181. (Von Mrs. Gomme von einer alten Frau in Deptford aufgezeichnet). – Súilleabháin Nr. 875. – Vgl. Irische Volksmärchen, hg. v. K. Müller-Lisowski (MdW), Nr. 6 »Goban der Zimmermann und sein Sohn«. *Gobborn Seer*, aus

dem irischen *Gobán Saor* »Freier Zimmermann«, ist ein wandernder Zimmermann von götterähnlicher Wesensart (vgl. Nachwort, S. 272).

23 Der Zinner von Chyannor. Hunt. – AT 910 B. – Das Märchen stammt aus Cornwall, es ist geprägt durch die Situation der Zinnwäscher. In »Archaeologia Britannica«, 1707, S. 251, gibt Lhuyd ein altes Märchen aus Cornwall wieder, *The tale of Ivan,* in dem Ivan nach drei Dienstjahren auf den Heimweg zu seiner Frau einen Kuchen mit dem eingebackenen Lohn und drei gute Ratschläge erhält. (»Verlaß nicht den alten Weg um den neuen zu wählen!«, »Kehre nicht ein, wo ein junges Weib einen alten Mann geheiratet hat!«, »Dulde zwei Streiche, ehe du einmal zuschlägst!«). Es handelt sich also um die gleiche Geschichte wie im mittellateinischen Ruodlieb-Lied. (Dazu BP IV, S. 149.)

24 Der Lindwurm von Lambton. Jacobs (II), Nr. 85, S. 275. (Neugeschrieben nach Henderson, S. 287). Aus Durham. Andere englische Märchen wie *Assipattle and the Mester Stormworm* oder etwa *The widow's son and the king's daughter* entsprechen eher der Geschichte vom Drachentöter, AT 300. Das Märchen ist sehr stark lokal gefärbt. Von dem Geschlecht der Lambtons berichtet die Überlieferung, daß wirklich neun Generationen hindurch kein Lambton im Bett gestorben ist, der letzte von ihnen soll 1761 in seinem Wagen den Tod gefunden haben, als er über die neue Brücke von Lambton fuhr. (Nach Henderson, s. auch Ehrentreich, S. 267.)

25 Whittington und seine Katze. Hartland, S. 66. – AT 1651. – Seit etwa 1600 wurde die Geschichte von der Katze im katzenlosen Land mit der historischen Gestalt des Richard Whittington verknüpft. Whittington kam als armer Junge nach London, trat bei einem reichen Kaufmann in Dienst, heiratete später dessen Tochter und wurde viermal Bürgermeister von London. Er lebte von 1358 bis 1423. Im Schauspiel, in Balladen und *chapbooks* wurde Dick Whittingtons Geschichte immer wieder erzählt.

26 Die Geschichte von Robin Hood. Aus einem *chapbook*, Alnwick, um 1820. (Freundlicherweise zur Verfügung gestellt durch Patrick Murray, F.S.A. [Scot], Edinburgh Museum of Childhood). Das Thema der Geächteten oder Edelräuber ist weder im Typen- noch im Motiv-Index ausreichend erfaßt, und es wurde ihm auch in den ML kein entsprechender Platz eingeräumt. Es gibt aber auch europäische Parallelen zu einigen der Geschichten. Bei Child findet sich als Einleitung zu *A little gest of Robyn Hood* ein ausführlicher und informativer Artikel über Robin Hood. – Der Schauplatz der Geschichten ist Nordengland.

27 Mister Miacca. Jacobs (I), Nr. 30, S. 102. (Niedergeschrieben von Mrs. Abrahams, die es Jahre vorher von ihrer Mutter gehört hatte.)

Die Geschichte ist wahrscheinlich Eigentum einer Familie gewesen und wurde Kindern zur Warnung erzählt. Jacobs gibt in seiner Anmerkung an, daß Mister Miacca sowohl schlimme Jungen bestrafte als auch gute belohnte.

28 Klitzeklein. Halliwell. – Vgl. AT 2016. – Wie bei Nr. 82 endet dieses Gruselmärchen mit einem laut gerufenen Schlußsatz.

29 Die alte Frau und ihr Schwein. Halliwell, Nr. 596. – AT 2030. – Dieses Kettenmärchen hat eine sehr weite internationale Verbreitung, dazu BP II, S. 100 ff. Vgl. auch Nachwort, S. 273. Auch in anderen Versionen findet sich eine religiöse Komponente, so in dem hebräischen Passahlied »Ein Zicklein, ein Zicklein, das hat gekauft das Väterlein« (Sepher Haggadah, Venedig 1609. »Die Pesach-Hagada«, übersetzt von D. Cassel, 1897. S. 33).

30 Henne-wenne. Jacobs (I), Nr. 20, S. 71. (Um 1860 in Australien gehört.) – AT 20C, AT 2033. – Zu den amerikanischen Versionen siehe Taylor, Journal of American Folklore, 46, 1933, S. 77 ff. – Jacobs weist darauf hin, daß dieses Kettenmärchen als Zungenbrecher fungiert und deshalb z. B. keine Pronomina verwendet werden, sondern immer die Namen der Tiere.

31 Titty-Maus und Tatty-Maus. Jacobs (I), Nr. 16, S. 51. (Nach Halliwell, S. 115). – AT 2021. – Dem Märchen entspricht KHM Nr. 30, »Läuschen und Flöhchen«.

32 Die Geschichte von den drei kleinen Schweinchen. Halliwell, Nr. 55. – AT 124.

33 Kratzefuß. Jacobs (II), Nr. 62, S. 202. (Aufgezeichnet von Mr. Batten nach der Erzählung von Mrs. H., die sie 40 Jahre vorher von ihrer Mutter gehört hat). Aus East Anglia. – Vgl. Nachwort, S. 271. Diese Version ist vielleicht die urtümlichste der Geschichte von den drei Bären: da der Eindringling kein menschliches Wesen, sondern ein Fuchs ist, steht sie damit den zahlreichen »Bär und Fuchs«-Geschichten nahe.

34 Der König der Vögel. Lowsley. Aus Berkshire. – AT 221. – Gewöhnlich ist es der Zaunkönig, der den Wettkampf gewinnt. Von dem Märchen gibt es auch viele neuere Versionen, die in der mündlichen Überlieferung noch lebendig sind. In einer Version wird der Zaunkönig für seine List bestraft, indem er künftig nur mehr flattern kann und niedrig fliegen muß (Journal of American Folklore, XI, S. 229).

35 Der Kiebitz und die Holztaube. Halliwell. – Vgl. AT 240. – Gewöhnlich handelt es sich in dieser Geschichte um den Tausch der Eier und nicht des Nestes.

36 Die Ringeltaube. Halliwell. – AT 236. – In einer Version aus Suffolk irritiert die Ringeltaube die Elster, indem sie immer ausruft: »Nimm zwei, Welsche! Nimm zwei!«, während die Elster sie unterweist.

Schließlich verliert die Elster die Geduld und sagt: »Nimm zwei! Ich sag, eins auf einmal reicht. Aber wenn du nichts lernen willst, dann mach's auf deine Weise«. Und sie flog fort.

37 Warum die Nase eines Hundes und der Ellbogen einer Frau immer kalt sind. Lowsley. Aus Berkshire.

38 Der erste Maulwurf in Cornwall. Hawker, S. 27 (etwas gekürzt). Die Geschichte stammt aus Cornwall, die Überlieferung findet sich aber auch in Berkshire. Vgl. L. Salmon: Folk-Lore of the Kennet Valley (in: Folk-Lore XIII, S. 422): »Mrs. Collins erzählte mir auch eine Sage vom Maulwurf – er war einst eine feine Dame, so fein, daß die Erde für sie nicht gut genug war, um darauf zu gehen, so wurde sie dazu gebracht, unter der Erde zu gehen – als Strafe für ihren Stolz, so nimmt man an.«

39 Die Eule war eines Bäckers Tochter. Halliwell-Phillipps, S. 256 (zitiert aus *The gentleman's magazine*, Band LXXIV, S. 1003). Aus Herefordshire. – AT 751A. – Dies ist die Geschichte, auf die sich in *Hamlet* (IV, 5) Ophelias Worte beziehen: »Sie sagen, die Eule war eines Bäckers Tochter«. In anderen Versionen der Geschichte ist Christus der Besucher.

40 Die drei Wünsche. Jacobs (II), Nr. 65, S. 209. (Nach Sternberg, »Folk-Lore of Northamptonshire«, 1851). Nach Jacobs Angaben völlig neugeschrieben von Mr. Nutt, der auch aus anderen Versionen am Ende der Geschichte einen Zug einfügte, nämlich die Bereitwilligkeit der Frau, ihren Mann verunstaltet bleiben zu lassen. Aus Northamptonshire. – AT 750A II.

41 Der faule Jack. Halliwell. (Mündlich überliefert aus Yorkshire.) – AT 1696 + AT 571 III. – Siehe auch KHM 32 »Der gescheite Hans«.

42 Der Müller und der Professor. Hartland. (Aus *Folk-Lore record*, Bd. II, S. 173). – AT 924A. – Die Geschichte ist dem Typus AT 922 »König und Abt« nahe verwandt.

43 Jack Hornby. Halliwell. – Vgl. AT 921 D*. – Die Ähnlichkeit mit dem Eingang bei Nr. 15, »Jack der Riesentöter«, legt den Schluß nahe, daß diese Geschichte von der ursprünglichen Fassung von »Jack der Riesentöter« entlehnt wurde.

44 Die Prinzessin von Canterbury. Jacobs (II), Nr. 87, S. 283. – AT 853. – Jacobs selbst kombinierte diese Geschichte aus einer *chapbook*-Version von den vier Königen von Colchester (resp. Canterbury, usw.) und einer Episode, die bei Halliwell »Die drei Fragen« heißt. Sowohl die von Jacobs verwendete *chapbook*-Version als auch die bei Halliwell sind wohl selbst schon verderbt. Was die Prinzessin wirklich sagt, steht wohl richtiger bei *Daft Jack and the heiress* (Briggs, Dict. Bd. II): »bit there's fire in my airse ...« (»es ist aber Feuer in meinem Hintern«).

45 Ein Quart Verstand. Jacobs (II), Nr. 70, S. 224. (Beigetragen von Mrs. Balfour in Folk-Lore II). – Vgl. AT 910G. – Wie im Haupttypus werden hier die Fragen von einem anderen beantwortet, aber sie sind anders und es gibt keine Verkleidung. Mrs. Balfour hat auch noch eine ähnliche Geschichte aufgezeichnet, die bei Jacobs (II) unter Nr. 59, S. 193 steht: *Coat o'clay* »Mantel aus Lehm«. Hier gibt die Weise Frau dem Narren den Rat, er soll sich einen Mantel aus Lehm besorgen. Als er gestorben ist, sagt sie »born a fool, die a fool«, (»als Narr geboren, als Narr gestorben«), denn nun hat er seinen Lehmmantel, der ihn klüger machen wird. – Beide Geschichten aus Lincolnshire.

46 Die drei Törichten. Jacobs (I), Nr. 2, S. 10. (Mitgeteilt von Miss C. Burne in Folk-Lore Journal II, S. 40–43). – AT 1450 + AT 1210 + AT 1286 + AT 1335A. – Von diesem weitverbreiteten Schwank sind in England 6 vollständige Versionen erhalten, außer einer Reihe von Einzelmotiven, die dazugehören. – Der Schwank kommt aus Shropshire.

47 Die weisen Narren von Gotham. Hartland. (Aus »Blount's tenures of land« hg. v. W. C. Hazlitt, London 1874, S. 133). U. a. AT 1310 + vgl. AT 1319. – Die »Mond-Harker« von Devizes behaupten, ihren Titel von einem Trick bekommen zu haben, mit dem sie den Zollbeamten vortäuschten, Idioten zu sein. (J. E. Field: The myth of the Pent Cuckoo. London 1913, S. 48.)

48 Die Weisen von Gotham. Jacobs (II), Nr. 86, S. 279. Diese Geschichten sind die vollständigsten und bekanntesten der englischen lokalen Narrenschwänke. Der ganze Komplex dieser Narrengeschichten ist sehr interessant behandelt worden von J. E. Field: The myth of the Pent Cuckoo. London 1913. An die international weitverbreiteten ursprünglichen Narrenanekdoten haben sich immer wieder ähnliche Geschichten angereiht, Beispiele davon finden sich in: The chapbook. Glasgow 1817, und bei R. H. Cunningham: Amusing prose chapbooks. London und Glasgow 1889. Die von Jacobs ausgesuchten Geschichten aus W. C. Hazlitt: Shakespeare's jest books. 3 Bde., London 1864, sind wahrscheinlich die besten.

I) Wie einer Schafe kaufte. – Die Episode findet sich in Serbokroatien und Griechenland, aber am üblichsten ist sie in England.

II) Wie sie einen Kuckuck umzäunten. – AT 1213. – Field hält diese Episode für den Kern der Gotham-Geschichten, sie ist eine der am meisten verbreiteten.

III) Wie einer Käse aussandte. – Vgl. AT 1319. – Auch diese Episode ist weit verbreitet: Irland, Finnland, Holland, Ungarn, Rußland, westindische Inseln, u. a.

IV) Wie sie einen Aal ertränkten. – AT 1310. – Verbreitet von Finnland bis zu den Philippinen, AT nennt z. B. 22 Beispiele aus Afrika.

V) Wie sie die Abgaben zahlten. – Mot. I 1881.2.2. – Diese Episode ist weniger bekannt, aber es gibt auch eine spanische Variante.

VI) Wie sie zählten. – AT 1287. – In zahlreichen Versionen international verbreitet, Baughman nennt amerikanische Beispiele – auch Negerversionen – aus North Carolina, Kentucky und den Südstaaten.

49 Der Schneider und seine Gesellen. Addy, Nr. 3. Aus Nordengland. – Vgl. AT 1575*. – Siehe auch BP III, S. 120ff., zu KHM 139 »Dat Mäken von Brakel«.

50 Adams Sohn. Jacobs (II), Nr. 67, S. 215. (Von E. S. Hartland nach der Erinnerung an die Erzählung seiner Kinderfrau aufgezeichnet). – AT 1416. – In den meisten Versionen der Geschichte ist es die Frau des Mannes, die darauf besteht, in das Gefäß zu schauen.

51 Der begrabene Mond. Jacobs (II), Nr. 66, S. 211. (Aus Mrs. Balfours *Legends of the Lincolnshire Cars*, Folk-Lore II. Von Jacobs etwas gekürzt und aus dem Dialekt übertragen). Eine ungewöhnliche Geschichte, vielleicht mythologischen Ursprungs, in den Fenlands von Lincolnshire, woher sie stammt, gibt es einige Hinweise auf eine lange Tradition von Sonnen- und Mondverehrung. Der Inhalt des Märchens ist aber in der europäischen Folklore ungewöhnlich, es entspricht einem indianischen Motiv aus Südamerika, Mot. A 754.1.1. – Die Geschichte wurde von einem kleinen Mädchen namens Bratton erzählt, die erklärte, sie von ihrer Großmutter gehört zu haben. Mrs. Balfour meint, die eigene seltsame Phantasie des Mädchens habe bei der Gestaltung der Einzelheiten eine Rolle gespielt.

52 Der Katzenkönig. Hartland. – AT 113A. – Elbische Wesen in Katzengestalt sind in Nordengland häufig belegt.

53 Yallery Brown. Jacobs (II), Nr. 49, S. 163. (Aus Mrs. Balfours *Legends of the Lincolnshire Cars,* in: Folk-Lore II). – Vgl. AT 735A. – Die Geschichte weist wohl auch Verwandtschaft auf zu AT 331, aber der böse Geist wird hier nicht wieder an den Ort seiner Gefangenschaft zurückgebracht, und sein Befreier wird sein Opfer. Zu vergleichen ist auch Mrs. Balfours Geschichte *Tiddy Mun* »Das kleine Männchen« aus den Lincolnshire Cars. Auch da hat der Wicht keinen Namen und ist etwa so groß wie ein dreijähriges Kind. Vielen Geschichten von elbischer Hilfe ist auch gemeinsam, daß der Mensch nicht danken darf – entweder verscheucht er damit den Helfer, oder aber zieht der Dank Unheil nach sich. Mrs. Balfour hörte die Geschichte von Yallery Brown von einem Arbeiter, der vorgab, selbst der Held der Erzählung zu sein, und der daher in der 1. Person erzählte. Jacobs hat das geändert und die Geschichte in der 3. Person gebracht. – Die »Tische der Fremden« sind Steinplatten, auf denen – z. T. fast bis in unsere Zeit hinein – den unheimlichen Sumpfelben Gaben dargebracht wurden.

54 Der Boggart. Keightley. – AT 47, ML 7020. – Keightley zitiert aus

einem Brief in der *Literary Gazette*, 1825, Nr. 430. Er sagt, der Schreiber kannte einen alten Schneider, und der erzählte, er und seine Gesellen pflegten in dem Gilbertson-Haus zu arbeiten, und oft sei der Schuhlöffel nach ihren Köpfen geschleudert worden, wenn sie da arbeiteten. – Die Geschichte ist wohl skandinavischen Ursprungs, sie wird in verschiedenen Teilen Norwegens erzählt und in Grimms »Deutsche Mythologie« zitiert. In Großbritannien kennt man sie in Irland und Wales, aber vor allem in Nordengland. Unsere Version stammt aus Lancashire.

55 Hedley Kow. Jacobs (II), Nr. 53, S. 178. (Mrs. Balfour erzählt von Mrs. M. aus S. Northumberland). – Vgl. AT 1415. – In der typischen Version dieser Geschichte glaubt die Frau, daß bei den törichten Tauschgeschäften ihres Mannes doch immer etwas Besseres herauskommt und gewinnt so eine Wette für ihn. In unserer Geschichte ist es eine Frau allein, und die Veränderungen geschehen auf zauberische Weise, aber der Ausgang ist hier genau so glücklich wie auch in KHM 83 »Hans im Glück«. – Die Mutter der Erzählerin Mrs. M. erzählte die Geschichte so, als sei sie einer Person zugestoßen, die sie kannte, als sie jung war, und sie selbst hatte Hedley Kow auch zweimal gesehen: einmal als Esel und einmal als Strohwisch. In einer Überlieferung soll Hedley Kow auch in der Gestalt von zwei Mädchen junge Männer in den Sumpf gelockt haben. Aber immer ist bei seinen Streichen mehr Spaß als Bosheit im Spiel. (Der Name dieses elbischen Wesens leitet sich ab von dem Ort *Hedley* und dem Wort *kow/cow* »Schreckgespenst, Vogelscheuche«.)

56 Tritty Trot. Sammlung Ruth Tongue. Aus Watchet/Somerset. – Zu den *Green meadows of enchantment* (»Grüne Verwunschene Auen«) vgl. R. Tongue, County folklore (Somerset), S. 110. Der »Alte Tom« ist ein Geisterpony aus Exmoor, es heißt, er sei der Wächter der wilden Ponies von Exmoor. Die Einheimischen sprechen nicht gern von ihm, R. Tongue ist aber auf gelegentliche Erwähnungen gestoßen. Zum Beispiel wurde gewöhnlich ein Ring aufrechtstehender Steine auf der Moorheide *Old Tom's Stable* »Der Stall des Alten Tom« genannt. – Hexenmeister versuchten gewöhnlich Elfen in ihre Gewalt zu bekommen, damit sie ihnen dienten. Ein Manuskript aus dem 17. Jh., das Elias Ashmole gehörte, enthält ein Rezept, wie man einen Elf an einen Kristall festbannen kann. – Die Frau Leakey war der Geist einer Hexe aus Minehead (vgl. County folklore [Somerset], S. 84). Mutter Shipton galt als eine Art Merlin für den Hausgebrauch, sie soll das Kind einer Hexe und eines Incubus gewesen sein und im frühen 16. Jh. gelebt haben. Bis zum Beginn unseres Jahrhunderts wurden *chapbooks* mit ihren Weissagungen gedruckt. Aus irgendeinem Grund war sie die Patronin der Wäscherinnen, und in East Anglia hielten die Waschfrauen einen *Mother Shipton's Day* als

Feiertag und begingen ihn gemeinsam mit Teegesellschaften. – Williton, Watchet, Dunster und Minehead sind Fischerorte am Bristol Kanal.

57 Die gefangenen Elfen. Bowker. Aus Lancashire. Die Liedzeile stammt aus dem Wildererlied *The Lincolnshire poacher* [= Wilderer], sie ist der im Chor gesungene Refrain: *Oh, 'tis my delight on a shining night, in the season of the year.* (»Das Herz mir lacht in der Mondscheinnacht, in der rechten Jahreszeit«.) – Eine Yorkshire-Version der Geschichte findet sich in Folk-Lore V, 1894, S. 341, eine ähnliche Geschichte aus Sussex heißt »Das gestohlene Schwein und die Elfen«.

58 Der Wechselbalg. Leather. Aus Herefordshire. Erzählt von Jane Probert aus Kington im Homme Hopfengarten in Weobley, im Sept. 1908. Die Frau glaubte die Geschichte, sie hatte sie von einer anderen gehört, und die wußte, daß sie wahr ist. – Mot. F 451.5.2.3 + F 481.4 + F 321.1.1.1. – Ein gutes und vollständiges Beispiel der Wechselbalg-Geschichte, es enthält das Brauen in Eischalen und die Rückkehr des gestohlenen Sterblichen nach vielen Jahren.

59 Betty Schlampstrumpf und Monster-Jan. Hunt. – Mot. F 451.5.2.3. – Aus Cornwall. Die Methodisten spielten im frühen 19. Jh. in Cornwall eine große Rolle, das Bekennerwesen, die Betversammlungen usw. sind daher zu verstehen. Die Geschichte ist viel mehr Milieuschilderung als Sage, obwohl das Motiv des von Elfen fortgeholten und gewaschenen Kindes sehr häufig ist und eine große Rolle in der Elben-Überlieferung spielt. – In der Einleitung wird besonders deutlich, daß hier vom Schreiber in die ursprüngliche Erzählung kürzend und glättend eingegriffen worden ist. Wörtlich übernommene Ausdrücke und Wendungen hebt er bewußt als Zitate hervor.

60 Die Abenteuer der Cherry von Zennor. Hunt. Aus Cornwall. – Mot. F 372 + vgl. ML 5070 (Augensalbe der Zwerge). – Die seltsame Geschichte klingt wie der Bericht eines Mädchens, das in einem ungewöhnlichen menschlichen Haushalt Dienst tut, der im Stil der Elfenüberlieferung interpretiert wird. Der tiefe, unterirdische Zugang zu dem verwunschenen Haus, das Durchschreiten des fließenden Wassers, die Zaubersalbe sind echte Züge der Elfensage. Der Salbenmißbrauch durch den neugierigen Menschen kostet diesen sonst meist sein Auge. – *Three on one horse to the Morvah Fair* (»zu dritt auf einem Pferd zum Morvah Jahrmarkt«) ist wohl eine lokale Redewendung, in Cornwall wie in Irland sah man gewöhnlich Vater, Mutter und Kind auf einem Pferd reiten.

61 Das Elfenfest auf dem Gump-Hügel. Hunt. Aus Cornwall. – Vgl. ML 6045. – Die Schilderung des großen Festaufzuges wirkt literarisch, aber die Einzelheiten der Handlung sind Bestandteile der Elbenüberlieferung. Bei der Fesselung des Mannes durch unzählige

Spinnenfäden kann ein Zusammenhang mit Swifts *Gulliver* bestehen, aber ob hier ein frühes *chapbook* von Gullivers Abenteuern eingewirkt hat oder aber Swift aus der Volksüberlieferung geschöpft hat, ist nicht klar.

62 Das Elfenkind. Hunt. Aus Cornwall. – Vgl. ML 5070.

63 Die Elfen auf der Selena Moorheide. Bottrell, Bd. II, S. 95. – ML 6005. – Diese Geschichte ist besonders aufschlußreich für den Elfenglauben in Cornwall. Bottrell gibt auch eine Zusammenfassung einer weiteren ähnlichen Geschichte über einen Bauern namens Richard Virgoe, der in den Treville Klippen von den Elfen irregeführt wurde. Das Elfenland, eine freundliche Unterweltslandschaft, wurde dort durch eine Höhle erreicht. Dort spielten die Elfen mit einem silbernen Ball, der an *Elidors* goldenen Ball erinnert. (Das Kind Elidor im Elfenland, s. Giraldus Cambrensis: »The itinerary through Wales«, 12. Jh.)

64 Die Waldfrauen von Loxley. Sammlung Ruth Tongue. (Um 1950 in den Polden Hills, Somerset, aufgezeichnet). – Vgl. *Swayne's leaps* bei Briggs/Tongue, S. 86 und *Pudsey's leapin* bei Briggs, Dict., Teil B. Auch in der letzteren Geschichte ist Historisches mit der Elbenüberlieferung vermischt.

65 Die Asrai. Sammlung Ruth Tongue. (Aus der Erinnerung erzählt nach einem Bericht in einer Lokalzeitung zwischen 1915 und 1922). Aus Shropshire. Daß Berührung durch eine elbische kalte Hand bleibende Kälte hinterläßt, ist ein bekanntes Motiv, es findet sich aber nicht im Motiv-Index. *Asrai* sind wenig bekannte nixenartige Wesen, sie werden aber in einem Gedicht von Robert Graves (geb. 1895) erwähnt.

66 Jubilee Jonah. Sammlung Ruth Tongue, veröffentl. in Briggs, Dict. – R. Tongue hörte die Geschichte um 1908 in Taunton Market/Somerset. Die Motive machen die Geschichte verständlich: Schweigsamkeit schützt und verleiht sogar Macht im Umgang mit bösen Wesen, in manchen Fällen ist es allerdings wichtig, das letzte Wort zu haben.

67 Jane Herd und ihr Glückshäubchen. Blakeborough. Aus Yorkshire. – Die Bezeichnung der Motive im Motiv-Index, die sich mit der Glückshaut befassen, ist für die englische Volksüberlieferung unzureichend. Nach dieser ist eine Glückshaut solange günstig für ihren Eigentümer, solange sie in seinem Besitz ist.

68 Der Meister und sein Schüler. Jacobs (I), Nr. 15, S. 49. (Nach Henderson, S. 343, dort beigetragen von Rev. Baring-Gould). – BP II, S. 438 (Zauberlehrling). – Die Geschichte ist weitverbreitet und früh belegt (siehe Nachwort, S. 275) und wurde mehrmals als Stoff für Puppenspiele verwendet. Unsere Version stammt aus Nordengland.

69 Des Webers Frau und die Hexe. Addy. Aus Nordengland. – Sinninghe S. 93 Nr. 640.

70 Die Prophezeiung. Henderson. Aus Nordengland. – AT 934A. – Von dieser Geschichte gibt es zahlreiche irische Parallelen, im übrigen scheint sie am häufigsten in Osteuropa, Finnland, Litauen, Rußland, Rumänien und Ungarn vorzukommen.

71 Madame Widecombes Kutsche. Sammlung Ruth Tongue. (Um 1966 von der 85jährigen Mrs. Pole in Combwich/Somerset erzählt). *Cummage Hill* = Combwich Hill. – Die Erzählerin sagte noch: »Wenn ein Nebelschwaden über den Fluß zieht, wird man Ihnen sagen ›Das ist der Rauch von Madame Widecombes Kutsche beim Untergehen‹.« – Der Grundzug der Geschichte ist dänisch und steht in Beziehung zu einigen Erscheinungen der nordischen Mythologie. In einem Fall sagte der Erzähler, daß der Teufel lahmte, in einer anderen Version wurde er mit dem Schwarzen Kapuzenmann in Verbindung gebracht. Im nahen Cannington Park spukt es sehr, die meisten seiner Gespenster weisen auf nordische Zusammenhänge. In diesem Gebiet gab es ein Massaker der dänischen Eindringlinge. – Unsere Geschichte selbst scheint heute vergessen zu sein. – Die Todeskutsche, die Lebende davonfährt und ein Omen des Todes ist, ist allgemeiner Bestandteil des Volksglaubens. Das bekannteste Beispiel ist »Lady Howards Kutsche«, Briggs, Dict. B VI.

72 Peg Fyffe. Aufzeichnung des L.I.D.F.L.S. Band B3. Erzählt von Mrs. Hudson, Westfield Farm, Wetwang, Yorkshire, aufgez. von J. S. Chamberlain, August 1961. Mrs. Hudson war damals etwa 50–55 Jahre alt, sie hat immer in Wetwang gelebt. Die Unterbrechungen und Zusätze, die in Klammern angegeben sind, stammen von Mrs. Hudsons Tante, Mrs. Watson (89 Jahre), die auch immer in Wetwang gelebt hat. Mrs. Hudson und Mrs. Watson schätzten die Geschichte auf etwa 200 Jahre. Von Peg Fyffe heißt es, sie habe gleich außerhalb von Wetwang gelebt.

73 Der Ritter und sein Weib. Hazlitt, S. 3. – Mot. K 1841.3. – Diese Legende aus dem 15. Jh. wurde auch als Stoff für ein Ballett verwendet. – Vgl. Nachwort S. 275.

74 Die Steine von Crowza. Hunt. Aus Cornwall. Die Heiligen der keltischen Länder und Cornwalls waren keineswegs immer unbefleckte Charaktere. Eremit und Missionar zu sein, war allein schon genug Qualifikation für einen Heiligen.

75 Der Quell von St. Ludgvan. Hunt. Aus Cornwall.

76 Die Kerze. Baring-Gould. (Erzählt von einer alten Frau in dem Kirchspiel Luffincott/North Devon). – AT 1187. – Diese Geschichte mit dem Meleager-Motiv findet sich in Varianten in Perthshire, Schottland, Nordengland, Devonshire, sie steht auch bei Thomas Heywood: Hierarchie of the Blessed Angels, London 1635.

77 Der Deibl auf'm Falbn. Henderson, S. 279. Die Geschichte gehört vielleicht in den weiten Umkreis des Typus »Der überlistete Teufel«.

78 Der Preisringer und der Teufel. Bottrell, 3. Serie, S. 3 (etwas gekürzt). Aus Cornwall.

79 Das Begräbnis im Galopp. Sammlung Ruth Tongue. (Ihrem Bruder 1908 von einem Exmoor-Bauern erzählt, aus der Gegend von Brushford/Somerset). – Fragmente der Geschichte wurden außerdem zwischen 1920–1968 im Exe Valley und in den Brendon Hügeln gesammelt. Die Geschichte stammt aus der Tudor-Zeit, in der Leute, die wegen Hochverrats verurteilt waren, gehängt, geschleift und gevierteilt wurden, ihre Köpfe wurden an der London Bridge ausgestellt und die Glieder in verschiedenen Städten. – Die Erzählung illustriert zwei interessante Züge des Volksglaubens: 1) Der Teufel ist am Leib genau so interessiert wie an der Seele. (Siehe auch die mittelalterliche Geschichte *The witch of Berkeley*, Briggs, Dict. B, XIII, wo der Körper gut geschützt ist, aber vom Teufel aus dem Grab geholt und zur Folter fortgeschafft wird). 2) Man glaubt, daß die Seele ihren Sitz im Haupt hat, daher auch die vielen Geschichten von Köpfen, die in das frühere Zuhause des Toten zurückkehren und darauf bestehen, hier aufbewahrt zu werden. (Vgl. *The hosts of Calgarth House* und *Skull House*, Briggs, Dict. B VI.)

80 Der Zauntritt. Sammlung Ruth Tongue. (Erzählt von dem alten Mr. Barry in Churchingford/Somerset, 1969, aufgezeichnet von Dunkeswell, Church Stanton, Smeathorpe). – Der Schwarze Hund ist eine allgemeine und weit verbreitete Erscheinung der englischen Folklore. Gewöhnlich ist er gefährlich und unheilvoll und bringt auch den Tod. Gelegentlich findet sich ein wohlwollender Schwarzer Hund, der als Wächter oder Führer fungiert. Von manchen Schwarzen Hunden nimmt man an, daß sie Geister böser Menschen sind, einige sind Erscheinungsformen des Teufels selbst, manche, wie wohl dieser, sind Spukerscheinungen oder Schreckgespenster. Vgl. *Billy B's adventure* (Briggs, Dict. B, II). Teil B I und B II des Dictionary enthält viele Geschichten von Schwarzen Hunden.

81 Das Schwein ohne Kopf vom Blubberd Hügel. Aus den Aufzeichnungen des L.I.D.F.L.S., Band B2. Aufgez. v. J. S. Chamberlain, August 1961, erzählt von der damals 65jährigen Mrs. Frear. Sie hat immer in Wetwang/Yorkshire, gelebt. Blubberd Hill ist ein steiler Hügel in einem einsamen Teil des Thixendale Waldes zwischen den Dörfern Fridaythorpe und Thixendale.

82 Der Alte in dem weißen Haus. Addy, FL VIII, S. 393–4. (Erzählt von Richard Hirst aus Sheffield/Yorkshire, 18 Jahre alt). Eine ziemlich ungewöhnliche Geschichte, sie will dem Zuhörer Angst einjagen. Eine literarische Version davon ist Mark Twains *The man with the golden arm.*

83 Der Sack mit Nüssen. Addy. Aus Nordengland. – AT 1791. – Siehe auch BP III, S. 395 (zu KHM 192 »Der Meisterdieb«). Eine sehr alte und sehr weitverbreitete Geschichte.

84 Ich sattelte meine Sau. Halliwell. – Die Namen Noles und Hippernoles sind nicht klar, vielleicht stecken rotwelsche Wörter dahinter.

85 Sir Gammer Vans. Jacobs (II), Nr. 51. – Diese *nonsequiturs*-Lügengeschichten waren im 17. Jh. sehr beliebt. Corbet schrieb zwei, eine frühere ist in Chambers »Early English lyrics« zu finden (*My lady went to Canterbury*, CLI). – *Gammer* ist eine umgangssprachliche Verschleifung von *grandma*, Großmutter, also eine zusätzliche Unsinnigkeit im Namen des Flaschenmachers.

86 Onkels Grubengeschichte. Aus den Aufzeichnungen des L.I.D.F.L.S. Erzählt von James Lyons, Batley/Yorkshire. Tonbandaufzeichnung durch A. E. Green, Juni 1966.

87 Des Soldaten Gebetbuch. Aus den Aufzeichnungen des L.I.D.F.L.S. Erzählt von Tom Collinson, Ossett/Yorkshire. Tonbandaufz. von A. E. Green, Mai 1966. Der Erzähler erfuhr die Geschichte während des Ersten Weltkrieges aus der Zeitung *(Christian Herald)*, er erklärt, daß eine handschriftl. Version an diese Zeitung geschickt worden war, nachdem man sie unter den Papieren eines Kaplans namens Williams gefunden hatte, der im Feld gefallen war. – AT 1613.

88 Mit der Laterne auf Freite. Aus den Aufzeichnungen des L.I.D.F.L.S., Band B2. Erzählt von Mrs. Frear, Wetwang/Yorkshire. Tonbandaufz. v. J. S. Chamberlain, August 1961.

89 Dieser Kerl! Sammlung K. Briggs. Um 1957 Mounty Shayler aus Ramsden erzählt von Walter Baughan aus Charlbury/Oxfordshire.

INHALT

Märchen aus Neuseeland
288 Seiten, ISBN 3-8289-0046-1, Best.-Nr. 399 279

Englische Volksmärchen
320 Seiten, ISBN 3-8289-0047-X, Best.-Nr. 399 386

Norwegische Volksmärchen
336 Seiten, ISBN 3-8289-0058-5, Best.-Nr. 787 879

Chinesische Märchen
400 Seiten, ISBN 3-8289-0055-0, Best.-Nr. 788 729

Irische Volksmärchen
368 Seiten, ISBN 3-8289-0051-8, Best.-Nr. 794 263

Schwedische Volksmärchen
304 Seiten, ISBN 3-8289-0041-0, Best.-Nr. 399 451

Französische Märchen, Bd. 1
400 Seiten, ISBN 3-8289-0042-9, Best.-Nr. 399 402

Französische Märchen, Bd. 2
304 Seiten, ISBN 3-8289-0043-7, Best.-Nr. 399 261

Finnische Volksmärchen
352 Seiten, ISBN 3-8289-0059-3, Best.-Nr. 399 428

Altägyptische Märchen
368 Seiten, ISBN 3-8289-0062-3, Best.-Nr. 399 410

Märchen aus Australien
288 Seiten, ISBN 3-8289-0044-5, Best.-Nr. 399 444

Märchen aus Island
320 Seiten, ISBN 3-8289-0035-6, Best.-Nr. 399 469

Persische Märchen
320 Seiten, ISBN 3-8289-0034-8, Best.-Nr. 399 394

Buddhistische Märchen
416 Seiten, ISBN 3-8289-0056-9, Best.-Nr. 399 238

Märchen vor Grimm
352 Seiten, ISBN 3-8289-0061-5, Best.-Nr. 399 220

Arabische Märchen, Bd. 1
320 Seiten, ISBN 3-8289-0032-1, Best.-Nr. 399 253

Arabische Märchen, Bd. 2
320 Seiten, ISBN 3-8289-0033-X, Best.-Nr. 399 246